U0808799

本刊获得浙江敦和慈善基金会资助

东方哲学与文化

第五辑

徐小跃　主编

Eastern Philosophy
and Culture

中国社会科学出版社

图书在版编目(CIP)数据

东方哲学与文化. 第五辑/徐小跃主编. —北京：中国社会科学出版社，2021.12

ISBN 978-7-5203-9637-0

Ⅰ.①东… Ⅱ.①徐… Ⅲ.①东方学—丛刊 Ⅳ.①K107.8-55

中国版本图书馆CIP数据核字(2022)第014988号

出 版 人 赵剑英
责任编辑 郝玉明
责任校对 张爱华
责任印制 王 超

出 版 中国社会科学出版社
社 址 北京鼓楼西大街甲158号
邮 编 100720
网 址 http://www.csspw.cn
发 行 部 010-84083685
门 市 部 010-84029450
经 销 新华书店及其他书店

印 刷 北京君升印刷有限公司
装 订 廊坊市广阳区广增装订厂
版 次 2021年12月第1版
印 次 2021年12月第1次印刷

开 本 710×1000 1/16
印 张 16.75
字 数 238千字
定 价 89.00元

凡购买中国社会科学出版社图书，如有质量问题请与本社营销中心联系调换
电话:010-84083683
版权所有 侵权必究

《东方哲学与文化》编委会

学术委员会（按姓氏笔画排序）：

卢国龙　朱越利　刘笑敢　杜维明（美国）
李丰楙（台湾）　李　刚　李远国　胡孚琛
施舟人（法国）　洪修平　姚卫群　徐　新
傅有德　楼宇烈　赖永海　詹石窗　熊铁基

编辑委员会（按姓氏笔画排序）：

戈国龙　刘固盛　刘鹿鸣　李建欣　杨维中
何建明　沈文华　宋立宏　张广保　陈　霞
郑志明（台湾）　徐小跃　郭　武　盖建民
彭国翔

主　　编：徐小跃

执行主编：沈文华

主办单位：老子道学文化研究会
南京大学道学与东方文化研究中心

目　录

燕齐、吴越文化与道教

李　刚

摘　要：与燕齐文化尤其是齐文化密切相关的自战国时兴起的方仙道，是道教最早期的形态，而方仙道的代表性方士，则多为出自齐文化圈的人。道教史从方仙道开始书写，是能够成立的。尊崇黄帝，具有燕齐文化的背景，对于这点，黄老道和方仙道完全一致，所以黄老道自然而然接收了方仙道的遗产。黄老道既是燕齐文化尤其是齐文化和楚文化结合的产物，也是黄帝和老子神仙化，以及黄老学和方仙道的神仙方术相结合的产物。太平道的文化背景，正是燕齐文化。太平道的触角一度延伸到江南吴会地区，具有燕齐文化背景的太平道由此浸润于吴越文化的江南地区，因此江南道教的发展与燕齐文化和吴越文化都脱不了关系。燕齐文化与道教的关系，并未止步于方仙道、黄老道和太平道，这种关系的流传下及两晋南朝，到东晋南朝时，更与南方的吴越文化结合，形成东晋南朝家族道教的特色。

关键词：燕齐文化；吴越文化；方仙道；黄老道；太平道；家族道教

作者简介：李刚，四川大学道教与宗教文化研究所教授（四川成都 610207）。

从地域文化的角度看，道教的缘起与古代燕齐文化、吴越文化、荆楚文化、巴蜀文化和关陇文化的关系更为密切。本文主要探讨燕齐文化、吴越文化尤其是齐文化、越文化与道教缘起和发展的关系。

一

神仙长生不死的思想在中国古代早已萌发。神仙思想来源于何方？一般认为是燕齐，由于其临大海，海市蜃楼的幻景激发了人们的无限遐想，幻想海上有神仙，居住着不死的仙人，于是在燕齐大地兴起了宣传神仙不死和播弄神仙方术的神仙家。《左传》昭公二十年记载：齐景公正“饮酒乐”时，忽然联想起“古而无死，其乐若何”这个问题。晏子对答说：“古而无死，则古之乐也，君何得焉？”①

从这段对话可以看出，中国远古时代曾经有过不死的乐园，后来不知什么原因成为“失乐园”，使得“无死”凝固在“古之乐”中，齐景公就只能望“古之乐”而兴叹了。《韩非子·外储说左上》记载：“客有教燕王为不死之道者，王使人学之。所使学者未及学而客死。”② 此所谓“客”，大概应该是战国时期的方士，他们已经在向帝王兜售“不死之道”，表明燕地的神仙长生文化已经露出端倪。《史记·封禅书》说：相传在勃海中，有蓬莱、方丈、瀛洲三座神山，“诸仙人及不死之药皆在焉”。“世主莫不甘心焉”，从齐威王、齐宣王、燕昭王到秦始皇，都派人入海寻求不死的仙药，秦始皇甚至亲自“南自湘山，遂登会稽，并海上，冀遇海中三神山之奇药”③，然而都空手而归。另据《列子·汤问》的记载：渤海之东不知几亿万里，有个名叫“归墟”的地方，其中有岱舆、员峤、方壶、瀛洲、蓬莱五座仙山，山上“珠玕之树皆丛生，华实

① （晋）杜预等注：《春秋三传》，上海古籍出版社 1987 年版，第 460 页。
② （战国）韩非等：《韩非子》，上海古籍出版社 1989 年版，第 91 页。
③ （汉）司马迁：《史记》，中华书局 1982 年版，第 4 册，第 1369—1370 页。

皆有滋味；食之皆不老不死。所居之人皆仙圣之种；一日一夕飞相往来者，不可数焉”①。明人张瀚在《松窗梦语·方术纪》中也认为：“若神仙之说，创自齐威、燕昭，而秦皇、汉武炽焉，皆方士之为也。”②

燕齐神仙文化孕育了大批神仙方士，出现方仙道，而方仙道是道教的最初形态。我们知道替秦始皇、汉武帝寻求仙人仙药的方士多为燕齐人，其中又以齐人居多。如齐人徐市、燕人卢生，他们是为秦始皇出海寻求仙人仙药的主要方士。又如齐人少翁，与少翁同出一个师门的胶东宫人栾大，齐人公孙卿、丁公，济南人公王带等，这些人是汉武帝求仙、封禅、定明堂制度的主谋，此外还有齐人向汉武帝上疏“言神怪奇方者以万数”。对此陈寅恪先生指出：自战国邹衍传大九州之说，至秦始皇、汉武帝时方士的迂怪之论，据太史公书所载，皆出于燕齐之域。“盖滨海之地应早有海上交通，受外来之影响。以其不易证明，姑置不论。但神仙学说之起源及其道术之传授，必与此滨海地域有连，则无可疑者”，并认为“汉末黄巾之乱亦不能与此区域无关系”，“张角之道术亦传自海滨，显与之有关也”。③ 从方仙道一直到太平道，都与地处海滨的燕齐文化关系十分密切。顾颉刚亦看到方士与燕齐地方文化的关系：“方士的兴起本在战国时代的燕齐地方，由于海上交通的发达，使得人们对于自然界发生了种种幻想，以为人类可以靠修炼而得长生，离开了社会而独立永存，取得和上帝同等的地位。”④ 有学者揭示：“被称为‘东方宗教’的道教，其思想信仰体系的形成，则直接根源于齐文化中的方仙道、黄老之学和阴阳五行思想。”⑤ 学术界大多赞成燕齐文化为孕育道教产生的重要地域文化之一。但必须指出的是，在现存文献材料中，有关燕齐神仙文化的记载大多

① 杨伯峻：《列子集释》，中华书局 1979 年版，第 151—152 页。
② （明）张瀚：《松窗梦语》，中华书局 1985 年版，第 108 页。
③ 陈寅恪：《陈寅恪史学论文选集》，上海古籍出版社 1992 年版，第 150、152 页。
④ 顾颉刚：《秦汉的方士与儒生》，上海古籍出版社 1998 年版，“序” 第 5 页。
⑤ 邱文山：《齐文化与中华文明》，齐鲁书社 2006 年版，第 316 页。

指向齐文化，而齐文化自古以来因为与吴越文化在地理上毗邻，彼此之间有密切的交流互动，吴越的羽人文化向北传播到齐地，齐文化中的神仙文化又向南对吴越文化产生了很大影响。

《史记·秦始皇本纪》载：秦始皇“南登琅邪，大乐之，留三月。乃徙黔首三万户琅邪台下，复十二岁。作琅邪台，立石刻，颂秦德，明得意”。“集解”引《地理志》：“越王勾践尝治琅邪县，起台馆。”又“正义”引《括地志》：“密州诸城县东南百七十里有琅邪台，越王勾践观台也。”越王勾践在其都城琅邪建立了“观台”，不知要观望东海什么，所引诸书皆未交待。《史记》称秦始皇也在此地“作琅邪台”，紧接着就叙述说：“既已，齐人徐市等上书，言海中有三神山，名曰蓬莱、方丈、瀛洲，仙人居之。请得斋戒，与童男女求之。于是遣徐市发童男女数千人，入海求仙人。”① 似乎秦始皇作“琅邪台”，有在台上观望海上神仙的意图。很有可能，在秦始皇之前，自古以来琅邪的神仙文化就颇为流行，积淀的底蕴非常深厚。后来，《太平经》这本黄老道“神书”问世，即与琅邪人宫崇相关。《后汉书·襄楷传》载：“初，顺帝时，琅邪宫崇诣阙，上其师于吉于曲阳泉水上所得神书百七十卷，皆缥白素朱介青首朱目，号《太平青领书》。”② 道教典籍《正一法文天师教戒科经·大道家令戒》也说：“道重人命，以周之末世始出。奉道于琅邪以授于吉，太平之道起于东方。”③《老君说一百八十戒叙》亦称：“昔周之末，赧王之时，始出太平之道、太清之教，老君至琅邪授道与干君。”④ 东汉之后，琅邪出了不少著名道士。三国时“有道士琅邪于吉”，往来吴会传教，“立精舍，烧香读道书，

---

① （汉）司马迁：《史记》，第1册，第244、247页。按：琅邪台，学术界或云在今山东胶南夏河城东南，或云在今山东诸城东南150里。见林剑鸣、吴永琪主编《秦汉文化史大辞典》，汉语大词典出版社2002年版，第691页。

② （宋）范晔等：《后汉书》，中华书局1965年版，第4册，第1084页。

③ 《正一法文天师教戒科经·大道家令戒》，《道藏》，文物出版社、上海书店、天津古籍出版社1988年版，第18册，第236页。按：“瑯琊”即“琅邪”。

④ （宋）张君房：《云笈七签》，《道藏》，第22册，第270页。

制作符水以治病，吴会人多事之”。后来为孙策所杀。[①] 琅邪算得上是秦汉魏以来道教的风水宝地，琅邪道士于吉到“吴会传教”，且“吴会人多事之”，可以看出当时道教在山东和吴越地区的传播途径，而其渊源则可以追溯到远古时期吴越文化和齐文化的互动。琅邪地处山东，而山东与江南沿海地区自古海路畅通，文化面貌相近，关系密切。在古代文献中，名为“会稽”者有三处，一在山东，一在辽西，一在江南。这三处的夏文化遗址，其中山东最早，因山东夏裔来到江南，把“会稽”的地名也带了过去。也就是说，会稽原在山东，越国王室本是夏裔，从山东经海路迁来。越王勾践迁都琅邪后，曾想迁葬琅邪，并已经采取一定的行动。勾践为何要迁葬琅邪？那就是“鸟飞返故乡”，故乡情结使然。

山东本属东夷地区，所谓古“东海”指的是山东及苏北连云港一带。西周时期，茅山两侧的文化面貌泾渭分明，西侧的宁镇地区是吴文化区，东侧的太湖地区是越文化区。到春秋晚期，茅山两侧的文化面貌已趋一致，融合统一而成吴越文化。吴越地区有羽人神话。传说古代中国有“羽民国”存在，大致方位在东南方。尤其是《吕氏春秋》将羽人、裸民相提并论，更是表明两地相近。而“裸民（国）”正是代指后来的吴国。“断发文身、裸以为饰”恰是吴越先民的习俗。《史记》形容越王勾践的相貌是“长颈鸟喙”，《吴越春秋》有所谓“大越鸟语之人”的说法。说明羽人国大体上在吴越这一方土地上。近年来，吴越地区的考古新发现，为进一步揭示羽人之谜提供了新的资料。1976 年，浙江鄞县出土春秋战国时的青铜钺，正面有“羽人划船”的图像。在 1986 年发掘的浙江余杭良渚文化（约公元前 3300 年至前 2100 年）时期的墓葬中，出土许多玉琮和玉钺等玉器，玉琮上的图像镂刻戴羽冠的宗神，脚为三爪的鸟足。而宗神简化标志图像的两侧雕琢着飞翔的神鸟，衬托了宗神在空中腾云驾雾的情状。最引人注目的是，1989 年江西新干大洋洲商墓的发现，其族属为古越民族的一支，令人尤为惊叹的是

① （晋）陈寿：《三国志》，中华书局 1982 年版，第 5 册，第 1110 页。

墓中有一件完整的玉羽人，高钩鼻、戴高羽冠。这些发现于吴越土地上的文物精品，恰好印证了文献中羽人生活在中国东南区域的记载。① 如果把良渚文化玉琮上的“祖宗神”图像断定为羽人，则吴越地区的羽人神话已有接近五千年的历史。且考古发现表明，从商到周代，这一羽人神话的传统在吴越地区并未中断。而众所周知，羽人神话与后来产生的神仙具有千丝万缕的联系，一直到现在，道教仍把成仙称为“羽化”，可见是留有羽人的胎记，前者可以说是启迪了后者。特别值得我们注意的是，越王勾践的相貌被描绘为与羽人相关，晚年的他又曾在琅邪建立“观台”，似乎是要观望东海的神仙。越国王室本是夏裔，从山东迁到江南来。越王勾践又曾迁都琅邪，还曾想迁葬琅邪。这样的往返迁徙过程，势必带来齐文化和吴越文化的频繁交流，吴越的羽人文化向北传播到齐地，燕齐的神仙文化向南传播到越地，这些都是文化互动中自然而然的事情。假如越王勾践在琅邪海边建立的“观台”真的是要观望神仙的话，那么，很有可能春秋末期或战国初期齐地的神仙文化已经悄然兴起，而且浸润到江南吴越之地。换言之，战国时期的吴越文化可能已有燕齐神仙文化的内容。这样一来，我们也就很好理解为什么三国时期吴越之地的社会各层是如此自觉而且热烈地接受了山东琅邪传来的北方道教，东晋南朝时期南方吴越之地的道教为什么突然就勃兴起来了，而且许多奉道的世家大族先后从齐文化的琅邪之地迁徙而来；特别是，江南吴越之地的道教随着隋唐的统一又传播到北方乃至全国，成为隋唐道教的主流。很显然，这是因为吴越之地有着久远深厚的羽人文化，又受到燕齐文化中神仙文化的深刻影响，道教在江南这个燕齐文化和吴越文化的融合之地简直就是如鱼得水。

《汉书·地理志》称：吴地“世传《楚辞》”，又说“本吴粤与楚接比，数相并兼，故民俗略同”。而楚地的民俗“信巫鬼，重淫祀”。划入楚地的汉中，则“与巴蜀同俗”。至于“属楚”的陈国，

① 参见董楚平、金永平《吴越文化志》，上海人民出版社 1998 年版。

也“好祭祀，用史巫，故其俗巫鬼”①。《后汉书·第五伦传》载：“会稽俗多淫祀，好卜筮。”② 由此看来，地处长江下游的吴越文化与长江中游的楚文化、上游的巴蜀文化有比较接近的一面，即都信奉“巫鬼”，看重“淫祀”，而“巫鬼”文化恰好就是道教的来源之一。吴越文化的所谓“巫鬼”“淫祀”的风俗习惯，也成为自晋代起江南道教突飞猛进地传播和发展的深厚文化土壤。

二

探讨燕齐文化与道教的关系，当先从方仙道说起。依据现有的史料，战国时期已产生的方仙道，实为我们目前所知的道教最初形态。但由于现有史料不充分，国内外都有学者不承认方仙道的存在，更不用说把方仙道看作道教的最初形态。本文想要阐明的观点是，与燕齐文化尤其是齐文化密切相关的方仙道，就是道教的初始形态，汉武帝之后，方仙道逐渐与黄老学结合，向道教的另一种形态——黄老道演变；从方仙道到黄老道是一脉相承的，二者都与齐文化有着深厚的渊源关系。

“方仙道”一名，最早见于《史记·封禅书》：“自齐威、宣之时，邹子之徒论著终始五德之运，及秦帝而齐人奏之，故始皇采用之。而宋毋忌、正伯侨、充尚、羡门高最后皆燕人，为方仙道，形解销化，依于鬼神之事。”③ 战国时，燕齐一带的方士将其神仙学说及方术与邹衍的阴阳五行说糅合起来形成了方仙道，主要流行于燕齐的上层社会，甚至进入宫廷，获得帝王们青睐，齐威王、齐宣王、燕昭王都信奉方仙道。方仙道的方术形解销化，依于鬼神，企图长生求仙。方仙道的所谓“方”，指不死的神方，所谓“仙”，指长生不死的神仙。所谓“方仙道”，就是一套关于人如何实现神仙不死之道的技术方法。神仙思想，由来已久，春

① （汉）班固等：《汉书》，中华书局1962年版，第6册，第1668、1666、1653页。
② （宋）范晔等：《后汉书》，第5册，第1397页。
③ （汉）司马迁：《史记》，第4册，第1368—1369页。

秋战国时逐渐形成了以追求神仙不死为目的的方士集团，他们以神仙方术活跃于社会上并渗透到贵族上层，并以此作为谋生手段。齐威王、齐宣王时，邹衍之徒论说阴阳五行，为方士所吸收，成为学术上蹩脚但在神仙术上却颇有几下子的神仙家，迎合统治者贪生怕死的心理，大力鼓吹神仙长生。从战国中后期到汉武帝时，神仙家与帝王相互鼓动，掀起中国史上有名的入海求不死药的事件。齐威王、齐宣王和燕昭王、秦始皇、汉武帝等，都曾经派方士到海上三神山寻求神仙及不死之药，其规模虽越来越大，但最终都毫无结果。《盐铁论·散不足》记述盛况说："秦始皇览怪迂，信禨祥，使卢生求羡门高，徐市等入海求不死之药。当此之时，燕齐之士，释锄耒，争言神仙。方士于是趣咸阳者以千数，言仙人食金饮珠，然后寿与天地相保。于是数巡狩五岳、滨海之馆，以求神仙蓬莱之属。"[①] 到汉武帝时，言"神怪奇方"的方士甚至"以万数"，言"海中神山"的方士有"数千人"，派遣去"求仙人"的方士"以千数"。[②] 秦皇汉武时，许多著名的方士即出于齐文化之地。方士寻药求仙蔚然成风，通过服食不死仙药从而解救自我生命的方仙道发展到鼎盛期。

方仙道的所谓方士，指的是有方术之士，应当是脱胎于春秋战国时的士阶层，与"士大夫"相比，为士流阶层中的一个地位较为低下的群体，为士流所瞧不起。这个群体与巫师有着千丝万缕的联系，或者就出自巫师，但他们的知识文化水平是青出于蓝而胜于蓝，甚至能写书，如《淮南子》一书即方士们的手笔。这个群体拥有的知识系统，与擅长纵横之术的策士长于政治外交不同，而是以一技之长的神仙"方技"干谒人主，求取功名利禄，其本身也是求仙之人。《论衡·道虚篇》揭示说："方术仙者之业。"[③] 此所谓"仙者"，即指求仙的方术之士，此所谓"方术"即指求仙的技术，方士以此技术作为自己谋生的职业。方仙道的

---

① （汉）桓宽：《盐铁论》，上海古籍出版社 1990 年版，第 104 页。

② （汉）司马迁：《史记》，第 4 册，第 1397—1398 页。

③ （汉）王充：《论衡》，上海人民出版社 1974 年版，第 106 页。

方士信仰神仙，致力于个体生命的得救，有一套当时人眼中成仙了道的知识体系，可以凭借这套知识体系来神化其方术，诱导社会各层次的信徒包括帝王来崇奉神仙长生，这些特征都传给了后世的道士。

方仙道的兴起在于社会有这种信仰的需求。秦汉人“背天地之宝，求不死之道”，“目放于富贵之荣，耳乱于不死之道”。[①] 眼睛紧紧盯着现世生活享受富贵，心中渴求不死，以永久性保持富贵并不死作为信仰追求的目标，这使方仙道不仅仅受到帝王狂热的信奉，而且为一般人所衷心向往。更何况方士们运用古代的科技知识，发明创造了一系列寻求神仙的方术，诱惑世人，且颇具诱惑力，连帝王都被搞得神魂颠倒，到处寻求神仙。方仙道求仙的方术，诸如祠灶、导引、望气、却老方等，都被道教继承；特别是冶炼金丹，服不死药成仙，自己拯救自己生命的思想和方术，被后世金丹道教视为法宝。在这些入海求仙的方士之中，不乏探险家、思想家、科学家、航海家、博物家兼幻想家和宗教家（当然不免夹有骗子）。顾颉刚在《秦汉的方士和儒生》中揭示说，“方”是“方术”以及“方药”之意，其实还应该包括“方物”“方位”。[②] 方士是兼掌巫术宗教、天文地理的旅行家，主要活动在燕齐，但却不一定都是燕齐人氏，他们是天下趋一，地域相通、文化交流、时代进步的矛盾产物。[③] 从现在留存下来的材料看，方仙道只有不太复杂的“术”，而没有成体系的“道”，也就是说缺乏一套成系统的神仙理论。这一不足之处，后来由葛洪弥补完成。从方仙道开始，道教对于人身体的认识、关于人生命的知识逐步形

---

① （汉）陆贾：《新语》，上海古籍出版社 1990 年版，第 9、16 页。四川出土的汉代摇钱树有象征神仙不死的西王母图像，汉代铜镜铭文有“命久富贵”。参见李淞《论汉代艺术中的西王母图像》，湖南教育出版社 2000 年版。西汉铭镜常见“大乐富贵，千秋万岁”。刘艺：《镜与中国传统文化》，巴蜀书社 2004 年版，第 17 页。这些都显示了当时民间盛行追求富贵而且不死的心态。

② 顾颉刚：《秦汉的方士与儒生》，“序”第 5 页。

③ 参见肖兵《山海经：四方民俗文化的交汇——兼论山海经由东方早期方士整理而成》，四川省社会科学院出版社 1986 年版。

成，逐步完善，最终演化为一套在世界上独具一格具有神仙学色彩的生命知识体系。尽管在今人看来，其信仰动机不纯洁，世俗的功利目的太强，但方仙道士积极探索关于生命知识与技术的精神，仍是值得予以肯定的。方仙道士把自己的“客户”锁定在上流社会有钱有势的权贵人物，力图以自己具有神学特征的人体生命知识为这些帝王将相服务，期望能够飞黄腾达，获得自己的荣华富贵。在方士们中，也不乏历史掌故知识丰富者，甚或还有文物专家。比如汉武帝时候的李少君，“尝从武安侯饮，坐中有九十余老人，少君乃言与其大父游射处，老人为儿时从其大父，识其处，一坐尽惊。少君见上，上有故铜器，问少君。少君曰：‘此器齐桓公十年陈于柏寝。’已而案其刻，果齐桓公器。一宫尽骇，以为少君神，数百岁人也”①。即便是李少君事前做好了功课，也表明他熟悉那个九十多岁老人“大父”的历史掌故，对于汉武帝宫中收藏的齐桓公“故铜器”文物有丰富知识。而当时人闻听李少君“能使物及不死”，是一个有名的方士，并不把他当作普通人看待，却“以为少君神，数百岁人也”。这样一来，李少君所掌握的广博历史和文物知识，反而被当时的人神化了。

今人往往认定：“秦汉时代之所谓方士，是一种讲神仙方术以欺世盗名的骗子。”② 似乎齐威王、齐宣王和燕昭王、秦始皇、汉武帝，这些痴迷神仙不死而不悟的帝王，遇到并傻傻地相信了骗子，于是才有方士们的“招摇过市”“欺世盗名”。其实，方士中除了那些靠行骗谋取官禄富贵者，也不乏虔诚信仰长生成仙者。撇开其欺骗的一面，应当说，方士们的思想是解放的，探索自然界和人自身的勇气是可嘉的，眼光是开阔的，他们走南闯北，有的甚至冒着生命危险闯荡海外，阅历十分丰富，见多识广。方士或许还是那个时代中外文化的交流者和传播者。据卓鸿泽《汉初方士所录古印度语》一文所说：淮南王刘安大集方士、主持汇编而成的《淮南

---

① （汉）司马迁：《史记》，第4册，第1385页。

② 白寿彝总主编：《中国通史》第4卷，上海人民出版社、江西教育出版社2013年版，下册，第1307页。

子·道应训》，载有所谓“鸡斯之乘”，高诱的注称，“鸡斯，神马也”。神马“鸡斯”，当是江北、淮南间方士之说。而“鸡斯”，实为古印度神马的译音。其后，隋代印度僧人阇那笈多在《佛本行集经》中，将之译作为“鸡尸”。可知在佛典入华之前，古印度语的译音“鸡斯”早已渗入方士们参与写作的《淮南子》一书中。[①] 如果卓鸿泽所说可以成立，则汉初方士已在从事一些翻译外来语、与外来文化进行交流的工作，方士或许可以称得上中外文化最早的沟通者。方士也是当时把诸多自然知识和技术知识汇聚积累起来的专家，“方仙道中的养生、服饵、炼丹、黄白等”，是“与生命、体育、本草、化学有关的科学方面”[②]，其科学技术知识含量代表了当时所能达到的水平。

在方仙道的知识技术中，含有冶炼金丹术及黄白术。陈国符在《道藏源流考》附录五《中国外丹黄白术考论略稿》中指出：“我国之金丹术与黄白术，可溯源至战国时代燕齐方士之神仙传说与求神仙仙药；盖战国时代先有神仙传说与求神仙奇药，及前汉始有金丹术与黄白术之发端也。”并揭示说：当时方士除言神祠之外，复化丹砂诸药剂为黄金。黄金成以为饮食器则益寿。其法创自汉武帝时李少君。“盖秦代则求神仙仙药；前汉则演进而为人工制造延年益寿之黄金矣。”[③] 日本学者也说：传播神仙信仰的方士，“是中国炼金术的直接祖先。方士的‘方’是技术的意思。因为他们多探求长生不老药，研究能量和生命构造；从事实验和技术活动，故被称为方士。这种方士圈中的一个，是有名的邹衍”[④]。换言之，方仙道是中国炼丹术的“直接祖先”，正是方仙道的方士最先开始了炼丹。如李少君以“祠灶、谷道、却老方”见汉武帝，告诉汉武帝：

---

① 参见卓鸿泽《历史语文学论丛初编》，上海古籍出版社 2012 年版。

② ［日］酒井忠夫、［日］福井文雅：《什么是道教》，载［日］福井康顺等监修《道教》第 1 卷，朱越利译，上海古籍出版社 1990 年版，第 16 页。

③ 陈国符：《道藏源流考》附录五《中国外丹黄白术考论略稿》，中华书局 2014 年版，第 357、359 页。

④ ［日］村上嘉：《炼金术》，载［日］福井康顺等监修《道教》第 2 卷，朱越利译，第 236 页。

"祠灶则致物，致物而丹砂可化为黄金，黄金成以为饮食器则益寿，益寿而海中蓬莱仙者乃可见，见之以封禅则不死，黄帝是也。臣尝游海上，见安期生，安期生食巨枣，大如瓜。安期生仙者，通蓬莱中，合则见人，不合则隐。"① 李少君通过所谓"祠灶"冶炼丹砂变化为黄金，并以这种黄金制作的"饮食器"来饮食，说是这样可以延年益寿，而益寿则可见到海上的仙人，最终获得不死。于是汉武帝开始亲自祠灶，派遣方士入海寻求蓬莱安期生这一类仙人，并进行化丹砂诸药为黄金的试验。有关汉武帝时方士冶炼丹药，从淮南王刘安身上亦可得到旁证。据《汉书·淮南王传》：刘安"招致宾客方术之士数千人，作为《内书》二十一篇，《外书》甚众，又有《中篇》八卷，言神仙黄白之术，亦二十余万言"②。后刘安谋反下狱，讲神仙黄白术的书便落到了刘向父亲刘德手中。据《汉书·楚元王传》：刘向本名更生。时逢汉宣帝正在尽力"复兴神仙方术之事，而淮南有《枕中鸿宝苑秘书》。书言神仙使鬼物为金之术，及邹衍重道延命方，世人莫见，而更生父德武帝时治淮南狱得其书。更生幼而读诵，以为奇，献之，言黄金可成"。当刘向献书汉宣帝之后，汉宣帝下令"典尚方铸作事，费甚多，方不验。上乃下更生吏，吏劾更生铸伪黄金，系当死"。后来，"上亦奇其材，得逾冬减死论"③。刘向（即更生）幼年既读淮南王刘安的《枕中鸿宝苑秘书》，以为奇书，又动手操作，差一点就以"铸伪黄金"的罪名丢掉性命。从这些记载中可知，淮南王刘安与方仙道有密不可分的关系，他招揽的宾客方士，不仅能冶炼丹药，而且将其实践总结成书，某些书流传到上层社会人士手中，献给朝廷，照本"铸作"，却未能获得成功。尽管屡战屡败，但服食丹药成仙不死的诱惑力实在太大了，那些有钱有势的"瘾君子"，依旧支持方士们进行冶炼丹药的试验。直至唐五代之后，服食外丹之风才衰落下来。方仙道的炼丹术没有被太平道、五斗米道继承，而是由魏伯阳、左

---

① （汉）司马迁：《史记》，第 4 册，第 1385 页。

② （汉）班固等：《汉书》，第 7 册，第 2145 页。

③ （汉）班固等：《汉书》，第 7 册，第 1928—1929 页。

慈、葛玄、郑隐、葛洪等高道继承下来，并将其发扬光大。

方仙道的兴盛时期，为战国后期到汉武帝时，其代表人物有宋毋忌、正伯侨、徐福、卢生、李少君、少翁、栾大、公孙卿、丁公，等等。这些人中，徐福、少翁、公孙卿、丁公等皆为齐人，栾大为胶东人，都出自齐文化圈。这些人中，既有方士化的儒生，也有儒生化了的方士，当是方士与儒生结合的产物。夏曾佑指出："观秦、汉时之学派，其质干有三。一儒家，二方士，三黄老。一切学术，均以此三者离合而成之。"在他看来："方士之说，内丹始见于屈原，外丹始见于邹衍，而后皆并入孔教。"诸如儒学博士为《仙真人诗》，某些治《尚书》者，治《谷梁春秋》者，治《公羊春秋》者，皆合方士之说；董仲舒之学，"实合巫蛊厌胜、神仙方士"的那一套；"至于易道阴阳，更与方士为近，而道人之名，即起于京房之自号"。于是，"汉儒之与方士，不可分矣"。他揭示说："诸儒皆出荀子。"这些人表面上"法黄帝，和方士"，但"实承《荀子》之意者也"。假如"荀子而生秦皇、汉武之世，有不为文成、五利者乎"①，燕齐方士与稷下学宫荀派儒生的结合，使方仙道得以活跃于先秦两汉上层社会，对秦始皇、汉武帝都产生了巨大影响，汉武帝甚至表示，只要能成仙不死，家室妻子皆可抛弃。按汉武帝时的宗教政策："方士所兴祠，各自主，其人终则已，祠官不主。他祠皆如其故。"② 假若把方士所兴的"祠"看成类似于后世道士修建的道观，则自汉代以后的历朝历代政府，都沿袭了汉武帝时"祠官不主"的政策，并不派出官员主持道观，而是由道士"各自主"。方士们不仅"兴祠"，而且修建了道坛："元光二年（前133）十月，文成将军李诏建会仙左坛，工四万五□。"③ 此所

① 夏曾佑：《中国古代史》，岳麓书社2010年版，下册，第321—324页。按：荀况曾游学稷下，后又主持过稷下学宫，而在稷下之学中，黄老学和儒学等各种学术流派都有，相互之间难免产生影响，荀派儒学或受过黄老学影响。而汉代黄老道经典《太平经》中不乏荀派儒家的思想，由此也可见儒家对道教的影响。

② （汉）司马迁：《史记》，第4册，第1403页。

③ 陈垣：《道家金石略·会仙左坛题字》，文物出版社1988年版，第1页。按其所注云：李少君"未尝拜文成将军"，"少君、少翁为两人，此误以少君为少翁矣"。

谓“会仙左坛”，当系为了迎接神仙降临、与之相会而建立的道坛。汉武帝之后，方士与儒生浑然一体，方士不多见了，为什么呢？“原来儒生们已尽量方士化，方士们为要取得政治权力已相率归到儒生的队里来了。”[①] 方士与儒生都想要干禄求进，捞个一官半职，只不过是进身路径有别，方士靠方术向上爬，儒生则通过读儒书做官。儒生本来瞧不起方士，而且把方士看作其仕途上的竞争对手，后来一看方士的方术吃香，也就使自己“尽量方士化”。方士为了提高自己的社会地位，不仅有使人不死的奇妙之术，而且要有高深的学问，以便名正言顺地取得权力，也尽量向儒生队伍靠拢看齐，修习儒家经书。方士与儒生就这样渐渐地合二为一了。从《汉书·司马相如传》所载，也可看出这一点：“相如以为列仙之儒居山泽间，形容甚臞。”颜师古注曰：“儒，柔也，术士之称也，凡有道术皆为儒。”[②] 以“术士”来解释“儒”，正是方士与儒生已经合流的写照。

在方士们的策划或者建议下，秦始皇生前死后都建有“宫观”。在他的生前：“乃令咸阳之旁二百里内宫观二百七十复道甬道相连。”在他死后：陵墓中“宫观百官奇器珍怪徙臧满之”。《史记正义》就此解释说：“言冢内作宫观及百官位次，奇器珍怪徙满冢中。”这些建造的所谓“宫”，可能是象征天上的宫庙。据说：秦始皇“更命信宫为极庙，象天极”。“索隐”对此解释说：“为宫庙象天极，故曰极庙。《天官书》曰‘中宫曰天极’是也。”[③] 当时建造的所谓“观”，则是观望迎候神仙降临的地方。这些“宫观”，大多与方仙道的神仙不死信仰密切相关。秦始皇信奉方仙道、建造宫观的衣钵，为汉武帝所继承。方士少翁为汉武帝造“作甘泉宫，中为台室，画天、地、太一诸鬼神，而置祭具以致天神”。齐人少翁死后第二年，汉武帝于鼎湖病重，据说，与“神君”在甘泉宫相会之后，病即痊愈，于是下令“大赦，置寿宫神君。寿宫神君最贵

---

① 顾颉刚：《秦汉的方士与儒生》，“序”第 6 页。

② （汉）班固等：《汉书》，第 8 册，第 2592 页。

③ （汉）司马迁：《史记》，第 1 册，第 257、265、266、241、242 页。

者太一，其佐曰大禁、司命之属，皆从之”，另“又置寿宫、北宫，张羽旗，设供具，以礼神君”。①建造甘泉宫并在宫中建“台室”的目的，就在于“置祭具以致天神”，又建置寿宫、北宫“以礼神君”，这些“宫”都是汉武帝迎候、祭拜神灵的神圣空间。元鼎六年（前111），齐人公孙卿说：“仙者非有求人主，人主者求之。其道非少宽假，神不来。言神事，事如迂诞，积以岁乃可致也。”汉武帝听信了他的话，“于是郡国各除道，缮治宫观名山神祠所”，期望神能够降临。②如此大规模的“缮治宫观”以迎候神仙，与秦始皇如出一辙。然而神仙始终不见踪影。公孙卿分析仙人不见的缘故说：“仙人可见，而上往常遽，以故不见。”又给汉武帝提出建议说：“今陛下可为观，如缑城，置脯枣，神人宜可致也。且仙人好楼居。”于是汉武帝下令：“长安则作蜚廉桂观，甘泉则作益延寿观”，派遣齐人公孙卿“持节设具而候神人。乃作通天茎台，置祠具其下，将招来仙神人之属。于是甘泉更置前殿，始广诸宫室”。③因为“仙人好楼居”，所以这些宫观都修建成高楼大厦，更有所谓“通天茎台”，直上云霄“招来仙神人之属”。以齐文化为标识的方士们，不仅在各地“兴祠”，而且修建了“会仙左坛”，又极力鼓动秦始皇、汉武帝大建迎候神仙的宫观。显然，道教宫观作为神圣空间的功能，在秦始皇、汉武帝的时代就已经得到了广泛的应用，而修建道教宫观的始作俑者就是方仙道的方士。由此可见，方仙道对后世道教产生的深远影响。所以我们说，方仙道就是道教的初始形态，而方仙道的代表性方士，则多为出自燕齐文化圈的齐人。

汉武帝虔诚“礼神君”，对于“神君所言，上使人受书其言，命之曰‘画法’”。④这是说汉武帝派人把“神君”与神接通之后所说的话书写下来，号称“画法”。很有可能，黄老道的经书《太平

---

① （汉）司马迁：《史记》，第4册，第1388页。
② （汉）司马迁：《史记》，第4册，第1396页。
③ （汉）司马迁：《史记》，第4册，第1400页。
④ （汉）司马迁：《史记》，第4册，第1388页。

经》即采取这一方法书写，故采用神与人的对话体，号称“神书”，即这是神启示人的书，而后世道教经书如《真诰》等亦多采用此种方法制作。齐人公孙卿声称，在他拥有的“札书”上说：“黄帝得宝鼎宛朐，问于鬼臾区。鬼臾区对曰：‘帝得宝鼎神策，是岁己酉朔旦冬至，得天之纪，终而复始。’于是黄帝迎日推策，后率二十岁复朔旦冬至，凡二十推，三百八十年，黄帝仙登于天。”公孙卿八方钻营，托受汉武帝宠爱的人把他拥有的“札书”递了上去。汉武帝看见后大悦，便召问公孙卿。公孙卿趁机称：“受此书申公，申公已死。”汉武帝问申公是什么人，公孙卿说：“申公，齐人。与安期生通，受黄帝言，无书，独有此鼎书。曰：‘汉兴复当黄帝之时。’曰：‘汉之圣者在高祖之孙且曾孙也。宝鼎出而与神通，封禅。封禅七十二王，唯黄帝得上泰山封。’申公曰：‘汉主亦得上封，上封则能仙登天矣……’”① 齐人公孙卿所谓申公“受黄帝”的“札书”，隐约预言汉武帝通过封禅能够成仙“登天”。这里所谓黄帝授予齐人申公的“札书”，十分类似于后世道教所谓神仙降授的“天书”。可以这么说，从黄老道到后世道教的经典制作方式，在方仙道这里已经露出了小荷的尖尖角。由此可见，方仙道对后世道教产生的深远影响。

齐人少翁为了使汉武帝能够“与神通”，请求汉武帝把乘坐的车子图画成如同神仙乘坐的“云气车”，在类似于后世的黄道吉日亦即所谓“胜日”，驾车出行，以“辟恶鬼”，又在甘泉宫的台室画天、地、太一诸神，进行祭祀活动以迎接“天神”。② 在这些沟通神灵的活动中，都图画了神灵形象或神仙使用的交通工具，这种方式对道教的影响深远。黄老道经书的合集《太平经》中即画有神仙图像，用于道士修炼时看着神仙图像“存思”，以便较快地进入角色与神沟通。后世道教做道场时悬挂的“水陆画”，其功能同样也是便于通神。可见在使用神像图画接通神灵这一点上，道士与秦

① （汉）司马迁：《史记》，第4册，第1393页。
② （汉）司马迁：《史记》，第4册，第1388页。

汉方士也都是一脉相承的。

齐人少翁被汉武帝拜为“文成将军”，胶东人栾大被汉武帝拜为“五利将军”，“佩天士将军、地士将军、大通将军印”，“又刻玉印曰‘天道将军’”[①]，后来，东汉末太平道张角自称“天公将军”，张宝称“地公将军”，张梁称“人公将军”[②]，到东晋末，孙恩自号为“征东将军”[③]，这些著名方士、道士被封或自称某某“将军”的现象，值得我们关注！这个“将军”称号的象征意义，目前我们尚不清楚，但有一点我们是可以肯定的，即从方仙道到太平道乃至东晋天师道，在使用“将军”称号上是一脉相传的。此外，胶东人栾大请求汉武帝说，如果要招神灵，就应当“使各佩其信印，乃可使通言于神人”[④]。栾大所谓佩戴“信印”乃可通神，而后世道教做法事必要用“印”，其中的奥秘就在于此，且道教将其进一步发展，用法印调动神灵来为自己服务。胶东人栾大佩戴的所谓“将军印”，方仙道这个“印”的符号象征意义，可谓被后世道教彻头彻尾地继承下来。由此可见，方仙道对于后世道教产生的深远影响。

秦皇、汉武对神仙长生的狂热追求，直接催促了方仙道的大发展，于汉武帝时达到顶点，言“神怪奇方”的方士“以万数”，言“海中神山”的方士有“数千人”，派遣去“求仙人”的方士“以千数”，其人数规模丝毫不逊色于汉魏之后的道教。方仙道所信仰的神仙长生，对不死的追求，以及对自我生命的拯救，成为后世道教最基本的信仰，换言之，道教神仙信仰的基本特征在方仙道中已经形成，其神仙方术如冶炼丹药、祠灶、求仙等也为后世道教所继承发展。从这一角度看，可以说，方仙道就是道教最早的表现形态，后世所谓神仙道教、金丹道教即由此发展完善而来，道教史从方仙道开始书写，也是能够成立的。方仙道的神仙方术，包含古代

---

① （汉）司马迁：《史记》，第4册，第1387、1390—1391页。

② （宋）范晔等：《后汉书》，第8册，第2300页。

③ （唐）房玄龄等：《晋书》，中华书局1974年版，第8册，第2632页。

④ （汉）司马迁：《史记》，第4册，第1390页。

医学和体育卫生知识的积累，是古人强身健体、修身养性的实践经验的总结，正好为道教神仙信仰的宗旨提供了技术支持。方仙道作神仙画像供奉信仰的方式，后来也为《太平经》所吸取，《太平经》的存神术同样是作画像来进行存思。这些都表明，自战国时期兴起的方仙道，就是道教最早期的一种形态，道教史不从方仙道开始书写，实在难以令人信服。潘雨廷在《道教史发微》中颇具先见之明地指出："道教的内容，实汇合各种论'道'的教派，先秦早已存在。如《史记》提及的方仙道等，且《荀子》已引用《道经》之言，故道教自有其历史"，"此所谓《道经》，疑即方仙道的文献"。又推论"《内经》之成，似与方仙道有关"，并揭示说，方仙道"可安慰生死"，"在战国末至汉初有大发展"。① 推测《荀子》书中所引用的《道经》，有可能即方仙道的文献，果真如此，则方仙道于先秦时就已经存在，且与出自齐文化稷下之学的《荀子》有关联。

方仙道炼丹服食的方术传统，后来演变成所谓"金丹道教"，其修炼风格为魏伯阳、葛洪等一些具有"个人性行为"的道士所继承。尽管有一些研究者对方仙道究竟存不存在还存疑，但近来考古发现已证实方仙道的来源与存在，故饶宗颐先生喜不自禁地说："近岁地不爱宝，马王堆、张家山简帛陆续问世，新资料层出不穷，为古代方仙道之由来提供重要实证。"② 我们相信，将来如果还有新的考古发现及出土文物，会进一步充分证明方仙道及其经典的存在，以及方仙道与燕齐文化的渊源关系。

按照现有的史料，方仙道实为我们目前所知的道教最初形态，而方仙道的代表性方士则多为出自燕齐文化圈的齐人。汉武帝之

---

① 潘雨廷：《道教史发微》，上海社会科学院出版社 2003 年版，第 4、10、9、12 页。《荀子 · 解蔽》："故《道经》曰：'人心之危，道心之微。'危微之几，惟明君子而后能知之。"（清）浙江书局辑：《二十二子 · 荀子》，上海古籍出版社 1986 年版，第 341 页。如果《荀子》所引《道经》确系潘雨廷先生所疑为"方仙道的文献"，那么此《道经》是如何产生的，又成为一个谜团。

② 饶宗颐：《中国宗教思想史新页》，北京大学出版社 2000 年版，第 69 页。

后，方仙道逐渐与黄老学结合，朝向道教的另一种形态——黄老道演变。

三

探讨燕齐文化与道教的关系，除了讲方仙道，还必须说黄老道。

黄老道继方仙道之后兴起，并由此逐步过渡到太平道、五斗米道，是道教产生期很重要的一环。所谓“黄老”，黄指黄帝，老指老子。黄帝在《山海经》中已有记述，约有十六处叙说黄帝事，把黄帝塑造为天神，具有非凡的神力，同时又是一个伟大的人王，其子孙不仅是先秦史上许多帝王如夏、商、周的祖先，还是北狄、西戎和苗民的祖先。到司马迁写作《史记》时，已形成了“百家言黄帝”的局面。而《山海经》所记的黄帝世系，却和《史记》不乏共同处，二者关于黄帝世系简表的基本结构差不多，黄帝成了各族的共祖。《山海经》是记述黄帝事迹的“百家”中的一部重要论著。[①] 黄帝本是西北夏人集群的祖先神，但是到战国时期，势力突然扩张，而首传黄帝的正是齐国。徐中舒先生在《陈侯四器考释》中，最早指出齐人祀黄帝为祖先神，黄帝在战国忽然显赫与齐有关。[②] 丁山先生补充说黄帝的确是夏后氏之先祖。[③] 杨宽先生说：邹衍之五德终始说，确以土德为始，以黄帝为先。[④] 可见阴阳家极为推重黄帝。黄帝原来神性很强，及战国而盛传于齐，始由天帝而转为人王。顾颉刚先生在《史林杂识》中说：“以宗教宣传力之伟大，竟使东方之王者确认西方之上帝为其高祖。”[⑤] 可见黄帝跟燕

① 参见徐中舒、唐嘉弘《山海经和“黄帝”》，四川省社会科学院出版社 1986 年版。

② 参见徐中舒《陈侯四器考释》，《中央研究院历史语言研究所集刊》第 3 本第 4 分，1932 年。

③ 参见丁山《由陈侯因脊錞铭黄帝论五帝》，《中央研究院历史语言研究所集刊》第 3 本第 4 分，1932 年。

④ 参见杨宽《中国上古史导论》，上海人民出版社 2016 年版。

⑤ 顾颉刚：《史林杂识》，中华书局 1963 年版，第 179 页。

齐文化，跟东方的阴阳家、神仙家、早期方士关系极为密切，《山海经》容纳黄帝世系是意料中事。[①] 尊崇黄帝，具有燕齐文化的背景，这一点黄老道和方仙道完全一致，所以黄老道自然而然地便接收了方仙道的遗产。不同的是，黄老道还融合了楚文化中的老子。

先秦思想家老子，在汉代逐渐被神化、仙化。东汉时成都人王阜的《老子圣母碑》，径直将老子神化为“道”，崇敬地颂扬说：“老子者，道也。乃生于无形之先，起于太初之前，行于太素之元；浮游六虚，出入幽冥；观混合之未别，窥清浊之未分。”[②] 东汉陈相边韶的《老子铭》称：当时的“好道者”们，“以老子离合于混沌之气，与三光为终始，观天作谶，（缺）降斗星，随日九变，与时消息，规矩三光，四灵在旁，存想丹田，大一紫房，道成身化，蝉蜕渡世。自羲农以来，（缺）为圣者作师”。[③] 在东汉“好道者”眼中，老子已经成为“蝉蜕渡世”的神仙。考察老子神化的资料还有《老子变化经》，它是从敦煌写经中发现的，为隋大业八年（612）“国立”道观玄都观道士校订的敕修本，其编纂时间约为2世纪后半叶至3世纪初，几乎与太平道和五斗米道同时。经文中有老子应现的事迹。其内容是说，老子在历史的推移中，化形现生为许多人物，救济众生。并说，如有人诵持《老子五千文》，老子将在他面前显现，使他的祈求有效验。老子最后五次应现时间集中于阳嘉元年（132）至永寿元年（155）约三十年间。永寿元年之前最近的应现事迹是建和二年（148）。建和、永寿均为汉桓帝执政时期。[④] 老子的神化、仙化，在这一时期到达高峰。可以说，黄老道既是燕齐文化尤其是齐文化和楚文化结合的产物，也是黄帝和老子神仙化以及黄老学和方仙道的神仙方术相结合的产物。有学者认

① 参见肖兵《山海经：四方民俗文化的交汇——兼论山海经由东方早期方士整理而成》。

② （清）严可均编：《全上古三代秦汉三国六朝文·全后汉文》，中华书局1958年版，第1册，第652页。

③ （宋）洪适：《隶释》卷三，中华书局1986年版，第36页。

④ 参见［日］石井昌子《道教的神》，载［日］福井康顺等监修《道教》第1卷。

为："在黄老道阶段的前期，黄帝是信仰的中心，后期则逐步过渡为以老子为崇拜中心。"① 老子在黄老道中的信仰地位不断升格的结果，为其后来演变为道教的太上老君奠定了基础。

黄老学大约产生于战国中期的齐国，齐国稷下的黄老学派都学黄老道德术，并发明其旨意，一直流传到汉初。《史记·孟子荀卿传》揭示说，"齐之稷下先生"，如慎到、田骈、接子、环渊等，"各著书言治乱之事，以干世主"。其中"慎到，赵人。田骈、接子，齐人。环渊，楚人。皆学黄老道德之术，因发明序其指意。故慎到著十二论，环渊著上下篇，而田骈、接子皆有所论焉"②。慎到、田骈、接子、环渊这些史家所说的"稷下先生"，都是稷下黄老学的著名人物，纷纷著书立说"言治乱之事"，阐发黄老学政治主张。到汉初，黄老学的主流是帝王南面术和阴阳五行思想，又包含神仙思想，当其在汉武帝时政治失势后，便从政治转向养生求仙。汉武帝时，方士化的儒生们更以黄帝附会神仙学说，逐渐将神仙学与黄老学捏合在一起，宣讲神仙者大都托名黄帝。因为黄老学兴盛于齐地，而燕齐的神仙家也最为活跃，二者成长于同一环境，互相影响，终至结合发展为黄老道。二者的结合是一个长期的过程，大体上可以分为三个阶段。第一阶段是汉武帝独尊儒术之后，黄老学和方仙道初步结合。第二阶段是西汉宣帝到东汉明帝、章帝时。西汉宣帝通达黄老学，又"复兴神仙方术"，促成了二者的进一步结合。西汉时已有黄老道的爱好者。蔡邕六世祖勋，汉平帝时为郿令，"好黄老"。③ 到东汉明、章帝时，黄老道已经流行于宫廷及上层社会。据史料载，楚王刘英"晚节喜黄、老"，"诵黄、老之微言"。曾为蜀郡太守后为司空的第五伦，"好黄、老，以孝行称"。④ 汉章帝章和元年（87）拜司空的任隗"少好黄老，清静寡

① 高寿仙：《中国宗教礼俗》，天津人民出版社 1992 年版，第 92 页。
② （汉）司马迁：《史记》，第 7 册，第 2346、2347 页。
③ （宋）范晔等：《后汉书》，第 7 册，第 1979 页。
④ （晋）袁宏：《后汉纪》，中华书局 2002 年版，第 186、196 页。

欲"[1]。第三阶段是东汉桓帝、灵帝时，黄老道成熟并逐步向道教转化。[2] 到汉桓帝时，黄老道的名称已经正式见于史籍。据《后汉书·王涣传》的记载："延熹（158—167 年）中，桓帝事黄老道，悉毁诸房祀。"[3] 汉桓帝公开承认黄老道的合法性，于延熹八年（165）一年内，两次派宦官到苦县祠老子，延熹九年（166），又祠黄老于濯龙宫。[4] 边韶《老子铭》称，延熹八年八月甲子，汉桓帝"存神养性，意在凌云"，"梦见老子，尊而祀之"。[5] 于此可见，黄老道在汉桓帝那里的崇高地位。到汉灵帝熹平二年（173），国相师迁追奏，前相魏愔与愍王宠共祭天神，希幸非冀，罪至不道。对此，魏愔辩解称，只不过是与愍王"共祭黄老君，求长生福而已"。[6] 可见，当时上流社会为了"求长生福"，对黄老道大加信奉。汉灵帝时，又有河北人张角自称为"大贤良师"，"奉事黄老道"，蓄养弟子，招引来众多百姓信向。[7] 底层社会对于黄老道，也乐此不疲。张角发动黄巾起义后，黄巾军曾经移书于曹操，称曹操"昔在济南，毁坏神坛，其道乃与中黄太乙同"[8]。由此看来有可能曹操也曾信奉过黄老道。上述表明，社会上层与下层都有黄老道的信奉者，信仰都差不多，只是各自代表的利益不同，政治立场

① （宋）范晔等：《后汉书》，第 3 册，第 753 页。

② 樊光春在《陕西道教两千年》中说："西汉武帝之后，民间出现专业事奉黄老之道的道士。成帝时，有齐人甘忠可著《天官历包元太平经》，以《老子》基本思想为纲，提出一系列社会改良理论，并开始神化老子。以此为标志，黄老道正式形成。"三秦出版社 2001 年版，第 31—32 页。

③ （宋）范晔等：《后汉书》，第 9 册，第 2470 页。

④ （宋）范晔等：《后汉书》，第 2 册，第 313、316、317 页。又见（宋）范晔等《后汉书》，第 11 册，第 3188 页。

⑤ （唐）洪适：《隶释》卷三，第 36 页。

⑥ （宋）范晔等：《后汉书》，第 6 册，第 1669 页。

⑦ （宋）范晔等：《后汉书》，第 8 册，第 2299 页。

⑧ （晋）陈寿：《三国志》，第 1 册，第 10 页。所谓"昔在济南，毁坏神坛"是指："初，城阳景王刘章以有功于汉，故其国为立祠，青州诸郡转相仿效，济南尤盛，至六百余祠。贾人或假二千石舆服导从作倡乐，奢侈日甚，民坐贫穷，历世长吏无敢禁绝者。太祖到，皆毁坏祠屋，止绝官吏民不得祠祀。及至秉政，遂除奸邪鬼神之事，世之淫祀由此遂绝。"（晋）陈寿：《三国志》，第 1 册，第 4 页。

也就迥然有异，乃至相互残酷厮杀。以上为黄老学向黄老道演变的大致过程。

从《论衡·道虚》的批评中，可以反观黄老道求仙的方术。第一是服食："闻为道者服金玉之精，食紫芝之英，食精身轻，故能神仙。"除了食精，就是食气："真人食气。以气而为食，故传曰：'食气者寿而不死，虽不谷饱，亦以气盈。'"再就是服食药物："道家或以服食药物，轻身益气，延年度世。"第二是导气养性："道家或以导气养性度世而不死，以为血脉在形体之中，不动摇屈伸，则闭塞不通。不通积聚，则为病而死。"第三是恬淡无欲以及养精爱气："世或以老子之道可以度世，恬淡无欲，养精爱气。夫人以精神为寿命，精神不伤则寿命长而不死。成事，老子行之，逾百度世，为真人矣。"第四是辟谷不食："世或以辟谷不食为道术之人，谓王子乔之辈以不食谷，与恒人殊食，故与恒人殊寿，逾百度世，遂为仙人。"至于成仙的方式，则为"尸解"。当时学道的人死去，人们"谓之尸解而去，其实不死"。① 可见黄老道求仙的方术大多继承自方仙道，与方仙道一样，黄老道也具有强烈的生命关怀精神。对黄老的哲理部分，王充则赞赏有加："夫天道，自然也，无为。如谴告人，是有为，非自然也。黄、老之家，论说天道，得其实矣"，"贤之纯者，黄、老是也。黄者，黄帝也；老者，老子也。黄、老之操，身中恬淡，其治无为"。② 充分肯定了黄老对天道自然无为、人道无为而治的论述。由此也可见，自然无为的天道观、政治观是黄老道的宗教哲学的核心所在。日本学者说："道家在西汉初叶，已经以'黄老之术'为内容，在老子的哲学和

---

① （汉）王充：《论衡》，第109、113、114、112页。"尸解"，据葛洪解释："按《仙经》云，上士举形升虚，谓之天仙。中士游于名山，谓之地仙。下士先死后蜕，谓之尸解仙。今少君必尸解者也。近世壶公将费长房去。及道士李意期将两弟子去，皆托卒死，家殡埋之。积数年，而长房来归。又相识人见李意期将两弟子皆在郫县。其家各发棺视之，三棺遂有竹杖一枚，以丹书符于杖，此皆尸解者也。"王明：《抱朴子内篇校释》，中华书局1985年版，第20页。

② （汉）王充：《论衡》，第224、280页。

思想中混合了神仙道的影响和阴阳、儒、墨、名、法各种成分。一方面，西汉时期互相有别的方仙道与方术和医方术，在东汉时期合为一体，在与神仙、医方等各种民间信仰的接触面上起作用的巫医术、咒术、鬼道之术，也被包括于'方术'之中。这样一来，在东汉，方术即变为道术，再加以谶纬思想的影响，变成了综合道家、阴阳家、术数、方伎（医、房中、神仙等）、巫祝咒法等在内的博物综合式的东西。"① 的确如日本学者所说，黄老道就是这样一种混合了"道"与"术"在内的"博物综合式的东西"，内容已经非常庞杂，追求神仙的道术成为其重要的方面。

求仙的目的，自然是长生不死，至少可以长寿。与方仙道一样，黄老道存在的社会心理基础，就在于当时人们对于长生不死以及长寿的渴求。《汉书·五行志》记载：汉哀帝建平四年（前3）夏，京师郡国民聚会里巷，"歌舞祠西王母。又传书曰：'母告百姓，佩此书者不死。不信我言，视门枢下，当有白发。'"② 西王母是不死的象征，老百姓崇拜西王母，以为佩带西王母所传之"书"（或即后世道教的护身符之类），即可以不死。即使做不到长生不死，退而求其次，也要快乐长寿——"今日乐相乐，延年万岁期"，"今日相对乐，延年万岁期"，"为当欢乐，心得所喜。安神养性，得保遐期"。③ 由此可见，当时社会民众追求不死及长寿的热潮，而这种迫切的心理需求，正是黄老道传播发展的强大推动力，从宫廷上层社会传播到民众社会。

按照《汉书·艺文志》所著录书目：道家九百九十三篇，阴阳家三百六十九篇，小说家千三百八十篇，天文家四百四十五卷，五行家六百五十二卷，杂占家三百一十三卷，形法家百二十二卷，房中家百八十六卷，神仙家二百五十卷。其中神仙十家录有：《宓戏

① ［日］酒井忠夫、［日］福井文雅：《什么是道教》，载［日］福井康顺等监修《道教》第1卷，朱越利译，第21页。

② （汉）班固等：《汉书》，第5册，第1476页。

③ 逯钦立辑校：《先秦汉魏晋南北朝诗》，中华书局1983年版，上册，第272、274、276页。

杂子道》二十篇、《上圣杂子道》二十六卷、《道要杂子》十八卷、《黄帝杂子步引》十二卷、《黄帝岐伯按摩》十卷、《黄帝杂子芝菌》十八卷、《黄帝杂子十九家方》二十一卷、《泰壹杂子十五家方》二十二卷、《神农杂子技道》二十三卷、《泰壹杂子黄冶》三十一卷。[①] 另《隋书·经籍志》说："推寻事迹，汉时诸子，道书之流有三十七家，大旨皆去健羡，处冲虚而已，无上天官符箓之事。其《黄帝》四篇，《老子》二篇，最得深旨。"[②] 或许，这些不同流派的道家、神仙家等作品中就有属于方仙道和黄老道制作的经书，可惜今天我们已难以见其庐山真面目，不能以此为根据仔细分析方仙道和黄老道的神学思想和仙术。

在黄老学和方仙道的结合过程中，方士化的儒生起了推波助澜的作用，今文学派的谶纬之学也推动了黄老道形成。[③] 即使史料不足，但我们仍可以推测，黄老道士的主体成分很有可能即由方士化的儒生构成。与方仙道仅活跃于上层社会，全力以赴为帝王求仙不同，黄老道已发生分化，在上层社会、底层社会都能发现其身影。黄老道与方仙道一样，还没有非常系统的教义和宗教理论，没有形成规模化的宗教组织[④]，很可能有一些人组建了为数不多的修道小团体。依据 1991 年河南省偃师县出土的东汉章、和两帝时期的"肥致碑"，"可以明白无误地说，东汉章和时期社会上就出现了以道教信仰为中心的早期道团"；"早期小道团的出现远早于张角太平道和张修的五斗米道"；在太平道和五斗米道之前，"应该有一

---

① （汉）班固等：《汉书》，第 6 册，第 1731、1734、1745、1765、1769、1773、1775、1779 页。

② （唐）魏征：《隋书》，中华书局 1973 年版，第 4 册，第 1093 页。

③ 潘雨廷在《道教史发微》中揭示说，"方仙道本与黄老结合的道术，包括黄白术及易学的象数等，散在民间流传，逐步由谶纬学形成黄老道"，第 12 页。

④ 樊光春在《陕西道教两千年》中认为："黄老道是正规道教组织的最早形式"；"五斗米道与太平道应当同出一源，即黄老道"；"张角、张陵、张修都是黄老信徒，在不同地区各自建立起新的教团"，三秦出版社 2001 年版，第 8、9 页。本文同意五斗米道与太平道源出黄老道，但并不等于黄老道，不能把五斗米道与太平道的组织形式看成就是黄老道的组织形式，黄老道只是建立了一些小规模的修道团体，未见其在政治上举起义旗。直到两晋南北朝，黄老道才与五斗米道亦即天师道合流。

些政治色彩淡薄、以宗教活动为本、各自为事的小教团”。[①] 这些以修炼为主的“小道团”，当即黄老道的组织形式。当然，如果我们可以把《太平经》认定为黄老道的代表性经典的话，那么黄老道已有了自己的教义和教理。据《汉书·东方朔传》，东方朔曾经“陈《泰阶六符》，以观天变”。此所谓《泰阶六符》，注引孟康解释说：“泰阶，三台也。每台二星，凡六星。符，六星之符验也。”又注引应劭解释说：“《黄帝泰阶六符经》曰：‘泰阶者，天之三阶也。上阶为天子，中阶为诸侯公卿大夫，下阶为士庶人。上阶上星为男主，下星为女主。中阶上星为诸侯三公，下星为卿大夫。下阶上星为元士，下星为庶人。三阶平则阴阳和，风雨时，社稷神祇咸获其宜，天下大安，是为太平。三阶不平，则五神乏祀，日有食之，水润不浸，稼穑不成，冬雷夏霜，百姓不宁，故治道倾。天子行暴令，好兴甲兵，修宫榭，广苑囿，则上阶为之奄奄疏阔也。’以孝武皆有此事，故朔为陈之。”[②] 应劭所说《黄帝泰阶六符经》，讲述社会各个阶层即“三阶”的平衡和谐，才有“天下大安”亦即“太平”的局面。其阐述的道理与《太平经》所谓“三合相通，天下太平”如出一辙，可以看作黄老道的经典，反映了黄老道的教义。需要特别指出的是，与方仙道仅仅传授方术不同，黄老道在传授方术的同时还在传授以神的名义降下的经书，即所谓“神书”，并且特别重视对经书的传授。这一特点为后世道教所继承并发扬光大。像《天官历包元太平经》《太平经》等，都在黄老道士间传授，《太平经》甚至被献给汉顺帝和汉桓帝，试图将黄老道经书的政治方案传授给皇帝，以此理想蓝图指导皇帝治理朝政，转变汉王朝日趋衰败的命运。张角在打出“太平道”的旗号之前，本是“奉事黄老道”的道徒，也得到了《太平经》，可见经书的传授在黄老道中已成气候。此外，假如《汉书·艺文志》著录书目中有黄老道制作的经书，那么汉代黄老道传授以神的名义降下的经书就不

① 王育成：《文物所见中国古代道符述论》，《道家文化研究》第九辑，上海古籍出版社1996年版，第281—283页。

② （汉）班固等：《汉书》，第9册，第2851页。

只是《太平经》，还有更多的经书在传授，只是我们今天已无法得知详情，只能做一些推测。

直到魏晋南北朝，黄老道仍在士大夫群体中传播。《三国志·魏书·管宁传》记载：太仆陶丘一等上书推荐管宁时，称颂他“玄虚淡泊，与道逍遥；娱心黄老”[①]。嵇康在游仙诗中还想象着与黄老相逢：“飘飖戏玄圃，黄老路相逢。授我自然道，旷若发童蒙。”[②] 钟嵘在《诗品》中指出：西晋“永嘉时贵黄老，稍尚虚谈。……爰及江表，微波尚传”[③]。黄老不仅是士大夫精神上的谈资，也是他们生活中离不开的方术。据《晋书·郗鉴传》：郗鉴之子郗愔奉“事天师道”，“与姊夫王羲之、高士许询并有迈之风，俱栖心绝谷，修黄老之术”。[④] 郗愔、王羲之、许询既奉事天师道，又修习黄老术，则士大夫流把天师道与黄老道看成一回事，或者“黄老之术”已经融入天师道，合二为一。葛洪把黄老的地位置于尧舜周孔之上：“夫体道以匠物，宝德以长生者，黄老是也。黄帝能治世致太平，而又升仙，则未可谓之后于尧舜也。老子既兼综礼教，而又久视，则未可谓之为减周孔也。”[⑤] 赞美黄老既能治世又能长生。葛洪还把仙经与黄老并提：“今若按仙经，飞九丹，水金玉，则天下皆可令不死，其惠非但活一人之功也。黄老之德，固无量矣，而莫之克识，谓为妄诞之言，可叹者也。”仙经金丹的救活人之功，即“黄老之德”。有人向葛洪发难说：“神仙方书，似是而非，将必好事者妄所造作，未必出黄老之手。”[⑥] 可见魏晋时的“神仙方书”依然打着黄老的旗号流行于世。对此葛洪承认：“道书之出于黄老者，盖少许耳，率多后世之好事者，各以所知见而滋长，遂令篇卷至于山积。”[⑦] 那些堆积如山托名黄老的道教经书，

---

① （晋）陈寿：《三国志》，第2册，第359页。
② 戴明扬：《嵇康集校注》，中华书局2014年版，上册，第64—65页。
③ 许文雨：《钟嵘诗品讲疏》，成都古籍书店1983年版，第2页。
④ （唐）房玄龄等：《晋书》，第6册，第1803、1802页。
⑤ 王明：《抱朴子内篇校释》，第188页。
⑥ 王明：《抱朴子内篇校释》，第51页。
⑦ 王明：《抱朴子内篇校释》，第149、151、51页。

其实只有“少许”出于黄老，大多数为后世好事者按自己的“知见”造作。这也表明，葛洪对于黄老所作的“少许”“道书”是认同的。一直到南朝，仍有称“黄老道”者，如梁人萧子显所撰《南齐书》就说：道士顾欢“事黄老道”①。《南史·隐逸传》则称顾欢：“好黄、老，通解阴阳书，为数术多效验。”② 另外，曾经做过新安太守的羊欣，“素好黄老，常手自书章，有病不服药，饮符水而已”③。在爱好黄老道的同时，又如同五斗米道徒那样通过上章、饮符水来治病。而杜京产“世传五斗米道”，同时又“颇涉文义，专修黄老”。④ 黄老道与五斗米道此时显然已经合流，换言之，黄老道已融会贯通于五斗米道即天师道中，一直在流传。此亦可见黄老道影响之深远，或许在六朝时人们的心目中，就已经把黄老道等同于天师道来看待，不分伯仲。

除了官僚士大夫，帝王同样“雅好黄老”。在南方，东晋哀帝“雅好黄老，断谷，饵长生药”。在北方，北魏道武帝“好黄老之言，诵咏不倦，数召诸王及朝臣亲为说之”。⑤ 北魏明元帝继承道武帝之业，“亦好黄老”⑥。这些都说明，黄老道对于帝王和士大夫群体的影响力，在南北方都还存在。一直到北宋王钦若等编写《册府元龟》时，仍然还在以所谓“尚黄老”来界定帝王们对道教的崇尚膜拜。

黄老道是秦汉道教发生期的一种特殊形态，不了解黄老道，也就不能完整地认识道教历史。唐人封演《封氏闻见记》卷一“道教”条说：“本自黄帝，至老君祖述其言，故称为黄老之学。”⑦ 显然，封演讲道教是从黄老道开讲的。当代也有学者认为，黄老道其实就是道教。譬如李申在《道教本论》中认定：“从汉朝末年开

① （齐）萧子显：《南齐书》，中华书局 1972 年版，第 3 册，第 930 页。

② （唐）李大师：《南史》，中华书局 1975 年版，第 6 册，第 1874 页。

③ （梁）沈约：《宋书》，中华书局 1974 年版，第 6 册，第 1662 页。

④ （齐）萧子显：《南齐书》，第 3 册，第 942 页。又见（唐）李大师《南史》，第 6 册，第 1881 页。

⑤ （宋）王钦若等：《册府元龟》，中华书局 1960 年版，第 1 册，第 585 页。

⑥ （齐）魏收：《魏书·释老志》，中华书局 1974 年版，第 8 册，第 3030 页。

⑦ 王汝涛编校：《全唐小说》第 2 卷，山东文艺出版社 1993 年版，第 1612 页。

始，‘黄老’一词所指，也是我们今天所指称的道教”，张角的“太平道就是黄老道，而这个黄老道就是道教”，“张陵或张修所创的五斗米道，也是黄老道。而当时人们的概念中，黄老道就是我们今天所指称的道教”。[①] 既然如此，那么学术界为什么还有人不承认黄老道为道教呢？潘雨廷在《道教史发微》中指出，“至于何以不承认黄老道为道教，而必以五斗米道为道教。今究其原因，黄老道的教义为黄巾起义所利用，故自黄巾起义惨遭镇压而失败后，即讳言黄老道”，并认为：《太平经》是“由黄老道产生的第一部道书”，结论是：“故舍黄老道而仅以五斗米道为道教，绝不能说明道教中所包含的可贵知识”，“研究道教而未及黄老，未足以明道教的精义所在”。[②] 潘雨廷先生这样的言理吐论是十分精辟的，真可谓句句击玉敲金啊。

四

与五斗米道差不多同时，有太平道的出现，由自称“大贤良师”且“奉事黄老道”的河北钜鹿人张角发起。太平道最初兴起的原因，应该和于吉、宫崇的《太平青领书》（即《太平经》）有关系。按《后汉书·襄楷传》记载：“初，顺帝时，琅邪宫崇诣阙，上其师于吉于曲阳泉水上所得神书百七十卷，皆缥白素朱介青首朱目，号《太平青领书》。其言以阴阳五行为家，而多巫觋杂语。有司奏崇所上妖妄不经，乃收臧之。后张角颇有其书焉。”[③] 汉顺帝时，琅邪宫崇向朝廷献其师于吉在曲阳泉水上所得到的神书《太平青领书》，总共一百七十卷，内容以阴阳五行为主而多巫觋杂语，朝廷以该书妖妄不合经典即正统意识形态而收藏起来。后来，张角得到了黄老道的这本经书，便利用其中主张阴阳五行、平均财富、追求“太平”的宗教神学思想作为依据，创建了太平道。

① 李申：《道教本论》，上海文化出版社 2001 年版，第 7—8 页。

② 潘雨廷：《道教史发微》，第 4、12、9 页。

③ （宋）范晔等：《后汉书》，第 4 册，第 1084 页。

黄老道的《太平经》，其实就是太平道的神学内核，换言之，太平道就是黄老道神学思想的改造拓展，既包含了神仙长生学说，又吸收了黄老道中的某些道术。诚如日本学者所揭示的那样："至东汉末，黄老观念被当作'黄老之道'，即叩拜、祭祀黄老君，祈求长生福祥。张角奉持的'黄老之道'即指此，别无其他。正是这种黄老信仰，才在现世主义精神上将肉体疗病信仰和政治革命运动有机地统一起来，成为强大能量的原动力，使'徒众不畏死''官军夺志而不敌'。"① 但我们必须指出的是，与黄老道在政治上主张汉王朝"再受命"的改良不同，太平道改造了《太平经》的教义，准备进行改朝换代的"革命"。而之所以取名为"太平道"，或许还受到了汉代图谶的影响和指导。《宋书·符瑞志上》引《孝经中黄谶》就说："四百之外，易姓而王。天下归功致太平。"② 太平道信奉"中黄太一"，恰好《孝经中黄谶》又预言汉家天下四百年"易姓而王"，最终"归功致太平"，这在图谶大行的当时，张角不会不受其影响，以"太平道"命名其宗教便是自然而然的事。于是，"太平"成为张角改朝换代"革命"的指导思想和理论基础，到中平元年（184），张角便利用太平道这一宗教组织军事揭竿而起，此即历史上有名的黄巾暴动。

信奉黄老道的"大贤良师"，钜鹿（今河北平乡西南）人张角，以符水咒说疗病作为组织信众的手段，在社会上广为传道布教，招徕民众甚至"宫省直卫"信奉，而当政者还以为他是在"以善道教化天下"，并未加以严密的管控，致使其在十余年间，聚集了"徒众数十万"的太平道组织，并且有宫廷中信奉太平道的宦官封谞、徐奉等作为内应，为暴动做好了准备工作。尽管做了长期周密的准备和部署，但由于张角弟子唐周的告发，打乱了原有的部署，不得不把暴动时间提前了。不到一年间，遭到官军的残酷镇压而失败，张角病死，其弟阵亡。到了中平五年（188），青徐黄

① ［日］秋月观暎：《道教史》，载［日］福井康顺等监修《道教》第1卷，朱越利译，第31—32页。

② （梁）沈约：《宋书》，第3册，第778页。

巾军再次暴动，战败后被曹操收编，太平道徒的许多人由此成为曹魏军事集团的成员。

《三国志·张鲁传》注引《典略》说：“太平道者，师持九节杖为符祝，教病人叩头思过，因以符水饮之，得病或日浅而愈者，则云此人信道，其或不愈，则为不信道。”[①] 与《后汉书·皇甫嵩传》所说“跪拜首过，符水咒说以疗病，病者颇愈，百姓信向之”类似。太平道的“道师”，“持九节杖为符祝”，教诲病人忏悔罪过和喝“符水”来进行治疗，与五斗米道的治病方法大体一样，其效果似乎还不错，所谓“病者颇愈”，在汉末瘟疫大流行的情况下，吸引了老百姓前来信仰。太平道信仰黄太一神，奉持《太平经》，具有实现太平政治理想的诉求，提出以太平道“黄天”取代汉王朝“苍天”的政治口号，亦即革除汉王朝的“苍天”之命，建立太平道的“黄天”之命，从而达到变革天命、改朝换代的政治目的。从组织行为学的角度观察，太平道建立了空间结构为宗教和军事二合一的组织——“方”，大方有万余人，小方有六七千人，一共有三十六方，皆有统帅，以此在青（今鲁西北、胶东）、徐（今鲁南、江苏、长江以北）、幽（今冀东、辽宁）、冀（今冀中、冀南）、荆（今湖北、湖南）、扬（今苏南、皖南、浙、赣、闽）、兖（今豫东、鲁西）、豫（今豫东、皖北）八州之地编织起组织网络，通过这样的网络空间传播其信仰，发展军事队伍。这是一支由神仙不死信仰武装起来的军事队伍，所以打起仗来能做到“不畏死”，前仆

---

① （晋）陈寿：《三国志》，第1册，第264页。刘宋灵宝派道经《洞玄灵宝道学科仪》卷下有《九节杖品》，称：“凡是道学，当知九节杖，辅老救危，各有名字，不可不知。第一节名太皇星，第二节名荧惑星，第三节名角星，第四节名衡星，第五节名张星，第六节名营室星，第七节名镇星，第八节名东井星，第九节名拘星。皆刻杖节为星名字。年四十以下师，未受经法，谓之无爵，不得杖。若病疾得杖辅病，但在师左右，皆不得杖也。”《道藏》，第24册，第776页。规定年龄四十以下，只有那些“受经法”的“师”，才能拥有“九节杖”。这一规定不知是否继承太平道的“师持九节杖”而来。又，《上清明鉴要经·神仙除百病枕药方第五》最后载“道士九节杖法”，只记录了九节杖的名字，除“一节名太阴星”之外，后面八节的名字与《洞玄灵宝道学科仪》卷下《九节杖品》全都一样。《道藏》第28册，第420页。可知太平道的“九节杖”在后世道教灵宝经派和上清经派中都有流传。

后继。《后汉书·皇甫嵩传》记载：皇甫嵩与张角弟张梁在广宗（今河北威县东）作战，“大破之，斩梁，获首三万级，赴河死者五万许人”①。何以如此勇敢地投河而死的黄巾军将士达五万多人？这不由不使我们想到东晋孙恩“自号征东将军，号其党曰‘长生人’……其妇女有婴累不能去者，囊簏盛婴儿投于水，而告之曰：‘贺汝先登仙堂，我寻后就汝’”，待到“恩穷戚，乃赴海自沈，妖党及妓妾谓之水仙，投水从死者百数”②。在孙恩信徒婴儿被投水而死后，祝贺为“登仙堂”，孙恩投水死后则被其信徒称为“水仙”，这是有神仙信仰的缘故。那么，这一“水仙”“登仙堂”的神仙信仰，是否在太平道的黄巾军将士中已经有了呢？史料语焉不详，尚不敢妄下断论。但我们还是可以做些推论，从这五万多黄巾军将士面对死亡、毫不畏惧地同时投水而死的英雄气概看，如果没有一种信仰的力量在他们背后做强大支撑，恐怕是很难做到的。换句话说，太平道的黄巾军将士已经被神仙信仰洗了脑，他们将投河而死看成“登仙堂”，因此才义无反顾地慷慨赴死。后世民间宗教组织的所谓“刀枪不入”，与此颇有异曲同工之妙。与五斗米道张鲁的宗教、军事和行政三合一的空间结构组织不同的是，太平道还未来得及建立起行政组织。而和五斗米道相同的是，其信徒多为下层社会民众，具有比较浓郁的“巫教”色彩。此外，崇尚黄色，头戴黄巾，身穿黄服，这些都是太平道最具标志性的宗教特征。

有学者就此评论说：“中国早期道教是硬汉子的宗教，张角兄弟的太平道不光是嘴上许诺太平时光，而是以反抗暴政的实际行动去争取，天下人云集响应，腐败的东汉王朝在这场风暴打击下趋向于灭亡。张氏兄弟虽然被统治者杀害，但那如划破夜空的闪电的革

---

① （宋）范晔等：《后汉书》，第8册，第2302页。在桓玄《重难王谧》中发现：“以神奇为化，则其教易行，异于督以仁义，尽于人事也。是以黄巾妖惑之徒，皆赴者如云。”（清）严可均：《全晋文》卷一一九，中华书局1958年版，第3册，第2144页。揭示黄巾以“神奇”教化，故“其教易行”，引来“赴者如云”。所谓“神奇”，用今日语言讲就是指某种神奇的信仰。

② （唐）房玄龄：《晋书》，第8册，第2632—2633、2634页。

命，在历史上写下了光辉的一页。张氏开以宗教形式反抗暴政的先河，从此，宗教往往是革命的前奏，故宗教领袖时常遭到迫害。”①如此评价，未免有一点夸大其词。其实，黄巾暴动的目的依然是改朝换代取而代之，只不过是为了把刘姓的“苍天”，改变为张姓的“黄天”，坐上皇帝的宝座。要知道，中国的老百姓历来是善于“望气”的，特别是其中某些精英人物，比如张角兄弟之类，对政治气候的观望与普通人相比更胜一筹，眼见得刘姓皇帝的“苍天”气数已经不行了，此时不趁机而起，做“黄天”庇护的张姓皇帝，更待何时？实在不幸的是，太平道的“三张”兄弟尚来不及称帝，便失败而亡。而益州黄巾军的马相，则迫不及待地“自称天子”②，其想当皇帝的野心，更是暴露无遗。范晔在描述东汉末的史实时说：“安顺以后，风威稍薄，寇攘浸横……假署皇王者盖以十数。或托验神道，或矫妄冕服。”③ 在东汉王朝气数将尽的形势下，群雄并起，托称神道，以天命来“假署皇王”的造反者居然“以十数”，都在梦想黄袍加身。太平道的“三张”兄弟又何尝不是如此呢？完全可以得出这样的结论：生长在帝制时代的太平道黄巾军的领袖人物，不可能不沾染上浓厚的皇权思想，也不可能逃脱那个时代“成王败寇”的历史命运。

张角兄弟之后的太平道传授不明，恰似“泥牛入海无消息”，其去向如何史无明载。④ 唐长孺先生揭示说：“直到建安五年，吴会太平道仍然流行。如《江表传》所述，此后也仍‘祭祀求福’。”⑤ 认定黄巾起义之后的太平道在江南吴会地区“仍然流行”。

---

① 田兆元：《神国漫游》，上海人民出版社 1999 年版，第 21 页。

② （宋）范晔等：《后汉书》，第 9 册，第 2432 页。

③ （宋）范晔等：《后汉书》，第 5 册，第 1288 页。

④ 唐长孺在《魏晋南北朝史论拾遗 · 魏晋期间北方天师道的传播》中揭示说：曹魏时期对祠祀巫祝的禁令之严，“当然由于黄巾起义的余威犹在，因此太平道必然是主要镇压对象。所以太平道的活动以后就不见记载，西晋以后我们却见到天师道在北方的传播”（中华书局 1983 年版，第 220 页）。

⑤ 唐长孺：《唐长孺文存 · 太平道与天师道》，上海古籍出版社 2006 年版，第 748 页。

太平道和天师道似乎有一种合流的趋向。《南史・沈庆之传》记载：沈僧昭“少事天师道士，常以甲子及甲午日，夜著黄巾衣褐醮于私室”[①]。则太平道戴“黄巾”的特征融入天师道的醮仪中，但似乎又须避嫌，不好公开，故只能于夜间偷偷摸摸在“私室”中穿戴。《正一法文天师教戒科经・大道家令戒》索性就把张角抹掉，修改了太平道的历史：“道重人命，以周之末世始出。奉道于琅邪以授于吉，太平之道起于东方，东方始欲济民于涂炭。”[②] 经此一修改，太平道造反的历史便不见了，只剩一种“济民于涂炭”的宗教，因此可以为天师道所接受。《老君说一百八十戒叙》亦声称：“昔周之末，赧王之时，始出太平之道、太清之教，老君至琅邪授道与干君。”老君授太平道给干君的宗旨就在于“助人救命，忧念万民”。[③] 同样可见，太平道与张角在后世道教的笔下已经没有了关系，而太平道与正一道都是太上老君所授，合二为一并无障碍。这些都表明，晋南北朝时关于太平道的历史，已被正一道修正，太平道不再有朝廷所痛恨的造反劣迹，可以为统治集团所接受。有的学者认为：“在南朝太平道已完全被天师道同化了”，“无论如何，太平道和天师道的关系一定很密切，因为天师道一直认为太平道是自己的先宗”。[④] 实际上，在曹操的军队中，大量的太平道徒与天师道徒都存在，天师道首领人物张鲁又与曹魏联姻，故天师道具有相应的合法性，曾经造反的太平道徒转化为天师道顺理成章。学者刘屹认为：“太平道的余绪在魏晋时也不是完全无稽可查”，并从“太平清约道”之名推测说，“六朝天师道的确在一定程度上吸纳了太平道的某些经教”，“天师道承认有于吉太平道传统的存在，却认为这一传统已经是历史上失效的太上教法，并不值得继承和效

---

① （唐）李大师：《南史》，第3册，第970页。

② 《正一法文天师教戒科经・大道家令戒》，《道藏》，第18册，第236页。

③ （宋）张君房：《云笈七签》，《道藏》，第22册，第270页。或许，想方设法要修正太平道历史者，就是汉末太平道徒的后裔们，尽管其已拥有天师道身份，但这样一来可以名正言顺地利用太平道留下的仪式及思想遗产。

④ 施舟人：《道教的清约》，《法国汉学》第七辑，中华书局2002年版，第154页。

仿”。刘屹又进一步揭示说：“刘宋的天师道对于吉与《太平经》的关系做出了一系列新的界定。第一，承认于吉而非张角才是东方太平道的代表人物。第二，把于吉按照方士传统的方式从水中获得神书，改编为得自天师道主神太上老子的亲传，使于吉变成了天师道的人物。第三，将于吉领受《太平经》和太平道法的时间，从东汉中期提早到周代或是西汉之前。第四，太平道法也是老君所传，但它已经过时，现在要尊奉的应该是老君传授给张道陵的‘三天正法’。这可以看作号称继承西部五斗米道传统的晋宋天师道，对东部（包括琅邪、吴会）太平道传统的一种容纳。”① 也就是说，通过对六朝天师道与《太平经》关系的考察，刘屹认为，当时天师道对于太平道既排拒又容纳，太平道的某些经教内容被融入天师道中，太平道并非消失得无影无踪，其“余绪”还是可以追踪的。日本学者同样认为：“东汉末，太平道教团与五斗米道并存。它的活动与五斗米道类似，经常被混淆，其结果是它的独自教法不久即被吸收到五斗米道中。”② 太平道徒或许已经摇身一变，转化为天师道徒，借体还魂了。另外，后世民间秘密宗教——明教，尊奉张角为教主，表明太平道在民间宗教中仍有一定影响。

太平道的一大特点是，其首脑人物由张角三兄弟的张氏家族所构成，换言之，领导太平道的是张氏家族的“三张”兄弟。这与南方五斗米道的张陵祖孙“三张”的张氏家族倒是颇有异曲同工之处。太平道中是否还有其他大的家族，我们不得而知，但从其领导集团主要由“三张”兄弟的张氏家族构成来观察，已经为魏晋家族

① 刘屹：《排拒与容纳——六朝天师道与〈太平经〉关系的考察》，载郑开编《水穷云起集——道教文献研究的旧学新知》，社会科学文献出版社 2009 年版，第 2、12、13 页。又：注引《世界宗教研究》1985 年第 1 期，龙显昭在《论曹魏道教与西晋政局》中认为，青州黄巾的家属被迁至邺城附近屯田，在此与五斗米道融合。笔者也认为：曹操既收编了青州黄巾军，又招降了张鲁五斗米道，故太平道与五斗米道在魏晋时融合发展的可能性极大。

② ［日］秋月观暎：《道教史》，载［日］福井康顺等监修《道教》第 1 卷，朱越利译，第 29 页。

道教的形成埋下了伏笔。① 太平道中或许还有“三张”兄弟的族人。王育成编著《道教法印令牌探奥》就推测：“东汉社会存在许多以血缘关系为纽带的团体或组织，太平道以张角、张宝、张梁兄弟三人为领导核心，即这种血亲意识的表现，按此分析张氏族亲也当有不少人加入太平道，在前列黄神类印章里，有两方印的背文刻有‘张福’‘张鬼’，显见系两人姓名，这会不会是参加太平道的北三张族人使用的法印呢？耐人寻味。”② 假如这两方印真的是“北三张族人使用的法印”，那么，除了“三张”兄弟之外，这个张氏家族有可能都加入了太平道，太平道成为由一个家族控制操纵的宗教组织，我们亦可称之为“张家道”。太平道的文化背景，正是燕齐文化。领导太平道的张氏家族，生活在燕文化的河北，首要领导人“大贤良师”张角曾“奉事”具有浓郁齐文化背景的黄老道，太平道的主要活动范围在燕齐大地，即今河北、山东一带，这些都证明太平道发生成长的文化背景是燕齐文化。太平道的触角一度延伸到了江南吴会地区，具有燕齐文化背景的太平道由此浸润于吴越文化的江南地区，如此一来，江南道教的发展便与燕齐文化和吴越文化都脱不了关系。

五

燕齐文化与道教的关系，并没有就此止步于先秦汉代的方仙道，汉魏朝代的黄老道和太平道，其流传下及两晋南朝，到东晋南朝时，更与南方的吴越文化结合起来，形成了东晋南朝家族道教的特色。③

魏晋的战争乱象，既得利益集团和未得利益集团间竭尽全力地拼杀，既得利益集团内部凶残的争权夺利，这些刀刀见血惨无人道的局面交织在一起，包括皇帝在内的任何人都感觉到朝不保夕、生

① 关于东晋南朝家族道教，详见下文。

② 王育成编著：《道教法印令牌探奥》，宗教文化出版社 2000 年版，第 16 页。

③ 东晋南朝的家族道教，除了燕齐文化、吴越文化的背景外，当然还包含五斗米道、巴蜀文化、荆楚文化等因素在内，由于不在本文范围内，便不予讨论。

死无常。既然不知道哪天脑袋就掉了，那就及时行乐吧。然而行乐之余，酒醒之后，存在的空虚感、荒谬感依旧挥之不去，只好再把自己灌醉。于是享乐主义伴随着虚无主义的人生价值观风行一时，佛教讲“空”占了大便宜，在信仰的市场份额中其比例越来越大。对于士族大家来说，尽管存在是虚无的，说“空”却是一种时髦，能聊以自慰。但及时享受人生，对于士族大家来说，显得更为重要，故谈玄论道作为寻找生活乐趣的一种方式也不可少。长生不死的仙人，虽说未见实例，然借以自欺，却也能解除死亡的焦虑，道教因此亦占有了自己的一席之地。按陈寅恪先生的见解：晋代“奉天师道之世家，旧史记载可得而考者，大抵与滨海地域有关。故青徐数州，吴会诸郡，实为天师道之传教区”①。西晋时五斗米道在原来太平道活动的地方徐州琅邪郡已经流行，一些士族大家开始奉道，譬如司马氏、孙氏等。东晋时，门阀士族信奉道教的家族更多，出现世世代代奉道的道教世家，如琅邪王氏、高平郗氏，另外还有北方的清河崔氏、京兆韦氏。通过道教世家及其相互之间的联姻，原本出身于“寻常百姓家”的道教，摇身一变上升为“王谢堂前燕”，进一步渗透到士族上层社会的门庭，成为统治集团人物信仰生活中不可缺少的重要组成部分。以至于余嘉锡在《世说新语笺疏·德行》中深深感叹：“东晋士大夫不慕老、庄，则信五斗米道，虽逸少、子敬犹不免，此儒学之衰，可为太息!”② 可以得出这样的结论，东晋以降士大夫信奉道教的显著特色，就是一个个士族大家世代相传，形成家族道教，而各个奉道之家又结为秦晋之好，由此拓展了道教在门阀士族中的传播。道教对于宗法血缘制度的坚定不移

---

① 陈寅恪：《天师道与滨海地域之关系》，《陈寅恪史学论文选集》，第 164 页。胡适给杨联陞的信说：“我对于寅恪先生的天师道与滨海地域的关系说，只认为可以说明一个时期的道教情形，不可看作普遍的‘定论’。三张的道教起于巴汉，盛于巴汉；寇谦之是上谷人，而苻秦亡后，寇赞（谦之之兄）被雍人千余家推为首领；谦之自己是华山道士，又是嵩岳道士。此皆与滨海地域无关。”《杨联陞论文集》，中国社会科学出版社 1992 年版，第 18 页。按：所谓“天师道”，本是当时学术界对南北朝道教的统称，其界定并不清晰，即使承认这一提法，“天师道”也不仅仅限于“滨海地域”。

② 余嘉锡：《世说新语笺疏·德行》，上海古籍出版社 1993 年版，上册，第 41 页。

的维护，也使得这些士族大家感到它是一个值得信赖的宗教，家族与道教的关系日趋紧密，家族以此信仰为纽带，从而进一步加固了家族共同体成员的凝聚力，以求在乱世中获得安全感，强化自我保护。宗教就是力量，道教给这些家族带来了生活下去的力量。下面，我们就来看看江南地区这一个个道教家族形形色色的风貌，其中既有从北方乔迁到江南的家族，也有江南的世居家族，我们主要考察从齐文化圈琅邪迁到江南及与其有密切关系的家族，这些道教家族从文化底蕴上说具有燕齐文化与吴越文化结合的特征。

关于琅邪孙氏。《晋书·孙恩传》记载说："孙恩字灵秀，琅邪人，孙秀之族也。世奉五斗米道。"① 据此史料，陈寅恪先生揭示说："以'世奉五斗米道'之语推之，秀自当与恩同奉一教。"又有按语指出："琅邪为于吉、宫崇之本土，实天师道之发源地。伦始封琅邪，而又曾之国。则感受环境风习之传染，自不足异。孙秀为琅邪土著，其信奉天师道由于地域关系，更不待言。"② 琅邪为早期道教流行的区域，琅邪孙氏一族，世传五斗米道，即使永嘉南渡迁徙江南之后，依旧传习，并向江南道教学习。《南史·沈约传》记载："钱唐人杜炅字子恭，通灵有道术。"③ 而《晋书·孙恩传》记载，孙恩叔父泰，"师事钱唐杜子恭。而子恭有秘术，尝就人借瓜刀，其主求之，子恭曰：'当即相还耳。'既而刀主行至嘉兴，有鱼跃入船中，破鱼得瓜刀。其为神效往往如此。子恭死，泰传其术"④。江南天师道士杜子恭与乔迁士族和世居士族均有千丝万缕的关系，尤其注重走上层社会路线，主要是在豪门贵族中教导传播其道术。琅邪孙氏一族的孙泰，即拜杜子恭为师学习其有"神效"的道术，且在杜子恭死后，继续传播其术。从琅邪孙氏这个家族的文化背景看，他们生活在北方燕齐文化的环境中，后又学习江南道教的东西，具有燕齐文化与吴越文

① （唐）房玄龄等：《晋书》，第8册，第2631页。

② 陈寅恪：《天师道与滨海地域之关系》，《陈寅恪史学论文选集》，第152、153页。

③ （唐）李大师：《南史》，第5册，第1405页。

④ （唐）房玄龄等：《晋书》，第8册，第2631—2632页。

化结合的特征。琅邪孙氏这个家族的家传特点，是把道教与政治紧密结合起来，利用传播道教去荣耀家族，扩大家族的政治势力，达到自己家族的政治目的。

早在西晋司马氏家族内部发生皇位之争的“八王之乱”时，孙氏一族中的孙秀，即成为赵王司马伦的心腹宠臣，借用天师道为赵王司马伦夺取皇位出谋划策。《晋书·赵王伦传》记载：赵王司马伦为宣帝第九子，武帝受禅，封琅邪郡王。惠帝元康六年（296），赵王伦被召入京，把持了禁军和朝政。“伦素庸下，无智策，复受制于（孙）秀，秀之威权振于朝廷，天下皆事秀而无求于伦。秀起自琅邪小史，累官于赵国，以谄媚自达。”而“伦、秀并惑巫鬼，听妖邪之说。秀使牙门赵奉诈为宣帝神语，命伦早入西宫。又言宣帝于北芒为赵王佐助，于是别立宣帝庙于芒山。谓逆谋可成”。永宁元年（301），赵王司马伦废惠帝自立。同年，齐王冏、河间王颙、成都王颖起兵讨伐伦，“及三王起兵讨伦檄至，伦、秀始大惧”，“拜道士胡沃为太平将军，以招福祐。秀家日为淫祀，作厌胜之文，使巫祝选择战日。又令近亲于嵩山著羽衣，诈称仙人王乔，作神仙书，述伦祚长久以惑众”。[①] 最终的结果是孙秀被杀，赵王司马伦亦兵败伏诛。在延续达十六年之久的内战后，西晋也就覆灭了。

到东晋末年，孙秀的族人孙恩可谓青出于蓝而胜于蓝，试图利用道教夺取皇位，这场夺权举动是在东晋王朝乔迁士族和世居士族矛盾以及乔迁士族内部矛盾的基础上发生的，夺权虽然失败，但东晋王朝很快就垮台了。《晋书·孙恩传》说：“孙恩字灵秀，琅邪人，孙秀之族也。世奉五斗米道。”孙恩叔父孙泰，“浮狡有小才，诳诱百姓，愚者敬之如神，皆竭财产，进子女，以祈福庆”。“泰见天下兵起，以为晋祚将终”，又到了改朝换代的时候，于是趁机“扇动百姓，私集徒众，三吴士庶多从之”。当时朝士皆畏惧孙泰为乱，以其与会稽世子司马元显交厚，都不敢言。会稽内史谢輶发

---

① （唐）房玄龄等：《晋书》，第5册，第1597—1603页。关于“八王之乱”，参见翦伯赞《中国史纲要》，第2册，人民出版社1965年版。关于赵王伦、孙秀信奉天师道的考证，见《天师道与滨海地域之关系》，《陈寅恪史学论文选集》，第152—155页。

其谋，当权的司马道子诛之。“众闻泰死，惑之，皆谓蝉蜕登仙，故就海中资给。”孙恩逃到海上，“聚合亡命得百余人，志欲复仇”。及至司马元显“纵暴吴会，百姓不安，恩因其骚动，自海攻上虞，杀县令，因袭会稽，害内史王凝之，有众数万”。于是东晋八郡“一时俱起，杀长吏以应之，旬日之中，众数十万”。孙恩依靠这些人马，盘踞“会稽，自号征东将军，号其党曰‘长生人’，宣语令诛杀异己，有不同者戮及婴孩，由是死者十七八。……其妇女有婴累不能去者，囊簏盛婴儿投于水，而告之曰：‘贺汝先登仙堂，我寻后就汝。’”当初，孙恩听说八郡起来响应，告诉其下属说，“天下无复事矣，当与诸君朝服而至建康”，意谓黄袍加身。继而闻讯刘牢之临江，又说，“我割浙江，不失作勾践也”，意谓还可做越王。及至刘牢之已济江，乃称，“孤不羞走矣”，于是“虏男女二十余万口，一时逃入海”。安帝隆安四年（400），孙恩“复入余姚，破上虞，进至刑浦”，后复还于海。等到“桓玄用事，恩复寇临海，临海太守辛景讨破之。恩穷慼，乃赴海自沈，妖党及妓妾谓之水仙，投水从死者百数。余众复推恩妹夫卢循为主”。①卢循为司空从事中郎谌之曾孙，“娶孙恩妹。及恩作乱，与循通谋”。孙恩死后，卢循统领军队，继续谋取天下。但卢循姐夫徐道覆却发觉卢循行事多谋少断，乃叹息说：“我终为卢公所误，事必无成。使我得为英雄驱驰，天下不足定也！”其后，卢循为刘裕追讨，还保广州。最终战败而“自投于水”。② 琅邪孙氏为乔迁士族

① （唐）房玄龄等：《晋书》，第 8 册，第 2631—2634 页。关于乔迁士族和世居士族之间矛盾的详情，可参见周谷城《中国通史》，第 4 章第 4 节“南方土著与侨民之冲突”，上海人民出版社 1957 年版，上册。

② （唐）房玄龄等：《晋书》，第 8 册，第 2634—2636 页。翦伯赞《中国史纲要》注解说：孙恩是琅邪孙秀之后，为寒族。孙恩本人有文集传世，见《隋书·经籍志》。卢循是范阳卢谌之后，本来应属士族，但南渡甚晚。那时晚渡士族照例不为一般士族所齿，所以卢循在南方，社会地位与寒族无异。卢循娶孙恩妹，可见孙、卢社会地位相同。（人民出版社 1965 年版，第 2 册，第 91 页注 1）由孙恩与卢循、卢循与徐道覆的关系可见，当时道教通过家族之间交往以及联姻等关系来发展传播，保持并进一步弘扬了太平道和五斗米道产生以来的那种家族道教传统。

的寒门，陈寅恪先生称之为，“妖寒之孙氏”[①]，社会地位并不高，未能执掌军政大权。孙泰观望政治气候，眼见东晋社会各类矛盾日益激化，“晋祚将终”的局面，于是趁火打劫，联合三吴的世居“士庶”起来夺权。从孙泰能够“诳诱百姓，愚者敬之如神，皆竭财产，进子女，以祈福庆”来看，说明道教在民间社会具有深厚的群众基础，而孙泰试图夺取天下也正是利用了这一点。孙泰事败被杀后，孙恩继续其夺取天下的事业，并充分利用乔迁士族高门与南方世居望族的矛盾，封署了一批南方的豪门望族为官吏，欲与“诸君朝服”而杀至建康，虽未建元立帝号，却已称孤道寡。卢循也让其部下感到他不是谋定天下的“英雄”。所以孙恩、卢循这些士族不过是利用了道教来实现他们夺取天下、改朝换代、黄袍加身的梦想。史学界一度将孙恩、卢循之乱定性为农民起义，很显然，这样一种定性是不准确的。

关于琅邪王氏。按陈寅恪先生研究：琅邪王氏为五斗米道世家，其渊源可上溯至西汉王吉。据《汉书·王吉传》，王吉字子阳。上疏言得失，兴致太平。俗传其能做黄金。则王吉当时所处环境中做黄金的观念必已盛行，然后方能有此传说。又《真诰·阐幽微》称王吉积行获仙，不学而得。“天师道以王吉为得仙，此实一确证，故吾人虽不敢谓琅邪王氏之祖宗在西汉时即与后来之天师道直接有关，但地域风习影响于思想信仰者至深且巨。若王吉贡禹甘忠可等者，可谓上承齐学有渊源。下启天师道之道术，而后来琅邪王氏子孙之为五斗米教徒，必其地域熏习，家世遗传，由来已久。”[②] 由此可见，琅邪王氏家族与齐文化及道教的关系源远流长。《新唐书·宰相世系表》说：“王氏出自姬姓。周灵王太子晋以直谏废为庶人，其子宗敬为司徒，时人号曰‘王家’，因以为氏。”后来，王氏一支王元避秦乱，迁于琅邪，后徙临沂。四世孙王吉，字子阳，汉谏议大夫。另一支王元之弟王威迁徙于太原。[③] 可见王

---

① 陈寅恪：《天师道与滨海地域之关系》，《陈寅恪史学论文选集》，第 160 页。

② 陈寅恪：《天师道与滨海地域之关系》，《陈寅恪史学论文选集》，第 165—168 页。

③ （宋）欧阳修、宋祁：《新唐书·宰相世系表》，中华书局 1975 年版，第 2601、2632 页。

氏与传说中的仙人王子乔有关联。难怪太原王氏也好神仙之术。正如《潜夫论·志氏姓》所说，王子乔成“仙之后，其嗣避周难于晋，家于平阳，因氏王氏。其后子孙世喜养性神仙之术”①。养性神仙之术，同样成为琅邪王氏的传家宝。琅邪王氏于东晋南朝侨居江南之后，把这一传家宝发挥得淋漓尽致。《晋书·王羲之传》称他“性爱鹅”，曾经因“山阴有一道士，养好鹅，羲之往观焉，意甚悦，固求市之。道士云：‘为写《道德经》，当举群相赠耳。’羲之欣然写毕，笼鹅而归，甚以为乐”。此即著名的写经换鹅故事。王羲之“又与道士许迈共修服食，采药石不远千里，遍游东中诸郡，穷诸名山，泛沧海，叹曰：‘我卒当以乐死。’”王羲之次子王凝之，在“世事张氏五斗米道”的王氏家族中最为痴迷，故“孙恩之攻会稽，僚佐请为之备。凝之不从，方入靖室请祷，出语诸将佐曰：‘吾已请大道，许鬼兵相助，贼自破矣。’既不设备，遂为孙恩所害”。由此可见，奉道世家并不因为信仰相同，其政治利益就一致。与王羲之交往的道士许迈，后改名为许玄，字远游，句容人，家世士族，曾经前往葛洪的岳父鲍靓处，探其道法的“至要”。“立精舍于悬溜，而往来茅岭之洞室，放绝世务，以寻仙馆。”又“采药于桐庐县之桓山，饵术涉三年，时欲断谷”，“好道之徒欲相见者，登楼与语，以此为乐。常服气，一气千余息”。“又著诗十二首，论神仙之事焉。羲之造之，未尝不弥日忘归，相与为世外之交。”② 由此可见，北方乔迁士族与南方世居士族的奉道世家在修道上密切联系，经常走动切磋。这种交流切磋，自然有燕齐文化与吴越文化融汇的文化背景。另外，余嘉锡《世说新语笺疏·德行》引宋米芾《画史》云：“海州刘先生收王献之画符及神

---

① 汪继培：《潜夫论笺》，中华书局 1979 年版，第 435 页。

② （唐）房玄龄：《晋书》，第 7 册，第 2100、2101、2103、2106—2107 页。唐长孺：《魏晋南北朝史论拾遗·魏晋期间北方天师道的传播》揭示：琅邪的道教传统应当是太平道，天师道传入这一地区是较晚的事。至晚西晋时琅邪的天师道业已流行。（中华书局 1983 年版，第 221 页）按：与王羲之交往的道士许迈，在《真灵位业图》中进入“地仙散位”，成为地仙。《道藏》，第 3 册，第 278 页。

咒一卷，小字，五斗米道也。”王献之画符念咒，活脱就是个道士。而王献之一旦生病，也按道教“上章”之术治疗。[1]

关于高平郗氏。《晋书·郗鉴传》记载：郗鉴子郗愔“事天师道”，“会弟昙卒，益无处世意，在郡优游，颇称简默，与姊夫王羲之、高士许询并有迈世之风，俱栖心绝谷，修黄老之术”。[2] 另外《晋书·何充传》记载：“郗愔及弟昙奉天师道。”谢万讥之云：“二郗谄于道。”[3]《世说新语笺疏·排调》亦称：“二郗奉道，二何奉佛，皆以财贿。谢中郎云：‘二郗谄于道，二何佞于佛。’”注引《中兴书》说：“郗愔及弟昙奉天师道。”[4] 谄于道的高平郗氏，与世事五斗米道的琅邪王氏有姻亲关系，两大家族都有信仰道教的传统，就这样借助联姻得到了巩固，一代一代延续下去。据说，今人搜到一方《郗氏墓识》，是关于王羲之妻子郗璇的。《郗氏墓识》说，郗璇的娘家来自沛国武氏，并提供了王羲之八子一女的婚姻状况。其中第八子王献之，发妻为高平郗道茂（郗昙之女），后妻司马氏司马道福。从中亦可知高平郗鉴之子女的婚姻情况，其长女的情况不详，次女郗璇，即嫁给王羲之。[5] 另外，据《世说新语笺疏·术解》的记载：“郗愔信道甚精勤，常患腹内恶，诸医不可疗。闻于法开有名，往迎之。既来，便脉云：‘君侯所患，正是精进太过所致耳。’合一剂汤与之。一服，即大下，去数段许纸如拳大；剖看，乃先所服符也。”对此，余嘉锡的按语称：《真诰》称郗愔为许穆同学，郗愔已入道受箓，同于道士。而许穆又示以郗愔神仙之诗，谓飞升可望，固宜其信道精勤矣。奉天师道者，皆以符水治病。然亦有无病服符者。《真诰·协昌期篇》有“明堂内经开

① 余嘉锡：《世说新语笺疏·德行》，上册，第40页。

② （唐）房玄龄等：《晋书》，第6册，第1803、1802页。

③ （唐）房玄龄等：《晋书》，第7册，第2030—2031页。

④ 余嘉锡：《世说新语笺疏·排调》，下册，第814页。赵翼《陔馀丛考·张真人》谓：“《世说》注，郗愔与弟昙奉天师道，此人间奉道教之始也。”（中华书局1963年版，第3册，第746页）其说大谬且武断，对道教可谓一知半解，以致与史实差之甚远。

⑤ 参见谭洁《兰陵萧氏家族文化研究》，中华书局2013年版。关于《郗氏墓识》的真伪，学术界目前尚有争议。

心辟妄符”，即用开日旦朱书，再拜服之，一月三服。郗愔所服，盖此类也。① 郗愔信道过于“精进”，以至于服符过了头，不仅没有收到养精蓄锐、延年益寿之效，反而因此得了病。

关于陈郡殷氏。《晋书 · 殷仲堪传》说：“仲堪能清言，善属文，每云三日不读《道德论》，便觉舌本间强”，“仲堪少奉天师道，又精心事神，不吝财贿，而怠行仁义，啬于周急，及玄来攻，犹勤请祷”。② 殷仲堪吝惜钱财于周穷救急，却不惜金钱贿赂神灵、事奉天师道的功利主义心态跃然纸上。陈郡殷氏也与琅邪王氏联姻。据苏绍兴考证，琅邪王临之（王彬孙）将女儿嫁给殷仲堪，仲堪族子殷景仁娶王谧之女，仲堪孙元素娶王僧朗女，元素子殷睿又娶王奂女为妻，而王奂的妻子又为殷睿族祖殷道矜之女，王、殷婚姻持续了整个东晋南朝，可谓典型的世代通婚的道教家族。③

关于泰山羊氏。泰山羊氏家族是否信奉天师道，史无明载。但泰山羊氏与琅邪王氏同处齐鲁，又世为婚媾，其思想信仰应当有相同处。可能在西晋末年至东晋时，泰山羊氏家族中已经有颇信奉道教的人物。可以确定的是，羊权是道教的重要人物。羊权字道舆，是羊陶之子，羊欣之祖，历官黄门侍郎、尚书左丞等，因笃好道术，后成为道教神仙人物。《世说新语 · 言语》记载了他与东晋简文帝的一次对话，对话中有“名播天听”之句，由此可知对话时间在简文帝司马昱做皇帝期间。因此可以推断羊权大约生活于东晋穆帝至孝武帝时期。而且，从记载中可知羊权与简文帝关系密切，又因简文帝是笃信道教的，从而也可推测羊权与道教的关系。《真诰 · 运象篇》说：“愕绿华者，自云是南山人，不知是何山也。女子，年可二十。上下青衣，颜色绝整。以升平三年十一月十日夜降（厶厶）（剪缺此两字即应是‘羊权’字）。自此往来，一月之中，辄六过来耳。云本姓（厶）（又剪除此一字，应是‘杨’字），赠（此）（此一字本是‘权’字），后人黵作此字（诗一篇，并致火浣

① 余嘉锡：《世说新语笺疏 · 术解》，上册，第708、709页。

② （唐）房玄龄等：《晋书》，第7册，第2192、2199页。

③ 参见谭洁《兰陵萧氏家族文化研究》，中华书局2013年版。

布手巾一枚、金玉条脱各一枚)。条脱乃太而异精好。神女语(见)(此本是草作‘权’字，后人黵作‘见’字，而乙上之):‘君慎勿泄我，泄我则彼此获罪。’”道教神女愕绿华不仅赠送了羊权火浣布手巾一枚、金玉条脱各一枚，而且有诗篇相赠，诗云:“神岳排霄起，飞峰郁千寻。寥笼灵谷虚，琼林蔚萧森。(丨)(此一字被墨浓黵，不复可识。正中抽一脚出下，似是‘羊’字)。其人名权，生标美秀，弱冠流清音。栖情庄慧津，超形象魏林。扬彩朱门中，内有迈俗心。我与夫子族，源胄同渊池。宏宗分上业，于今各异枝。兰金因好著，三益方觉弥。静寻欣斯会，雅综弥龄祀。谁云幽鉴难，得之方寸里。翘想笼樊外，俱为山岩士。无令腾虚翰，中随惊风起。迁化虽由人，蕃羊未易拟。所期岂朝华？岁暮于吾子。”[①] 这个故事又见《云笈七签》卷九七《蕚绿华赠羊权诗三首并序》，且内容比今《道藏》本《真诰》有所增加。《序》中载蕚绿华启迪羊权说:“修道之士，视锦绣如弊帛，视爵位如过客，视金玉如瓦砾；无思无虑，无事无为，行人所不能行，学人所不能学，勤人所不能勤，得人所不能得。何者？世人行嗜欲，我行介独；世人学俗务，我学恬漠；世人勤声利，我勤内行；世人得老死，我得长生。故我今已九百岁矣!”又授羊权“尸解药，亦隐影化形而去”。[②] 羊权遇见蕚绿华的故事成为诗人咏唱的题材。黄庭坚《效王仲至少监咏姚花用其韵四首》其二吟咏道:“九疑山中蕚绿华，黄云承袜到羊家。真筌虫蚀诗句断，犹托余情开此花。”[③] 此外，羊玄之、羊同之、羊穆之、羊规之等皆以“之”命名，不避字讳。陈寅恪先生揭示说:“六朝人最重家讳，而‘之’‘道’等字则在不避之列，所以然之

① [日] 吉川忠夫、[日] 麦谷邦夫编《真诰校注·运象篇第一》，中国社会科学出版社2006年版，第1页。

② (宋)张君房:《云笈七签·蕚绿华赠羊权诗三首并序》，《道藏》，第22册，第660—661页。按:《太平广记·蕚绿华》亦引蕚绿华此段话，并云“出《真诰》”。(上海古籍出版社1990年版，第1册，第288页)今《道藏》本《真诰·运象篇第一》则未见此段话。

③ (宋)黄庭坚:《黄庭坚全集》卷九，刘琳、李勇先、王蓉贵校点，四川大学出版社2001年版，第1册，第206页。

故虽不能详知，要是与宗教信仰有关。王鸣盛因齐梁世系‘道’‘之’等字之名，而疑《梁书》《南史》所载梁室世系倒误（见《十七史商榷》五五萧氏世系条），殊不知此类代表宗教信仰之字，父子兄弟皆可取以命名，而不能据以定世次也。”① 正如琅邪王氏家族当中王羲之—王献之—王靖之—王悦之四代人都以“之”字取名一样，泰山羊氏家族以“之”字命名，可能也是信仰道教的一个标志。② 其实我们可以肯定地说，这就是一个道教家族。羊氏家族的羊欣，乃王献之的外甥，刘宋时著名书法家，史载其“素好黄老，常手自书章，有病不服药，饮符水而已。兼善医术，撰《药方》十卷”③，这完全就是道教信徒的做派。

关于兰陵萧氏。兰陵萧氏作为北方侨姓移民家族，与道教的关系，首先从名讳可见。齐高帝萧道成之父名承之，承之兄名奉之。承之三子，取名道度、道生、道成。另有萧道赐一支，即建立梁朝的萧衍之父名顺之，顺之兄名尚之，弟名崇之。这些名字正如陈寅恪先生所指出的，与道教信仰有关。其次从联姻情况看，与萧氏家族联姻的家族名字也多具道教信仰特征，不少为琅邪临沂人，而琅邪正是道教传播的热点区域。萧道成与吴兴天师道家族沈攸之联姻，将长女（义兴公主）嫁给沈攸之第三子沈文和。最后，从萧氏家族与道士的密切交往及征用道士来看，《南齐书·顾欢传》说：道士顾欢“事黄老道，解阴阳书，为数术多效验”。萧道成“辅政，悦欢风教，征为扬州主簿，遣中使迎欢。及践阼，乃至”。当顾欢上表请辞东归时，萧道成“赐麈尾、素琴”。永明元年（483），齐武帝萧赜“诏征欢为太学博士”，顾欢“不就征”。④《南齐书·褚伯玉传》记载：吴郡褚伯玉，当时人称之为“却粒之士，餐霞之人”，“孔稚珪从其受道法”。齐高帝萧道成“即位，手诏吴、会二郡”，以礼迎接褚伯玉，褚以疾辞。萧道成“不欲违其

---

① 陈寅恪：《天师道与滨海地域之关系》，《陈寅恪史学论文选集》，第157页。

② 参见刘硕伟《两晋泰山羊氏家族文化研究》，中华书局2013年版。

③（梁）沈约：《宋书》，第6册，第1662页。

④（齐）萧子显：《南齐书》，第3册，第930、929页。

志，敕于剡白石山立太平馆居之”。褚伯玉羽化之后，孔稚珪“为于馆侧立碑”。[①] 萧氏家族一方面具有道教信仰的传统，另一方面，又对佛教越来越感兴趣，最典型的莫过于梁武帝萧衍，于天监三年（504）宣布“弃道入佛”，从此以后，兰陵萧氏家族便由道教世家衍变成有名的奉佛世家。[②]

六

归纳起来，燕齐文化与道教的关系，最初开始于方仙道，接着是黄老道和太平道。方仙道的代表性方士大多为出自燕齐文化圈的人，奠定了道教最早与燕齐文化的关系。而尊崇黄帝，具有燕齐文化的背景，这一点黄老道和方仙道是完全一致的，所以黄老道自然而然地便接收了方仙道的遗产。太平道发生成长的文化背景是燕齐文化。从方仙道到黄老道和太平道是一脉相承的，三者都与燕齐文化有渊源关系，并深远地影响了两晋南朝的南方道教。从三国时期吴越之地的社会各层接受了太平道以及山东琅邪传来的天师道，到东晋南朝时期吴越之地的道教突然勃兴起来，而且许多奉道的世家大族先后从齐文化的琅邪之地迁徙而来，这都与燕齐文化相关。可以这么说，南方吴越之地有久远深厚的羽人文化，再加上受到北方燕齐神仙文化的深刻影响，东晋南朝道教的大发展，在江南这个燕齐文化和吴越文化的融合之地简直就是如鱼得水。从齐文化圈琅邪迁到江南的奉道世家，与吴越文化圈的南方世居道教家族密切交往，相互切磋道术，甚至结为联姻关系，形成了燕齐文化和吴越文化汇融的家族道教，成为东晋南朝南方道教的一大特色。

① （齐）萧子显：《南齐书》，第3册，第926—927页。

② 参见谭洁《兰陵萧氏家族文化研究》，中华书局2013年版。

略论道家意象思维对中医阴阳五行学说的影响*

刘永明

摘　要：意象思维是中国文化独特的思维方式，意象思维在道家典籍的思想理论构建中占有主导地位，中医阴阳五行理论体系深受这一思维方式的影响，也是以意象思维为主，将意象思维与抽象思维相结合构建起来的。本文在学界已有研究的基础上，对《周易·系辞》和《道德经》中的意象思维特征进行初步的理解与分析，并揭示了道家意象思维对中医学阴阳五行理论的影响。

关键词：道家；意象思维；中医学；阴阳五行理论

作者简介：刘永明，兰州大学历史文化学院、敦煌学研究所教授，（甘肃兰州 730030）。

中医的科学性及其价值是长期以来激烈争论并产生巨大影响的重要议题。在今年抗击新冠肺炎这一人类大敌中，中医学依然运用传统的理论与方法，取得了卓越的疗效，再一次以铁的事实证明了

* 本文是国家社会科学基金重大项目“中医药文化助推中华优秀传统文化复兴研究”（16ZDA234）的研究成果。

中医学的独特价值，从而也证明了中国文化的独特价值。从而，深入研究中医成为一项迫切的文化解密工程。

中医学以阴阳五行为基本理论框架，通过取象比类的方式，将宇宙自然、万事万物及其运动变化与人的生理病理治疗方法相结合，形成一套独特的医学理论体系。取象比类的方式，在思维方式上突出了意象思维的特征，在理论上具有系统完整而又开放包容的特点，有别于西方系统完整而逻辑严密的科学理论体系。中西医学在实践层面上也是各有所长，可以优势互补而不能互相取代。相应地，要理解中医学，不能以西方科学和西医学为唯一标准，而首先应该回归中医学赖以生存的中国文化土壤。近年来，学界对中医学的独特思维方式——意象思维展开了深入研究，取得了卓越的成绩，这一研究标明，意象思维的确是从深层次理解和认识中医学的主要途径，值得关注和进一步研究。

一 中医学是意象思维的产物

与意象思维相关的研究，自 20 世纪 80 年代开始，就有不少论著，在其中大多数研究中，将意象思维作为直觉思维，或者神秘主义、神秘体验对待和研究。其中多数研究，是在中西文化的对比中，发现了中国传统文化的独特性。从思想、哲学、思维方式的角度进行的研究，具体以对儒家、道家的思想为主。但大多不以直觉思维为中国传统文化的主流。① 同时，在这些研究中，“象思维”或者“意象思维”作为与西方文化中占主导地位的概念的、抽象的、逻辑的思维方式相对应的中国文化的独特思维方式，日益凸显

① 如刘文英在《论中国传统哲学思维的逻辑特征》中一文认为：所谓“直觉思维”，一般指心智直接觉悟的一种思维活动。这里“直接”有两层含义：第一，心智活动不必依据逻辑规范、程序，不必循序递次地进行推理，即可以直指结论；第二，心智活动不必使用名言、概念等手段，不必通过这些中介环节，即可以心领神会。这两层含义都表明了“直觉思维”的非逻辑性。中国古代确有一些哲人提倡这种直觉思维，其思想体系中也确有非逻辑的因素，但这并不是中国传统哲学思维的主流。《哲学研究》1988 年第 7 期。

出来。

比如，王树人先生站在民族文化复兴的角度，提出“象思维”是“对中国传统中作为主导的思维方式之本质内涵和基本特征的概括”①，将“象思维”作为中国传统哲学的特殊的并占有主导地位的思维方式进行深入和体系化研究，并深刻地指出：“应当唤醒对原创性思维即‘象思维’的重要性之认识，应当全面健全我们的思维方式，也就是说，要使‘象思维’的悟性与西方思维方式的理性走向互补，这才是中国思想文化复兴的根本路径。”② 呼吁“回归象思维”，达成两者之间的“转换”与“合理的平衡”，还认为“象思维的精神运动，需要‘中止概念思维’”等。③ 王树人在着力阐发《周易》《老子》《庄子》“三玄”的象思维的基础上，对禅象、诗魂之象、书画中的象思维进行了深入研究。④

刘长林先生提出“象科学”，认为“中国传统思维中占主流地位的是意象思维。意象思维以时间为本位，尊重事物的自然整体，采取主客相融的立场来认识世界，因此主要关注的是世界的现象层面”⑤，并进行了系统的论述。刘长林认为：“《周易》与先秦诸子开创了中国的象科学，恰与西方成对称之势。”⑥ “以《周易》和道家为代表的传统思维将对‘象’的认识置于首位，由对‘象’的认识带动和制导对‘体’的认识，并以‘象’的整体生化观为标准，对‘体’的认识做价值判断。”⑦ 刘长林在中西对比中，重点挖掘了《周易》和老子的意象思维及象科学等问题的同时，对中医与意象思维的关系做了深入的研究，认为中医学是象科学的代表，

---

① 王树人：《“象思维”与原创性论纲》，《哲学研究》2005 年第 3 期。

② 王树人：《中国的“象思维”及其原创性问题》，《学术月刊》2006 年第 1 期。

③ 王树人：《中西比较视野下的象思维》，《中西视野下的实践哲学与文化哲学全国外国哲学学术研讨会交流材料》，中国现代外国哲学学会会议论文，2004 年，第 21 页。

④ 王树人：《回归原创之思——“象思维”视野下的中国智慧》，江苏人民出版社 2005 年版。

⑤ 刘长林：《中国象科学观——易、道与兵、医》，社会科学文献出版社 2007 年版，上册，第 18 页。

⑥ 刘长林：《〈周易〉与中国象科学》，《周易研究》2003 年第 1 期。

⑦ 刘长林：《〈周易〉与中国象科学》，《周易研究》2003 年第 1 期。

认为“中医学是依‘观物取象’的原则形成的人身科学，主要是意象思维的产物。中医学无论在生理病理还是在临床治疗上，着重把人身看作一个自然之象的流程。这也就决定了中医学必定以自然生活着的人为认识对象，属于象科学”①。

张其成先生长期致力于以易学为核心的研究，提出“易道主干”说，认为：“‘易道’构成了中华文化最稳定、最本质的内涵，决定了中华文化的面貌、特征和总体走向，代表了中华民族的深层心理结构……”② 并重点研究了《周易》与中医学的关系，突出了对“象”的研究，认为“《易经》的思维实际上就是‘象思维’”。藏象是中医理论的核心，“‘藏象’是一个表述内脏的‘象系统’”。“‘藏’反映的是意象思维的方法。”③ 并注重对中医象数模型的研究。

在对意象思维的长期研究中，从称之为“直觉思维”到直接落实为具有如此重要意义的“意象思维”（即象思维），这显然是一个重大的进展。而诸家对“意象思维”的研究，首先着力于对老子、庄子和《周易》的阐释开掘，其中《周易》为历史上儒道两家所共同尊奉，《易传》则深受道家思想的影响。然后研究的重点集中于受道家思想和《周易》深刻影响的兵学、中医学、书法绘画艺术以及与道家思想有相通之处的禅学等方面。这说明意象思维主要是出自道家文化的创造。研究的具体内容虽然各有偏重，认识不无差异，但均认为“意象思维”是中国传统文化中最重要和独具特色的思维方式，甚至是占主流地位的思维方式。从认为不占主流地位到认为占据主流地位，这毫无疑问是更为重大的进展。这些研究对正面认识中国文化的独特价值、中国文化的创新与发展具有重大意义，也为进一步研究打下了良好的基础。不过，虽然关于意象思维的研究进展可喜可贺，但是其所得到的认识可能是在现代教育下成长起来的人们比较难以理解和接受的，正像人们对中医学难以理

① 刘长林：《〈周易〉与中国象科学》，《周易研究》2003 年第 1 期。

② 张其成：《易道主干》，中国书店 1999 年版，“总序”第 1 页。

③ 张其成：《易学与中医》，中国书店 1999 年版，第 103—104 页。

解一样。然而从中医学的思维方式来看，占主导地位的正是这一独特的意象思维。所以，关于意象思维的研究一方面还需要继续推进，另一方面还应该引起更多人的关注。

二　道家思想与意象思维

（一）《周易·系辞》与意象思维

《周易》在历史上为儒、道两家所共同尊奉的经典，陈鼓应先生在《易传与道教思想》中则“系统地论证了《易传》（最为主要的是《象传》与《系辞》）为道家的作品”①。如前所述，《周易》、老子等诸家思想均显示出意象思维的特征，而意象思维作为理论化的范畴，正如刘长林所说：“‘象’范畴是经《易传》系统论述而完整确立起来的。”②《易传·系辞上》曰：“子曰：‘书不尽言，言不尽意。’然则圣人之意，其不可见乎？子曰：‘圣人立象以尽意，设卦以尽情伪，系辞焉以尽其言。变而通之以尽利，鼓之舞之以尽神。’”可见，先哲充分认识到了语言知识之不足，也就是理性的抽象思维（或概念思维、逻辑思维）之不足，从而“立象以尽意”，将“言”与“象”相互并列、相互补充，作为表达“意”的两种不同方式。据此，将这种独特的思维方式直接称为“意象思维”或“象思维”似乎更合乎原典，也更为精确，称为“直觉思维”则是对这一思维方式特征的现代诠释。

意象思维的创立是为了“尽意”，即表达抽象思维所不能及的内涵，其价值也可以在与抽象思维的比较中凸显出来。抽象思维的成就以西方文化最具代表性。西方哲学认为世界分为真实的世界（本体）和不真实的世界（现象），本体决定现象，本体高于现象，两者之间有明显的差别。而人的认识分为理性认识和感性认识，唯有理性认识才能认识本体世界，所以更加真实而有价值。而感性认

---

① 陈鼓应：《易传与道教思想》，商务印书馆 2007 年版，“序”第 7—8 页。
② 刘长林：《中国象科学观——易、道与兵、医》，上册，第 47 页。

识只能认识现象。[1] 抽象思维正是运用概念、判读、推理，从已知推出未知，透过现象看本质。其中最重视逻辑的严密性，于是形成一整套博大精深的系统完整、逻辑严密的思想体系，并产生了科学技术。人类正是通过科学技术大幅度地改变了人类的生存世界，抽象思维的伟大是毋庸置疑的。

抽象思维完全依靠语言知识展开，这就需要概念精准、逻辑严密、判断准确。抽象思维的一个本质特点是人与认识对象的相分离、相对立，以人为主体，根据人的认识和需要去处理认识对象，相应地，认识的结果也会受到人的认识能力和认识条件的制约，从而具有相对的准确性，不可能是终极的真理。同时，认识的发展也总是伴随着对事物进行无限的分割，无限地分析还原，用局部说明整体，用至小说明至大，认为小的说清楚了，大的就说清楚了，乃至把世界还原为最基本的微粒。毫无疑问，西医学对疾病的检查治疗也是沿着这一理路展开的。

与之不同的是，意象思维虽然也要借助于语言，但其关键在于对事物的全体的自然呈现，通过对事物“象”的认识，达到全面深刻的理解。“象”包括外在之象和内在之象。“见乃谓之象，形乃谓之器”，这里的“象”指的是事物外在的可见之“象”。“是故夫象，圣人有以见天下之赜，而拟诸其形容，象其物宜，是故谓之象。”（《周易·系辞上》）这里的“象”对应的是天下最深刻的道理，属于深层次的内在之象。无论是外在之象，还是内在之象，目的都在于“尽意”，所以两者是统一的。也就是说，现象、表象和特征，也是事物内在本质的体现，本质和现象是统一的，通过对外在表象及其变化的观察，可以揭示出本质性的内涵、发展变化的趋向乃至规律，也可以发现不同事物之间的共同特点。不过需要注意的是，从《周易》对“象”的定位来看，“象”不等于“形”。《系辞上》曰：“在天成象，在地成形，变化见矣。”“成象之谓乾，

① 参见刘长林《中国象科学观——易、道与兵、医》，社会科学文献出版社 2007 年版，上册。

效法之谓坤”，“法象莫大乎天地；变通莫大乎四时……天垂象，见吉凶，圣人象之；河出图，洛出书，圣人则之。《易》有四象，所以示也。系辞焉，所以告也；定之以吉凶，所以断也”。（《周易·系辞上》）显然，“象”在“形”之前，展示着变化的趋向，当成“形”之后，就已经出现变化结果了。①

“意”是“言”和“象”所要表达的目的，但通过“象”可以达到语言所不能达到的“意”。相对于语言知识、抽象思维的不完整、不全面的局限性，“立象以尽意”所表达的“意”是对事物外在内在综合的，更加全面完整的，又是更加本质的认识，尤其是可以前瞻性地揭示事物发展变化的趋向和规律。所以掌握了这样的“意”，就能够走在事物变化的前面，能够“变而通之以尽利”，化凶为吉，尽其利用；还能够“鼓之舞之以尽神”，就是把“阴阳不测”、难以把握的更深层次的“意”的精义——“神”充分表现出来。② 这就是《周易》意象思维所要表达的“圣人之意”，其用心可谓极其深远。

意象思维展开的前提理念是，人和世界是一个整体，是一个不可分割的整体，局部依赖于整体——分割了就失去了存在的依据。那么对待局部的、具体的问题，就是必须通过整体来说明局部，说

---

① 刘长林先生揭示意象思维基于以时间为本位，“以时间为本位看世界，就会把重点放在自然整体的过程、行为和功能上，而不是放在事物的形体形质上……其过程、行为和功能的表现为‘象’”。刘长林：《中国象科学观——易、道与兵、医》，上册，第48页。

② 关于《易传·系辞上》之“子曰：‘书不尽言，言不尽意。’然则圣人之意，其不可见乎？子曰：‘圣人立象以尽意，设卦以尽情伪，系辞焉，以尽其言。变而通之以尽利，鼓之舞之以尽神’”。金景芳解释说：“‘以尽神’的神，当是‘阴阳不测之谓神’的神……究竟孰为阴孰为阳，完全不能预测，带有极大的偶然性。这偶然性即为‘神’。‘鼓之舞之’的目的和作用就是把‘神’的精义充分表现出来。”金景芳、吕绍纲：《周易全解》，吉林大学出版社1996年版，第494页。刘长林解释说：“这段传文就言意关系而言，最重要的是三句话：‘言不尽意’，‘立象尽意’，‘鼓之舞之以尽神’……《易传》认为最好的办法是将‘立象尽意’和‘系辞尽言’结合起来。‘立象尽意’，就是以视觉的‘象’符号来表述‘意’。但光‘立象’还有欠缺，还需要在‘象’之后附以文字的说明，作为补充。《易传》用‘尽神’来表示信息传播的最高目标，也就是‘尽意’的最高境界……神是指万物在自然状态下的无穷运变及规律……所谓‘尽神’，就是要把握和表述自然变易之中的现象和现象自身的规律。”刘长林：《中国象科学观——易、道与兵、医》，第326—327页。

明具体事物。意象思维还有一个特点是，由于人和客观世界也是不可分割的，所以在认识的过程中，不但要保持事物的自然完整，还要主客相融、主客合一，以便能够更好地得到对事物完整的认识和整体的规律。由于主体与对象直接相融，本身就有超越语言，而直接体验性地认识事物的特点，于是相应地也就超越并省略了很多单纯运用概念知识进行的认识。这和抽象思维中尽可能排除主观性、尽可能无限地分割认识对象的认识方式恰恰相反。如果说抽象思维是用语言讲给你听的话，那么意象思维就是用手指给你看，让人直接观察和体验。于是乎观象知意、知意观象，既可以得象，又可以得意，相互阐释，相得益彰。显然这种认识方式超越了语言，在表达上具有以简驭繁、事少功多的特点。

显然，抽象思维和意象思维是两种截然不同的思维方式，意象思维可补抽象思维之不足，将两者相结合，可以创造出具有独特价值的知识体系。充分运用意象思维而形成的最典型的科技文化成就正是中医学。

（二）老子的思想与意象思维

中医学主要根植于道家的思想与文化，所以，要了解中医学的意象思维，就必须了解道家思想，就必须从老子的思想说起。

《道德经》作为西方哲学家所承认的，产生于东方先秦轴心时代的伟大哲学著作，具有高度的抽象思维和哲学思辨，雅斯贝尔斯将老子列为世界历史上为数甚少的“原创性形而上学家”之一。然而《道德经》开篇即指出“道可道，非常道；名可名，非常名”。首先对人类的认识对象和人类知识，从哲学层面进行了高度的理性反思。所以在老子的哲学论述路径中，并没有完全依托于纯粹抽象思维和语言表述，而是更多地运用了意象思维。亦即运用比喻、形象，乃至创造出现实中所没有的意象，以便更加直观地认识那些抽象的哲学理论和思想智慧。与《易经》中的意象思维相比较，《易传》在先秦已有的意象思维等思想资源的基础上，专门构建了一套以卦爻符号为核心的、完整的意象思维的理论体系；而《道德经》原本早于《易传》，虽然没有专门构建意象思维的理论体系，但已经在充分运用意象思维来建构道家的思想理论体系。

从思维方式的角度来看《道德经》中的思想哲学论断，的确是抽象思维与意象思维的综合使用，相互补充。但是相对而言，纯属抽象思维的篇章文字明显较少，而属于意象、抽象互用的篇章，意象中内含着抽象的篇章明显较多，有些则纯属意象化表达。

例如，《道德经》第一章在整个《道德经》中具有统摄性、纲领性的意义，起首“道可道，非常道。名可名，非常名”句，为具有高度理性的抽象的哲学论断；“无，名天地之始；有，名万物之母”句，“无”“有”为至高的哲学概念，但具有意象特征，又分别以“始”“母”为喻，是意象中蕴含着抽象；“故常无，欲以观其妙；常有，欲以观其徼”句，所观者必有象，为意象思维；“此两者，同出而异名，同谓之玄”，有无同出异名，高度抽象，又以“玄”的意象形容，使“玄”具有抽象意蕴，甚至成为哲学概念；“玄之又玄，众妙之门”句以意象化语言作解作结，而蕴含了高度抽象的哲学内涵。

第二十五章应该是《道德经》最正面的对道的命名和描述，所谓：

> 有物混成，先天地生。寂兮寥兮，独立不改，周行而不殆，可以为天下母。[①]

首先将道描述为静而无声、动而无形、独立长存、周行不止的混然之物象，又喻为天下万物之母，表达其根源性的内涵，则意象中蕴含着抽象之理。还有：

> 人法地，地法天，天法道，道法自然。[②]

① 高明：《帛书老子校注》，中华书局 1996 年版，第 348 页。

② 高明：《帛书老子校注》，第 351 页。

无疑是老子精彩绝伦的哲学论断，但这句话正是以意象描述表达了抽象真理而且意蕴无穷，发人深省，导人践行。

如第十一章首先是：

> 三十辐，共一毂，当其无，有车之用。埏埴以为器，当其无，有器之用。凿户牖以为室，当其无，有室之用。①

即从具体物象的有无关系开始，然后进一步升华，以意象化的语言表达出抽象的哲学论断：

> 故有之以为利，无之以为用。②

《道德经》中这样的哲学表述很多，其他以意象思维展开说理的章节片段也有很多，如第六十六章：

> 江海之所以能为百谷王者，以其善下之，故能为百谷王。③

以江海之低下而聚水为大的道理说明谦下不争的人生哲理，进一步提升到治国平天下之道，建议君王应该谦下于民。

而从上述内容可以看出，在具体的哲学思想阐释中，很多描述往往首先采用了意象化的表达，让人们顺着老子指出的方向观象得意，最后得到对道及相关思想认识的准确理解。由此可见，意象思维的直观性，具有突破语言障碍、不立文字、超越文字的意味，具有心灵与对象直接沟通、更加接近对象整体的特点，所以相对于抽象思维和纯粹的语言知识而言，具有难以代替的价值，也减省了不少的文字笔墨。

当然我们可能会质疑，老子的意象思维的运用固然十分有启发

---

① 高明：《帛书老子校注》，第 270 页。

② 高明：《帛书老子校注》，第 271 页。

③ 高明：《帛书老子校注》，第 145 页。

性，但这种意象思维能否真正揭示事物的整体的本质属性呢？它有没有更加可靠的保障呢？应该说，老子的意象思维的可靠性，还来自老子的修道工夫，《道德经》中提出了具有根本意义的修道思想与方法，那就是第十六章：

> 致虚极，守静笃。万物并作，吾以观复。夫物芸芸，各复归其根。归根曰静，静曰复命。复命曰常，知常曰明。不知常，妄作凶。知常容，容乃公，公乃全，全乃天，天乃道，道乃久，没身不殆。①

从致虚守静工夫开始，观万物归根复命之象，而后上升到规律性认识，并进一步论述人应该把握这一规律的理性认识。

"致虚极，守静笃"毫无疑问是从自己心身上做工夫，要做到"虚"和"静"的极致，然后在这种状态下就用"观"的方法，这时候既不受自己情感欲望的干预，也不借助于外在手段，就可以深刻、准确地观察到多彩变化的万事万物共同的运行规律，那就是归根复命；老子将这一规律称为"常"；"知常曰明"要求人们把握和认识这一规律，走向合于大道、没身不怠的境地。这种"观"的方法，既观到了事物的外在之象，也观察到了内在的本质之象，也就是规律，虚静以观象，观象而知意。致虚守静，不但观察外在的事物，而且将自己和外在的世界融为一体进行观察和体验，从而发现内在自我与外在世界之间的密切关系和规律上的一致性。这是西方科学实验所无法做到的，也是不可能做到的。致虚守静的修道方法及与其密切相关的意象思维，也正是老子建构"道"的思想体系的主要依据。当然类似的还有《道德经》第十章："载营魄抱一，能无离乎？专气致柔，能如婴儿乎？涤除玄览，能无疵乎？"等。②

有了这样的根本方法和根本认识，老子才能将自己的思想进一

① 高明：《帛书老子校注》，第271页。

② 高明：《帛书老子校注》，第262页。

步升华和拓展，比如当我们与老子“致虚守静”的修道工夫相联系，再看《道德经》对“道”的种种描述，其虚静直观状态下的意象思维特征更加明显，如第一章：“故常无，欲以观其妙；常有，欲以观其徼。此两者同出而异名，同谓之玄。玄之又玄，众妙之门。”① 第二十一章：“道之为物，惟恍惟惚。惚兮恍兮，其中有象；恍兮惚兮，其中有物。窈兮冥兮，其中有精；其精甚真，其中有信。”第四十章：“反者道之动，弱者道之用。”② 第四十二章：“道生一，一生二，二生三，三生万物。万物负阴而抱阳，冲气以为和。”③ 看着这种描述，我们不但领会了一种理性化的深刻道理，同时似乎还看到了某种朦胧的鲜活的画面，也就是某种意象的运行闪动，或者是宇宙万象生生不息的过程。由此也可见，老子的思想充分运用了意象思维，将意象思维与抽象思维相结合，最后依然得出了抽象的认识。老子也将这一认识和方法推广到对其他事物的认识以及道家思想的应用方面，第三十八章：“上德不德，是以有德；下德不失德，是以无德。上德无为而无以为。下德无为而有以为。”④ 第八章：“上善若水。水善利万物而不争，处众人之所恶，故几于道。”⑤ 第三十七章：“道常无为而无不为。侯王若能守之，万物将自化。”⑥ 第六十三章：“图难于其易，为大于其细。”⑦ 第六十四章：“其安易持，其未兆易谋；其脆易泮，其微易散。为之于未有，治之于未乱。”⑧ 这些都是在对道的深刻认识的基础上的拓展，对修德、为人处世、治理国家都有指导意义；乃至对具体从业做事也有指导意义，比如中医养生治病之见微知著、防患未然。

---

① 高明：《帛书老子校注》，第 221 页。
② 高明：《帛书老子校注》，第 328 页。
③ 高明：《帛书老子校注》，第 29 页。
④ 高明：《帛书老子校注》，第 1 页。
⑤ 高明：《帛书老子校注》，第 253 页。
⑥ 高明：《帛书老子校注》，第 421 页。
⑦ 高明：《帛书老子校注》，第 131 页。
⑧ 高明：《帛书老子校注》，第 137 页。

三　道家意象思维与中医阴阳五行学说

（一）意象思维与中医阴阳学说

道家思想对中医学的影响是具有根本性的，也是多方面的，这也体现在了意象思维的影响方面。《道德经》第四十二章曰："道生一，一生二，二生三，三生万物。万物负阴而抱阳，冲气以为和。"① 第二十五章曰："人法地，地法天，天法道，道法自然。"② 这是两段关于老子哲学思想的意象化表达。前一段在老子关于道这一宇宙本源的根本哲学的基础上，描述了"道"降本流末、化生万物的过程，并将万物的存在机理落到阴阳两种属性乃至气的层面，中医学的核心命题"阴阳""和"正在其中，这就使中医学理论直通道家思想，为中医学提供了具有根本意义的哲学基础。后一段对于中医学的方法论具有根本的指导意义，中医学不论是养生还是治病都必须取法自然、尊道贵德。

中医学理论中最根本的命题"阴阳者，天地之道也"，可谓直承老子的思想。中医学不再就"道"做形而上的讨论，而是直接从天地之道，从阴阳开始，一步一步具体化。所以中医学的"阴阳"，在理论上（从理性的）首先代表"阴阳"两性，然后落实为"阴阳"二气，然后又对应于天地，然后又与五行学说相结合，成为阴阳五行学说。中医学的理论便是在阴阳五行学说的基础上建立起来的。中医的阴阳五行学说，把天地万物与人体的五脏六腑、十二经络以至于四肢百骸等具体的生理构成完整地统一和对应起来，将一切事物和现象有机地联系在一起，并渗透到中医学的理、法、方、药各方面，形成了一个囊括天地万物及其变化规律的动态模型。所以，阴阳五行学说既是最高的理论指导与理论模型，又是十分具体的医学实践。

---

① 高明：《帛书老子校注》，第 29 页。

② 高明：《帛书老子校注》，第 348 页。

在理论特点上以取象比类的意象思维为主要方式，意象思维与抽象思维相结合，意象思维中内含着抽象思维。另一理论特点表现为从宏观到微观的展开方式，即以宏观之理揭示微观之理，以天地之理揭示人体之理。

如果从纯理性的、抽象思维的角度来看，认识到人作为自然界的产物，与天地自然之间有着必然的联系，这是顺理成章的。但是天地与人体，毕竟有着不可思议的巨大差异。在理念上讲天地大宇宙与人体小宇宙相互对应是易于理解的，但真正要具体落实，要做到《素问·阴阳应象大论》中所讲的，人体上下内外阴阳、五脏六腑之阴阳、阴阳中的阴阳与自然界阴阳相对应，即“以应天之阴阳”，乃至“四时阴阳，尽有经纪；外内之应，皆有表里”。乃至将药物的气味阴阳与人体具体的生理病理相对应：“清阳出上窍，浊阴出下窍；清阳发腠理，浊阴走五藏；清阳实四肢，浊阴归六腑”等，形成将天地大宇宙与人体小宇宙具体密切对应，又将理法方药融为一体，建构起包罗万象而行之有效的中医学理论体系。这是用纯粹的理性思考、抽象思维、逻辑关系很难做到的，或者就是根本做不到的。这一点，中医学正是运用独特的意象思维做到了。

比如现在解读《素问·阴阳应象大论》之“阴阳者，天地之道也，万物之纲纪……”“阴阳”显然是一个高度抽象的哲学范畴，是关于宇宙自然万事万象的属性分类。然而，仅仅将其视为抽象的、透过现象揭示本质的纯粹理性化的哲学范畴，并不准确。因为所谓“阴阳应象大论”，“阴阳”首先是“象”的归类①，如前所云，这个“象”，既着眼于外在的现象，但又反映着内在的本质，是外在现象与内在本质的统一；而且“象”具有未成“形”

---

① 刘长林研究指出：“阴阳即主要是以意象方法获取的意象概念，系表现为象的形式的规律。”《阴阳的认识论意义》，《中国社会科学院研究生院学报》2006年第5期。刘长林认为：“《内经》以阴阳为天地之道，万物之本。《素问》第五篇为‘阴阳应象大论’，篇名及其论述表明，阴阳直接与现象相对应，是不损害、不脱离象的概括，所揭示的是现象本身的规律，同时作为规律还以‘象’的形式呈现。所有论述充分显示，阴阳也是意象，不是抽象。”刘长林：《易象阴阳与复杂性》，《周易研究》2015年第5期。

而先有“象”、具有流动变化的特征，就是说不是固定于某种完全量化的“形”上。

在阴阳学说的具体展开中，面对复杂的宇宙与人体万象，中医学运用意象思维进行观察和分类，就是通过表现在外的现象特征，归结出揭示事物的根本特性，也就是阴阳属性的意象。比如在阴阳学说中，将凡是光亮的、温暖的、上升的、活跃的、好动的、外向性的、功能性的、无形的、生长的等意象特征归为阳性，相应地，将黑暗的、寒冷的、下降的、沉静的、被动的、内向性的、物质性的、有形的、枯萎的等意象特征归为阴性。然后依此类推，阴阳特性可以推广到所有的事物和现象上，比如人体上为阳、下为阴，体表为阳、体内为阴，背为阳、腹为阴，五脏六腑中六腑为阳、五脏为阴，五脏之中心肺居上（胸腔）为阳、肝脾肾居下（腹腔）为阴。药物中分为酸、苦、甘、辛、咸五味，五味也分阴阳，那就是辛甘发散为阳，酸苦涌泻为阴，等等。所以要理解中医学的阴阳五行理论，需要思维方式的转换，即从以抽象思维为主转向以意象思维为主，然后再将两者相结合。①

对于中医学理论的验证来说，临床实践无疑是最终的验证；而治病的主要手段靠配方，配方则靠的是具体的药物。所以，药物的性能与效验对于理论的合理性也最具有直观的说服力。如金元四大家之一的李东垣，受一代名医易水张元素之学，以擅长用药著称，其自述对张元素名方枳术丸的理解。该方只用白术、枳实两味药，以荷叶裹烧饭为丸，治疗脾胃虚弱、饮食停滞诸症。李东垣对荷叶的用法长期不解，直至晚年始悟出其中神妙之理。

① 王树人指出：“象思维本身的活动就是终止概念思维，对于当今世界来说，由于西方文化的普遍影响，已经使概念思维占据思维方式的主导地位，所以，欲回归原创之思的‘象思维’，都存在要练就中止概念思维这种工夫的问题。”王树人：《回归原创之思——“象思维”视野下的中国智慧》，第 37 页。按，纯粹的深层次的“象思维”的确如此，老子主张的“虚极静笃”以“观”万物之“归根复命”及后世道教佛教修炼的定能生慧都走的是这一路径。《素问・脉要精微论》所讲“持脉有道，虚静为保”等也突出了以排除杂想以纯粹的象思维来观察脉象。但整个医疗诊断过程，必然有抽象思维、概念逻辑之运用，需要理法方药相结合，所以是意象思维与抽象思维相结合的过程。

其自述云：

> 当是之时，未悟用荷叶烧饭为丸之理，老年味之始得。可谓神奇矣。荷叶之一物，中央空虚，象震卦之体。震者，动也，人感之生足少阳甲胆也，甲胆者风也，生化万物之根蒂也。……人之饮食入胃，营气上行，即少阳甲胆之气也；其手少阳三焦经，人之元气也，手足经同法，便是少阳元气生发也。胃气、谷气、元气，甲胆上升之气，一也，异名虽多，止是胃气上升者也。荷叶之体，生于水土之下，出于秽污之中，而不为秽污所染，挺然独立。其色青，形乃空，清而象风木者也，食药感此气之化，胃气何由不上升乎？其主意用此一味为引用，可谓远识深虑，合于道者也。更以烧饭和药，与白术协力，滋养谷气而补令胃浓，再不至内伤，其利广矣大矣！①

可见李东垣完全从意象思维的角度，从荷叶的形象特征揭示其药物性能及其用药特点，从而悟出了枳术丸的妙用，并感叹其“合于道”。

再如题名李东垣在他的“用药法象”对药性的解说，完全出自对天地阴阳法象的理解，也就是对自然规律、自然法则的理解；其中以直观体察到的药物外在之象来描述药性，反映药物的内在特质，完全体现了意象思维的运用。他说：

> 温、凉、寒、热，四气是也，皆象于天。温、热者，天之阳也。凉、寒者，天之阴也。此乃天之阴阳也。
>
> 辛、甘淡、酸、苦、咸，五味是也，皆象于地。辛、甘淡者，地之阳也，酸、苦、咸者，地之阴也。此乃地之阴阳也。②

---

① （金）李东垣：《内外伤辨惑论》，《金元四大医学家名著集成》，中国中医药出版社 1995 年版，第 405 页。

② （金）张元素、（金）李东垣：《珍珠囊·珍珠囊补遗药性赋》附“东垣先生《药类法象》”，学苑出版社 2011 年版，第 196 页。

阴阳还可以进一步细分，阴还可以细分为阴阳，阳也可以细分为阴阳，可以不断地细分。比如药物的气和味以薄和浓分阴阳，然后又有不同的功效。李东垣说：

味之薄者，为阴中之阳，味薄则通，酸、苦、咸、平是也。

味之厚者，为阴中之阴，味厚则泄，酸、苦、咸、寒是也。

气之厚者，为阳中之阳。气厚则发热，辛、甘、温、热是也。

气之薄者，为阳中之阴，气薄则发泄，辛、甘淡、平、凉，寒是也。①

进一步落实到药物的气味阴阳与功用。比如李东垣说：

茯苓，淡，为在天之阳者也。阳当上行，何为利水而泄下？《经》云："气之薄者，乃阳中之阴。"所以茯苓利水而泄下；然而，泄下亦不离乎阳之体，故入手太阳。

麻黄，苦，为在地之阴也，阴当下行，何谓发汗而升上？《经》云："味之薄者，乃阴中之阳。"所以麻黄发汗而升上；然而，升上亦不离乎阴之体，故入手太阴。

附子，气之厚者，乃阳中之阳，故《经》云："发热。"②

显然，如果不从意象思维的角度去理解，而面对中医学的药性诠释，几乎是不可思议的。

① （金）张元素、（金）李东垣：《珍珠囊·珍珠囊补遗药性赋》附"东垣先生《药类法象》"，第196页。

② （金）张元素、（金）李东垣：《珍珠囊·珍珠囊补遗药性赋》附"东垣先生《药类法象》"，第197—198页。

（二）意象思维与中医学的五行学说

中医学的五行学说也主要是运用意象思维构建的，五行属性也是通过意象化的描述来表达的。所谓“水曰润下，火曰炎上，木曰曲直，金曰从革，土爰稼穑”（《尚书·洪范》）。其中，水的湿润下行、火的炎热升腾、木的曲直生长、金的易于变化、土的生长植物的特性都是意象化的描述，显得十分直观，使人易于理解和把握。同样，五行之间的相生相克也充分体现出意象思维的特征：木生火、火生土、土生金、金生水，木克土、土克水、水克火、火克金、金克木，也是很直观地可以让人观象知意，把握五行学说的核心内涵。如果把五行换成 a、b、c、d、e，然后说 a 生 b、b 生 c、c 生 d、c 克 a、d 克 b，就既不好理解也不好记忆了。

中医学正是采用了具有鲜明的意象思维特征的阴阳五行学说，取象比类，建立了人体生理学、病理学、诊断学、治疗学、中药学的理论。

中医学的五藏，通常被对应于现代解剖学中的五脏，但实际上，在《黄帝内经》的形成阶段，要依靠解剖学建立医学生理学理论几乎是不可能的。但古代医家和修道者（《黄帝内经》中有时将精通并遵循医理者称为“道者”）认识到人体生命具有与自然界相一致的“阴阳”法则。这一法则又是通过自然界的变化表现出来的，它鲜明地体现在每年的四季变化、每月的月亮圆缺、每日的昼夜循环中，与这种变化相应的万物均在变化，比如草木从初生到繁茂、到枯萎等具体表象中隐含着阴阳变化的意象。这种阴阳变化又被具体落实到五行学说中，通过五行的意象特征来描述阴阳的运动变化，也就是生长化收藏的循环往复的运行规律。

中医学阴阳五行学说，具体体现为将五脏的功能与五行相对应，从而形成完整的藏象学说。藏象学说关键在“象”“意象”，也就是关键在于通过“象”揭示脏器的功能。相比较西医的认识，讲各种生理器官，都是以解剖学为依据的。所以中西医两者的出发点不同，表达方式和重点也不同。具体我们看下表。

表 1　　中医五行学说简表

五行	五行属性	五季	五方	五化	五色	五味	五气	五时	五音	五谷	五脏	五神	五志	五官	五腑	五体
木	生长舒展	春	东	生	青	酸	风	平旦	角	麻	肝	魂	怒	目	胆	筋
火	温热炎上	夏	南	长	赤	苦	暑	日中	徵	麦	心	神	喜	舌	小肠	脉
土	长养变化	长夏	中	化	黄	甘	湿	日西	宫	稷	脾	意	思	口	胃	肌肉
金	清肃收敛	秋	西	收	白	辛	燥	合夜	商	稻	肺	魄	悲	鼻	大肠	皮毛
水	寒湿下行	冬	北	藏	黑	咸	寒	夜半	羽	豆	肾	志	恐	耳	膀胱	骨

表 1 反映了五行学说中万事万物及各种现象之间的归类及相互关系。在这种理论建构中，有几组具有核心意义的要素，那就是五行与五季、五化和五脏之间的对应关系。

首先，五脏作为人体生理的核心，将人体自身联结为一个整体，而其与五腑、五神、五志、五体等身体器官的对应更多依据的是对身体、生理的观察和体验。

其次，将五脏与五行、五季、五化相对应，从而揭示人体生理运行规律与天地运行规律的一致性，这是极具创造意义的理论建构。五脏与五行相对应，首先为五脏赋予了五行意象化的特征，从而与自然界的规律性运行的某个运行环节相对应，也就是和生、长、化、收、藏相对应。如下表所示：

表2　　五行属性与五脏生理简表

五行	五行属性	五脏	五脏生理	五化	五季
木	曲直、生发、舒展	肝	喜条达、主疏泄、主升	生	春
火	温热、炎上	心	主温煦、主血脉、温养全身	长	夏
土	长养变化	脾	运化水谷精微、为生化之源	化	长夏
金	清肃收敛	肺	主呼吸清浊、肃降而行水	收	秋
水	寒湿、润下、闭藏	肾	主封藏、藏精、纳气、水液气化	藏	冬

比如木行的“曲直、生发、舒展”属性，赋予肝脏“喜条达、主疏泄、主升”的生理功能，对应的是自然运行规律中“生”的环节；火行的“温热、炎上”属性，赋予心脏“主温煦、主血脉、温养全身”的生理功能，对应的是自然运行规律中“长”的环节。其他各行也是如此。

而当五行与五脏相对应之后，自然就可以采用五行之间的相生相克等关系来描述五脏之间的生理、病理关系。比如心和肾之间的关系应该是心肾相交，更加意象化的表达是“水火既济”，完全对应于自然界的阴阳交替，天气下降、地气上升。就是说，心火必须下降于肾，肾水必须上济于心，这样功能才是正常的，不然会失调，会出现诸如失眠、心悸、心烦、腰膝酸软等“心肾不交”“水火不济”的症状。当然疾病治疗上也是经常通过五行生克关系来表达治疗法则，比如滋水涵木法、金水相生法、抑木扶土法等。

最后，五脏与五化之间的对应，又是极具核心意义的命题，应该说，生、长、化、收、藏这一意象化的描述，深刻揭示了人体生理运行的规律与天地运行规律的相统一的周期性功能机制，这也正是老子所说的“夫物芸芸，各复归其根”。生、长、化、收、藏表达的正是万事万物“复归其根”“周而复始”的规律。原本人体小宇宙和天地大宇宙之间，从外在的表象上虽然也可以做一些类比，比如天有日月、人有二目之类，但真正能揭示内在一致性的莫过于生、长、化、收、藏这一运行规律。而五季则是五化在时间坐标上的展开——所谓春生、夏长、秋收、冬藏。显然，五化是万事万物必须遵循的规律，所以人也概莫能外，人也是随着四季的变化，而体现出春生、夏长、秋收、冬藏的规律。于是，五化这一根本的意象足以将天地万物囊括无遗，将人体生理机制囊括无遗。

所以，五化应该是理解中医藏象学说的关键，是五行体系合理性的根本依据、根本原因所在。由此也从根本上决定了，以阴阳五行学说为理论基础建立起来的中医藏象学说，其主要着眼点是揭示脏腑生理器官内在的生理功能，亦即以五化为核心的生理运行法则；相应地，五脏六腑是功能性的概念，而不是单纯的解剖学的概念。因此，如果要将中医藏象学说与现代解剖生理学的脏器相对应，则藏象学说中一个脏腑的功能可能包含着现代解剖学中几个脏器的生理功能，甚至概括人体某一系统的生理和病理学概念。

四　小结

意象思维是中国文化的突出特点，《道德经》《周易》等诸多文化经典都充分运用了意象思维，乃至在抽象思维与意象思维的相互补充中占据了主导地位，但对于现代教育下成长起来的人们而言，却显得十分陌生，甚至如王树人所说“集体失去记忆”①。中医学理论也是以意象思维为主，意象思维与抽象思维是相互补充建构起来的。阴阳五行学说，首先凸显的是意象特征，以意象化的阴阳五行将天地万物与人体生理密切对应，建构出独特的理法方药体系，于是才真正使中医学在理论上升华了，使中医学成为理论化、系统化而又行之有效的医学，没有意象思维，只使用抽象思维，即便实现了理论上的自圆其说，但难以保证在实践上行之有效。所以，学习和理解中医学，均需要转换思维，首先从意象思维入手，将意象思维与抽象思维结合。古人说“医者，意也”是有一定道理的。

比如，相对于西医学依赖于庞大复杂的现代科学技术体系而

① 王树人说：“中国人在思维方式全盘西化之时，把自己独具原创性的‘象思维’完全遮蔽，甚至‘集体失去记忆’。”王树人：《中国的“象思维”及其原创性问题》，《学术月刊》2006 年第 1 期。

言，在以意象思维为特征的中医学中，医家无须借助仪器等外在手段，直接通过患者的外在征象察外知内、由表及里，直达疾病的本质并予以相应的治疗。这一特征也使中医学从理论到实践都要比西医简洁和直接得多（这一点也体现在新冠肺炎的治疗当中）。就是说，中医学只要掌握住根本的医学经典，以意象思维与临床实践密切结合，就可以发挥自己的特长，取得应有的疗效。

意象思维的特征，也使中医学更加注重从人的生理功能层面而非器质层面，注重从功能层面调节和治疗疾病。由于意象思维注重对尚未成形但蕴含着某种变化趋向和规律的“象”的把握，所以在诊断和认识疾病方面具有前瞻性。这就要求医者善于通过研究捕捉人的生理和病理之微小变化的各种征象，见微知著，防患未然。所以不管是历史上还是现实中的中医大家，其高明之处往往体现在这一方面，医集中的很多案例，并非荒诞夸饰之说，而正是以意象思维为特征的中医学在实践中“鼓之舞之以尽神”的妙用。

符咒罡诀：宗教人类学的解释*

李黎鹤

摘　要：符咒罡诀是人类最古老的文化现象之一。它的起源甚早，与人类原始社会广泛流行的巫术紧密相连。就道教的法术而言，五花八门，非常庞杂，但皆以符咒罡诀为要。符咒罡诀的运用非常广泛，并独具特色，因为它是建筑在道与元气的理论之上的。因此，借助宗教人类学的理论方法，对符咒罡诀进行研究，是打开道教法术与科仪内秘的一把钥匙。

关键词：符咒罡诀；宗教人类学；法术科仪；元气理论

作者简介：李黎鹤，四川传媒学院讲师（四川成都610599）。

道教符法是指道教的神符、灵图，念咒、掐诀、步罡、雷法等法术。在道教科仪斋醮、炼养修持中，随时随地都可见到符法的应用。可以说，无符无法不成道，符法是道教宏道济世的主要手段。《灵宝无量度人上经大法》卷三六说："夫大法旨要有三局，一则

* 本文是国家社会科学基金冷门"绝学"和国别史研究专项"道教符法的历史研究"（19VJX134）的研究成果。

行咒，二则行符，三则行法。咒者上天之密语也，群真万灵随咒呼召，随气下降。符者，上天之合契也，群真随符摄召下降。法者，主其司局仙曹，自有群真百灵，各效其职，必假符咒，呼之而来，遣之而去，是曰三局。”① 道教符法与道教的科仪斋醮、内修外养及其所有的宗教活动，有着不可分割的联系。道教正是在运用道法济世度人的行为中，彰显其文化的魅力与社会的价值。然而，学界长期忽略对其的研究，成果甚少。对此状况，2017 年的一次道教学术会议上，华东师范大学熊铁基先生呼吁重视对道教符法的研究，否则真要成为“绝学”。

一

作为一种独特的文化，符法一类的巫术起源甚早。在世界范围内，符法类器物是人类史前文化的一个重要类别。1906 年，考古学家在前南斯拉夫的温卡发掘了 350 座史前墓葬，在陪葬品中最丰富的就是用各种材料制成的符咒物，如雕成人面形状的耳环，饰有人头和蛇的青铜扣针，其数量之多，品种之全，是人类考古史中罕见的。在离俄罗斯莫斯科东北 150 公里的松基尔遗址中，和两个被仔细安放的男孩尸体一道发现了 8000 余件穿有孔的猛犸牙珠子、北极狐犬齿、各种环状装饰物和手镯，此外在一具男尸和女尸旁发现了数量较少的珠子和手镯以及红赭石（距今 2 万—2.5 万年）。②更重要也是为数最多的图像文献，是洞穴绘画和器物上的装饰图案，这些在世界各地出土的旧石器时代的宗教崇拜物，遍布西欧、中欧、美洲以及东南亚、东亚地区，说明史前时代存在着某种类型的巫教（萨满教）。崇拜物题材与形式各具民族特色，显示了不同的文化背景。

这类符咒饰物，在中国也有许多发现。1972 年在陕西临潼姜

① 《道藏》，文物出版社、上海书店、天津古籍出版社 1998 年版，第 3 册，第 807 页。

② ［澳］特朗普（G. Trumpf）：《宗教起源探索》，孙善玲、朱代强译，四川人民出版社 1995 年版，第 241 页。

寨的史前遗址一少女墓中，出土了一对玉耳坠，坠上的骨珠竟多达872 颗，显然这是具有神圣意义的符咒物。[1] 在辽宁的红山文化遗址、广东的石陕文化遗址、江浙的良渚文化遗址、中原的龙山文化遗址，均出土了大量的玉龙、玉猪、玉虎、玉龟、玉鱼、玉鸟、玉蝉、玉佩、玉璧、玉箍、玉琮等，这些造型精美的玉器，或用于护身辟邪，或用于沟通天神，其功用与后世道教符完全一样，它们应是符的初始形态。

按照西汉司马迁的历史观，中国文明的曙光肇始于轩辕时代。直承黄、老之学的道教，对于这位中华文明的始祖倍加推崇。道书说黄帝一边平乱治国，一边炼丹修道，至功德圆满，鼎湖飞升，成为神仙的共祖。这样一来，道教的各种法术便与黄帝有了直接的联系。

图 1　元阳火云赫赤内景（出自《无上三天玉堂正宗高奔内景玉书》[2]）

① 《1972 年春临潼姜寨遗址发掘简报》，《考古》1973 年第 3 期。
② 《道藏》，第 4 册，第 124 页。

张君房《云笈七签·轩辕本纪》详述了黄帝的各种传说，说他东到青丘，“见紫府先生，受《三皇内文》大字，以劾召万神”。又巡游五岳，“躬写形象，以为五岳真形之图”①。同书卷三《道教本始部》亦说：“伏羲受图，轩辕受符，高辛受天经，夏禹受洛书，四圣禀其神灵，五老现于河渚，故有三坟五典，常道之教也。”②

教外文献也有类似的记载，如《龙鱼河图》说：“帝伐蚩尤，乃梦西王母遣道人，被玄狐之裘，以符授之。曰：太乙在前，天乙备后，河出符信，战则克矣。黄帝寤，思其符，不能悉谛，以告风后、力牧。曰：此兵应也，战必自胜。力牧与黄帝俱到盛水之侧，立坛，祭以太牢。有玄龟衔符从水中出，置坛中而去。黄帝再拜稽首，受符视之，乃梦所得符也。广三寸，袤一尺。于是黄帝佩之以征，即日檎蚩尤。”③ 这些虽然皆为传说，但却透露出符箓之术起源甚早的信息，考古中发现的新石器时代晚期的各种符咒饰物，即可证明此点。

早在殷商时代，巫术已非常流行。作为夏朝的开创者大禹王，本身亦是大巫师。他治理洪水，征战有苗，主持祭祀，招魂持咒，半人半神，俨然是天神兼人帝的面貌。而这一切权势的根据，即来自天帝高阳的亲传“天书”，“高阳乃命禹于玄宫，禹亲把天之瑞令，以征有苗”。④

当然，天之瑞命常人是无法看懂的，因为它是一种怪异的篆文。晋王嘉《拾遗记》卷二说：“书契之作，肇迹轩辕，道朴风淳，文用尚质。降及唐、虞，爰迄三代，世祀遐绝，载历绵远。列圣通儒，忧乎道缺。故使玉牒金绳之书，虫章鸟篆之记，或秘诸岩薮，藏于屋壁；或逢丧乱，经籍事寝，前史旧章，或流散异域。故

---

① 《道藏》，第22册，第682页。

② 《道藏》，第22册，第12页。

③ ［日］安居香山、中村璋八辑：《纬书集成》，河北人民出版社1994年版，下册，第1150页。

④ 《墨子·非攻下》，岳麓书社1996年版，第5册，第112页。

字体与俗讹移，其音旨随方互改。”“禹尽力沟洫，导川夷岳，黄龙曳尾于前，玄龟负青泥于后。玄龟，河精之使者也。龟颔下有印文皆古篆字，作九州山川之字。禹所穿凿之处，皆以青泥封记其所，使玄龟印其上。今人聚土为界，此之遗像也。”① 李冲昭《南岳小录》中载：“云密峰，昔夏禹治水，登此峰立碑，纪其山高下丈尺，皆科斗文字。近代樵人，或有遇者，其碑至灵，隐而不见。又有禹溪及隐真坪、断石源、朱陵洞、丹崖仙人石室存焉。”② 宋陈田夫《南岳总胜集》卷上中载：“云密峰，高五千三百余丈。南下有云峰寺，西有大禹岩，昔禹王致斋祈真处。又有丹霍仙人石室，在峰之西北。凡遇阴晦之夜，有仙灯出见，跳跃如飞烛。或云，昔周君紫阳曾窖丹于此。西北有隐真坪，上有会仙坛，在乱峰之中，坦然而平，周回五七里，洞天福地，掌职众真，皆较功游息之所，常有祥云覆之。峰半有禹碑。禹王至此，量之高四千一十丈，皆蝌蚪之书。曩有樵者，见石壁有两虬，相交碑上，双睛掣电，字石光莹，目不可正视，怖畏走之不已。此后了无见者。亦犹天台之金银桥，北岳之玉梁，古今皆一见也。毕田咏禹碑诗一绝云：治水功成王业兴，嘉谟垂世坦然明。琰刊蝌蚪犹难识，况在深云隐不呈。”③

这类玄龟篆文，后世尚可见到。《法贴·神品目》中说：“衡山岣嵝峰，神禹治水碑，在长沙，凡七十七字。小孤山，禹刻在扬子江中。庐山洞中，禹刻在庐山上霄峰，七十二字，仅有鸿荒漾六字可辨。阳明洞，禹书，淳化阁帖禹书十二字。夏禹书石壁篆文，在平江县昌江山。”④《衡山志》曰：“云密峰有禹治水碑，皆蝌蚪文字，碑下有石坛，流水萦之，最为胜绝。”⑤ 明陶宗仪《书史会

---

① 车吉心总主编：《中华野史》，泰山出版社 2000 年版，第 1 册，第 784 页。

② 《道藏》，第 6 册，第 862 页。

③ 李勇先主编：《宋元地理史料汇编》，四川大学出版社 2007 年版，第 1 册，第 844 页。

④ （清）陈梦雷等编：《古今图书集成》，中华书局、巴蜀书社 1985 年版，第 24 册，第 28728 页。

⑤ （清）陈梦雷等编：《古今图书集成》，第 64 册，第 78841 页。

要》载："夏禹命九牧贡金，铸造九鼎，象神奸，使民知备，故作象神鼎形，勒铭于天下名山大川，曰钟鼎书。唐韩愈所谓岣嵝山碑，此其一也，法帖亦有禹书十二字。"① 清王澍《淳化秘阁法帖考正》卷四："大禹书传于世者，惟衡岳岣嵝峰七十二字，笔法奇古，多不可识，然鉴者尚有字奇而不合法，语奇而不中伦，韵奇而不合古之疑。今此十二字，全与岣嵝不相似。又余尝得大禹开山币，乃大禹佩之治水者，面四字幂二字亦不可识，然笔法横绝，扬之可以上天，折之可以入地，定非大禹不能。今此书又与开山币不相似，其伪不疑。"②

图 2　延康素灵玉历宝章（出自《灵宝无量度人上品妙经符图》③）

释文：黄老储灵粹，金精耀斗威。六天咸馘灭，万宝复幽微。爽炁浮高阙，寒光霭素辉。空同披玉勒，华丽九霄飞。

---

① （明）陶宗仪：《书史会要》卷一，文渊阁《四库全书》影印本，台北：商务印书馆1983年版，第814册，第648页。

② （清）王澍：《淳化秘阁法帖考正》卷五，文渊阁《四库全书》影印本，第684册，第551页。

③ 《道藏》，第3册，第80页。

中岳嵩山玉女峰、南岳衡山岣嵝峰等，传说都有大禹留下来的文字。明傅梅《嵩书》曰："玉女峰北，石如玉女，上有大篆七字，人莫能识。"① 南岳衡山岣嵝峰上有一通碑刻，人称禹王碑，因此峰名又称为岣嵝碑。岣嵝碑源于大禹治水的故事，记载了大禹治水的经过。《吴越春秋》记载："禹乃东巡，登衡岳，血白马以祭，不幸所求。禹乃登山，仰天而啸，忽然而卧，因梦见赤绣衣男子，自称玄夷苍水使者，闻帝使文命于斯，故来候之。非厥岁月，将告以期，无为戏吟。故倚歌覆釜之山，东顾谓禹曰：欲得我山神书者，斋于黄帝岳岩之下，三月庚子登山发石，金简之书存矣。禹退又斋。三月庚子，登宛委山，发金简之书。案金简玉字，得通水之理。"② 说明夏禹曾得天书于衡山高处。

至唐时，韩愈入山寻访搜而不得，遂作诗曰："岣嵝峰尖神禹碑，字青石赤形模奇。科斗拳身薤倒披，鸾飘凤泊拏龙螭。事严迹涉鬼莫窥，道士独上偶见之。我来咨嗟涕涟而，千搜万索何处有，森森绿树猿猱悲。"③ 晚唐徐彦《五宗禅林观察录》记载南台寺水昙法师，在岣嵝峰下发现了《禹王碑》。南宋嘉定五年（1212）何致游衡山时，听樵夫说岣嵝峰石壁上有数十字，何致怀疑是禹王碑，于是就让其领路寻访，读之复摹其文，刻于岳麓山巨石之上。刘献廷《广阳杂记》卷二载，衡山望日亭之东壁，刻岣嵝峰禹碑七十七字。孙承泽《庚子销夏记》言夏禹衡岳碑，即岣嵝碑。"余所藏有二本，一乃嘉定壬申，何致游南岳，至祝融峰下遇樵者，访禹碑。樵者言石壁有数十字，俾之导前过隐真屏，复渡一二小涧，攀萝扪葛至碑，所得古篆七十余字，乃取随行市，历碎而摹之，归献长沙转运曹彦约，刻之岳麓书院者。一乃湛甘泉先生重刻新泉精舍者。其碑韩昌黎、刘禹锡俱有诗，称不得见。而欧阳《集古录》、赵氏《金石录》、郑渔仲《金石略》，俱未载，其为真伪不可知。然字画奇古，非近代人所能为，自可宝也。释文有三家，从杨慎，

① （明）傅梅：《嵩书》卷二，明万历刻本，上海图书馆藏。

② （汉）赵晔：《吴越春秋》卷六，载车吉心总主编《中华野史》，第1册，第240页。

③ （唐）韩愈：《韩昌黎集》卷三，商务印书馆1933年版，第9页。

其沈镒、杨廷相则参注其下。承帝曰咨，翼辅佐，卿洲渚，与登乌兽。之门参身洪流，而明发尔兴久旅。忘家宿岳麓，庭智营形，折心罔弗，辰往求平定，华岳泰衡。宗疏事裒劳余伸。禋郁，塞昏徙南渎衍亨。衣制食备，万国其宁。窜舞永奔。”①

传说黄帝时的桃人、桃符，也是一种象征。即暗示桃人、桃符是东海度朔山的神荼、郁垒二神，因此可以驱鬼辟邪。再加以联想，桃木本身也具有了超常的神力。于是，古人服桃汤，做桃棓、桃人、桃剑、桃刀、桃印、桃箭，治病驱邪，劾鬼禳祸。《淮南子·诠言训》曰：“羿死于桃棓。”许慎注云：“棓大杖，以桃为之，以击煞羿，由是以来，鬼畏桃也。”②《金楼子》曰：“东南有桃都山，山上有树，树上有鸡。日初出，照此桃，天鸡即鸣，天下之鸡感之而鸣。树下有两鬼对持苇索，取不祥之鬼食之。今人正朝作两桃人，法乎此也。”③

在桃木板上画刻符咒，即叫作桃符、桃版、桃印。这类信物秦汉间已出现。宋高承《事物纪原》卷八曰：“《玉烛宝典》曰‘元日施桃版着户上，谓之仙木，以郁垒山桃，百鬼畏之故也’。《山海经》曰：‘东海度朔山有大桃树，蟠屈三千里，其卑枝向东北，曰鬼门，万鬼出入也。有二神，一曰神荼，一曰郁垒，主阅领众鬼之害人者。’于是黄帝法而象之，殴除毕因，立桃版于门户上，画郁垒以御凶鬼，此则桃版之制也。盖其起自黄帝，故今世画神像于版上，犹于其下书右郁垒、左神荼，元日以置门户间也。”“《后汉书·礼仪志》曰：‘施门户代以所尚，周人木德，以桃为梗，言气相更也。’梗，更也。或曰即黄帝立桃梗之事也。”④

---

① （清）孙承泽：《庚子销夏记》卷四，文渊阁《四库全书》影印本，第826册，第50—51页。

② 《诸子集成》，岳麓书社1996年版，第8册，第233页。

③ （宋）李昉编：《太平御览》卷九六七，文渊阁《四库全书》影印本，第901册，第552页。

④ （宋）高承：《事物纪原》卷八，文渊阁《四库全书》影印本，第700册，第236页。

图3　赤明丹光玉历宝章（出自《灵宝无量度人上品妙经符图》①）

释文：浩劫开神运，龙文泛赤霞。八威奔电激，九风破凶邪。炼度丹皇室，飞升元始家。炎明常继照，灵庆袭晨华。

在中国人的心目中，桃木是相当有地位的，它既可以驱鬼辟邪，又能使人长生不老，可谓具有“双向效应”。《春秋・运斗枢》曰：“玉衡星散为桃。”② 这就把桃视为星宿下凡。因而人们附会为仙家的植物，像“王母蟠桃”的传说，便是这样来的。王母曰：“此桃三千年一生实耳，中夏地薄，种之不生。”③ 这表示桃有长生不老的特性。因此服桃可以有极寿：“东方有树，高五十丈，叶长八尺，名曰桃，其子径三尺二寸，小核味和，和核羹食之，令人益寿。食核中仁，可以治嗽。”④ 桃能魇服邪气，那么，它自也能驱鬼，于是遂造作出以桃驱鬼的故事。《淮南万毕术》曰：“岁暮腊，埋圆石于宅隅，杂以桃弧七枚，则无鬼疫。”⑤ 这样桃与驱邪煞鬼

① 《道藏》，第3册，第80页。

② （宋）李昉编《太平御览》卷九六七，文渊阁《四库全书》影印本，第901册，第550页。

③ 《汉武帝内传》，《道藏》，第5册，第48页。

④ 《神异经》，载车吉心总主编《中华野史》，第1册，第362页。

⑤ （宋）李昉编《太平御览》卷三三，文渊阁《四库全书》影印本，第893册，第417页。

遂结得不解之缘。

南朝宗懔《荆楚岁时记》载："贴画鸡，或斫镂五采，及土鸡于户上，造桃板着户，谓之仙木。绘二神，贴户左右，左神荼，右郁垒，俗谓之门神。"杜公瞻注："按庄周云，有挂鸡于户，悬苇索于其上，插桃符于旁，百鬼畏之。又魏时，人问议郎董勋云：'今正腊旦，门前作烟火、桃神、绞索、松柏，杀鸡着门户，逐疫礼欤？'勋答曰：'礼十二月索室逐疫，衅门户，磔鸡，熯火行，故作助行气。桃，鬼所恶，画作人首，可以有所收缚，不死之祥。又桃者，五行之精，能制百怪，谓之仙木。'《括地图》曰：'桃都山有大桃树，盘屈三千里，上有金鸡，日照则鸣。下有二神，一名郁，一名垒，并执苇索，以伺不祥之鬼，得则杀之。'"①

正月初一日，民间普通的要服桃汤，画鸡贴户，爆竹惊鬼，桃符画神，以辞旧迎新，祈祷平安。宋谢维新《古今合璧事类备要前集》卷一五："元日，服桃汤，进敷丁散。盖桃者，五行之精，厌邪气，制百鬼。正月一日，画鸡贴户，上悬苇索于其上，插符于旁，百鬼畏之。""爆竹惊鬼，西方深山中，有人长尺余，犯人则病寒热，名曰山臊，人以竹着火中，熚烞有声，而山臊惊惮。《神异经》：爆竹燃草，起于庭燎。"②

高承《事物纪原》记载：《风俗通》曰："五月五日，以五彩丝系臂，辟鬼及兵，令人不病瘟。"又曰："示妇人蚕功成也。"《续汉书》曰："夏至阴气萌作，恐物不成，以朱索连，以桃印文施门户。"故汉五月五日，以朱索五色印，为门户饰，以禁止恶气。今有百索，即朱索之遗事也。盖始于汉，本以饰门户，而今人以约臂相承之误也。又以彩丝结纽而成者，为百索纽，以约股者，名五丝云。汉五月五日，以五色印为门户饰，《续汉书》所谓桃印者也。刘昭曰："桃印，本汉制。今世端午，以五彩缯篆符以相问遗，

① 文渊阁《四库全书》影印本，第589册，第15页。

② （宋）谢维新：《古今合璧事类备要前集》卷一五，文渊阁《四库全书》影印本，第939册，第124页。

亦以置户牖帐屏之间，盖本于汉桃印之制。”[①] 所谓“彩绘篆符”，就是用五彩锦、丝线制造，上面画有图文，这是早期的符箓。《道书授神契》说：“《周礼》禳妖鸟者，以方书十日之号、十二月之号、十二岁之号，悬树上，即去。古人用篆字，今之符文犹似之也。”[②] 秦汉时人用彩绘篆符系在身上，据说可以“辟兵及祸，令人不病温”。

后世之道教完全承袭了这种风俗。《抱朴子内篇·登涉》载：“入名山，以甲子开除日，以五色缯各五寸，悬大石上，所求必得。”[③]《传授三洞经戒法箓略说》卷下说：“锦者，禁也。五色缯而成文，欲使人处五欲而成道，先须伏从科戒，以禁于心也。”“故以纹绘赍封天官，乞延算命，名命缯也。”[④] 这都是道教沿袭古风的明证。

秦汉方士还用符咒为人治病。从西汉马王堆帛书《杂禁方》《五十二病方》所载，可知符咒已应用于治疗几十种疾病。《后汉书·方术传》载徐登、赵炳善巫术越方，“时遭兵乱，疾疫大起，二人遇于乌伤溪水之上，遂结言约，共以其术疗病”。所谓“越方”，即禁咒符水之术。《抱朴子内篇·至理》详记其术，宣称知之者可以入大疫而不染，禁鬼神毒虫而不伤，止血续骨，刀枪不入，功能颇广：“善行气者，内以养身，外以却恶，然百姓日用而不知焉。吴越有禁咒之法，甚有明验，多炁耳。知之者可以入大疫之中，与病人同床而己不染。又以群从行数十人，皆使无所畏，此是炁可以禳天灾也。或有邪魅山精，侵犯人家，以瓦石掷人，以火烧人屋舍。或形见往来，或但闻其声音言语，而善禁者以炁禁之，皆即绝，此是炁可以禁鬼神也。入山林多溪毒蝮蛇之地，凡人暂经过，无不中伤，而善禁者以炁禁之，能辟方数十里上，伴侣皆使无

① （宋）高承：《事物纪原》卷八，文渊阁《四库全书》影印本，第920册，第224—225页。

② 《道藏》，第32册，第145页。

③ 王明：《抱朴子内篇校释》，中华书局1985年版，第277页。

④ 《道藏》，第32册，第195页。

为害者。又能禁虎豹及蛇蜂，皆悉令伏不能起。以炁禁金疮，血即登止。又能续骨连筋。以炁禁白刃，则可蹈之不伤，刺之不入。若人为蛇虺所中，以炁禁之则立愈。近世左慈、赵明等，以炁禁水，水为之逆流一二丈。又于茅屋上然火，煮食食之，而茅屋不焦。又以大钉钉柱，入七八寸，以炁吹之，钉即涌射而出。又以炁禁沸汤，以百许钱投中，令一人手探摝取钱，而手不灼烂。又禁水着中庭露之，大寒不冰。又能禁一里中炊者，尽不得蒸熟。又禁犬令不得吠。昔吴遣贺将军讨山贼，贼中有善禁者，每当交战，官军刀剑皆不得拔，弓弩射矢皆还向，辄致不利。贺将军长智有才思，乃曰，吾闻金有刃者可禁，虫有毒者可禁，其无刃之物，无毒之虫，则不可禁，彼能禁吾兵者，必不能禁无刃物矣。乃多作劲木白棒，选异力精卒五千人为先登，尽捉棓彼山贼。贼恃其善禁者，了不能备，于是官军以白棒击之，大破彼贼，禁者果不复行，所打煞者，乃有万计。”① 这类符咒之术本是秦汉巫师方士的专长，自道教初始便全盘继承，并将它与汉儒的图纬之学、战国以来的阴阳五行学相结合，逐步形成了符箓之学。

二

道教的符箓来源于中国上古的巫术、战国的阴阳五行家以及秦汉的方士与谶纬神学。从东汉张陵、张角等开创五斗米道与黄巾太平道之始，道教就充分地利用了符咒之术，作为其布道济世的主要手段，被社会广泛接受。

明代天师张宇初说：“太上诸品经箓，若祖天师所受，则盟威都功；葛仙翁所受，则中盟四仙；茅真君所受，则上清大洞。其余符箓弥多，皆所以福国裕民，宁家保己。是以历代崇奉皈依者，皆获感应，随所祷叩，旋有异徵，其太上设教之验，信不诬矣。”②

① 王明：《抱朴子内篇校释》，第103—104页。

② （明）张宇初：《道门十规》，《道藏》，第32册，第147页。

《辰州符咒大全·序》亦说："符咒之术，由来久矣。黄帝受之于西王母，而传之少昊；少昊传之颛顼，代广其意，而绵传不绝。李耳尽发其秘，仗符咒而开道教，从者众矣。后当春秋战国之世，术者见世之终不为也，乃退隐岩壑，以修养为事，符咒几于此绝焉。至汉顺帝时，有张真人名陵者出，得异书于石室，入蜀之鹤鸣山息居修炼，以符箓为人治病，驱鬼役妖，无不立应。人乃尊之。后得天师号。今道教所以不衰者，良以有天师也。天师之所持以役使鬼神之道，全仗之符咒为主。符咒之力，可见其伟矣。"① 都高度评价了符咒之术。

其一，从"符"的本义而言，代表事物的标记、记号，是一种确定此、否定彼的符号，用于区分某种特征的标识。由符号的观念，发展成为一种人们相互凭信的工具，即用金、铜、玉、木、竹等制成的各种"符节""信符""兵符"。其上刻有文字图案，通常被剖为两半，各存其一，用时相合，以为契证。《说文解字》说："符，信也。汉制以竹，长六寸，分而相合。"清段玉裁注："符，信也。汉制以竹，长六寸。分而相合。《周礼》：'门关用符节。'注曰：'符节者，如今宫中诸官诏符也。'《小宰》傅别，故书作傅辨。郑大夫读为符别。《汉孝文纪》：始与郡国守相为铜虎符、竹使符。应劭云：铜虎符一至五，国家当发兵，遣使至郡合符，符合乃听受之。竹使符皆以竹箭五枚，长五寸，镌刻篆书，第一至第五。张晏曰：'符以代古之圭璋。'"② 汉刘熙《释名》卷说："符，付也。书所敕命于上，付使传行之也。"③《玉篇》说："符，符节也，分为两边，各持一以为信。"④ 成为朝廷传达命令或征调兵将用的凭证、虎符、信符、符节。

---

① 《辰州符咒大全》，中西书局 1926 年刊印本。

② （清）段玉裁：《说文解字注》卷五，成都古籍书店 1981 年版，上册，第 201 页。

③ （汉）刘熙：《释名》卷六，文渊阁《四库全书》影印本，第 221 册，第 412 页。

④ （宋）陈彭年、丘雍等重修：《玉篇》卷一四，文渊阁《四库全书》影印本，第 224 册，第 122 页。

图4　东岳泰山真形图（出自《洞玄灵宝五岳古本真形图》[1]）

其二，由符演化为“符应”。《史记·邹衍传》说：邹衍深观阴阳消息，认为上天垂象，圣人则之，“天地剖判以来，五德转移，治各有宜，而符应若兹”[2]。其《封禅书》亦说：“天瑞下，宜立祠上帝，以合符应。”[3] 当然，谁能得到符应，谁就可以号令天下，这就叫作“符命”。《汉书·诸侯王表》说：“是故王莽知汉中外殚微，本末俱弱，亡所忌惮，生其奸心，因母后之权，假伊、周之称，颛作威福庙堂之上，不降阶序而运天下。诈谋既成，遂据南面之尊，分遣五威之吏，驰传天下，班行符命。”[4] 按照天人感应的学说，人们便把天地显现的各种表示吉祥的征兆叫作“符命”。

这种“符应”又称为“瑞应”。《汉书·刘辅传》说：“臣闻天之所与，必先赐以符瑞；天之所违，必先降以灾变，此神明之征应，自然之占验也。昔武王、周公承顺天地，以飨鱼乌之瑞，然犹君臣祗惧，动色相戒。况于季世，不蒙继嗣之福，屡受威怒之异者虖！虽夙夜自责，改过易行，畏天命，念祖业，妙选有德之世，考卜窈窕之女，以承宗庙，顺神祇心，塞天下望，子孙之祥犹恐晚暮，今乃触情纵欲，倾于卑贱之女，欲以母天下，不畏于天，不愧

① 《道藏》，第6册，第740—741页。
② （汉）司马迁：《史记》卷七四，中华书局1982年版，第7册，第2344页。
③ （汉）司马迁：《史记》卷二八，第4册，第1382页。
④ （汉）班固等：《汉书》卷一四，中华书局1962年版，第2册，第396页。

于人，惑莫大焉。”①

其三，符的本义还包含着神明的验证。《淮南子·本经训》说：“天地宇宙，一人之身，六合之内，一人之制也。是故明于性者，天不能协也。审于符者，怪物不能惑。”高诱注：“审，明也；符，验也。”② 明宋濂《篇海》说：“符者，辅也，所以辅信。又验也，证也，合也。”③《神仙图》曰：“一切感到，妙应备周。或天或人，或山或水，或飞或沉，或文或质，皆是真精之信，有字总号为符。符验证感，皆由善功。功无妄应，其路莫因。因悟立功，其符必现。现而未得，兼者由功。行未充，方应修戒，积精存神，常想真形，受符佩服。妙气入身，智慧通达。达士通人，勤密遵崇。消灾厌恶，精则有征。征则神降，所愿必谐。是以三五，传用至今。”④

《史记·五帝纪》记载，黄帝合诸侯符契圭璋而朝于釜山，又得西王母以符授之，乃立请祈之坛，亲自受符。其后，符成为国之重器，故帝王的印章谓之符玺，掌印者谓之“符宝郎”，契约一类文书统称“符券”，天之符瑞征兆叫作“天符”，天降祥瑞的征兆和人事相应叫作“符应”，预言未来的神秘文书叫作“符命”，记录符命的历书叫作“符历”，各种契约字据叫作“符儿”。

以上各种含义，均为道教符箓所包容。如许多符箓，便将其一分为二，或师徒、道俗各执一半，或焚化、佩带各半，以达二人同心，人神合契的目的。发兵遣将之符甚多，只不过招遣的是“天兵神将”。至于天人感应、神明证验的观念，更是符箓之术最根本的原则。

---

① （汉）班固等：《汉书》卷七七，第10册，第3251—3252页。

② 《诸子集成》，第8册，第121页。

③ （明）宋濂：《篇海》卷九，《续修四库全书》，上海古籍出版社2002年版，第230册，第78页。

④ （宋）张君房：《云笈七签》卷七九，《道藏》，第22册，第562页。

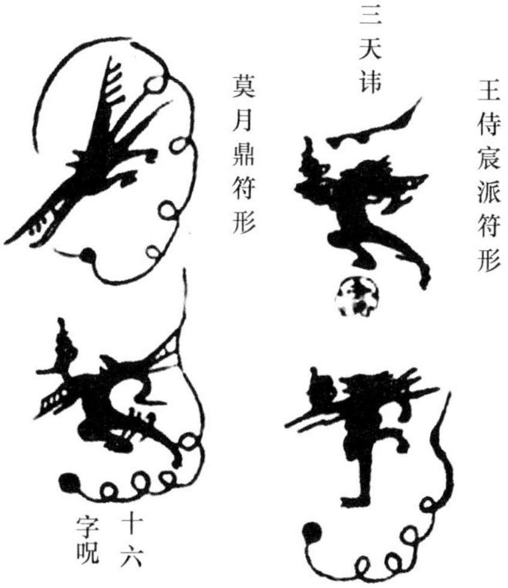

图5　雷符（出自《道法会元》①）

符箓与咒术，是道教的主要法术。在道教浩瀚的文献中，有关符咒的内容多不胜举。就道教法术而言，五花八门，非常庞杂，但尤以符咒为要。如同《灵宝无量度人上经大法》卷三六所说：夫大法旨要有三局，一则行咒，二则行符，三则行法。咒者，上天之密语也，群真万灵随咒呼召，随气下降。符者，上天之合契也，群真随符摄召下降。法者，主其司局仙曹，自有群真百灵，各效其职。必假符咒，呼之而来，遣之而去，是曰三局。”② 道教的咒术运用非常广泛，并独具特色，因为它建筑在元气为本的理论之上。因此，借助宗教人类学的理论方法，开展对咒术的研究，是打开道教法术与科仪内秘的一把钥匙。

咒术是人类最古老的文化现象之一。它的起源甚早，与人类原始社会广泛流行巫术紧密相连。众多人类学者的考察表明，在世界范围内，任何民族的古代巫术中，都非常重视咒术的作用。正如英国人类学家马林诺夫斯基在其名著《巫术·科学·宗教与神话》中

① 《道藏》，第29册，第404—405页。

② 《道藏》，第3册，第807页。

所言："咒是巫术的神秘部分，相传于巫士团体，只有施术的才知道。在士人看来，所谓知道巫术，便是知道咒，我们分析一切巫术行为的时候，也永远见得到仪式是集中在咒语的念诵中。咒语永远是巫术行为的核心。"① 咒语的出现，是基于人类原始社会的蒙昧状态。在逻辑上，生活在充满巫术世界的原始人类，认为宇宙是为某种神灵或超自然的力量所统治。这种力量十分可怕，它使用各种妖术来统治现实中的自然界。比如生活中的灾害疾病，老死伤残，都是由鬼神引起的。因此人类为了保护自己，必须要懂得巫术，以对付鬼神恶魔。而巫师们正是通晓巫术、沟通鬼神的专业人才。他们在特定的场所，使用祭祀、舞蹈、歌曲等，来取娱天神、降魔驱鬼。声音和音乐在各种巫术仪式中，都具有相当重要的作用。因为在原始人看来，声音（包括音乐）也是来自一个超自然的神秘世界，所以它具有识破并摧毁鬼魔的能力，具备沟通神灵世界的能力。

于是，原始人类用自己的声音来模仿周围的各种声音。这样一来，人类便在另一个无形的世界中，发现了自我的存在。马·施耐德说："人声模仿，是人参与无形世界的最高形式。"② 英国人类学家马林诺夫斯基说："我们研究原始巫术的咒语公式的时候，发现三项标准成分与巫力的信仰有关。第一，是声音的效力，是对于自然界声音的模仿，如风吼、雷鸣、海啸，各种动物的呼号之类。这些声音是某种现象的符号，所以相信声音便可使巫术发动它所代表的现象。否则声音是表现与某种欲望连在一起的情绪状态，而这是要借助巫术手段来实现的。"③ 模仿声音作为一种超越原始能力的手段，便与原始巫术的一个原则，即"使行为与环境协调一致"，相互联系在一起了。

---

① ［英］马林诺夫斯基：《巫术·科学·宗教与神话》，李安宅译，上海文艺出版社 1987 年版，第 56 页。

② ［英］朱丽叶特·阿尔文：《音乐治疗》，高天、黄欣译，上海音乐出版社 1990 年版，第 6 页。

③ ［英］马林诺夫斯基：《巫术·科学·宗教与神话》，第 56 页。

中国咒术的肇始亦相当早。传说中的黄帝即为创始人。罗泌《路史》载黄帝巡狩东海，“说青乌，记白泽，以除民害，而民宜之。”[①] 其后，神农（伊祈）作“蜡祝”，“土反其宅，水归其壑，昆虫无作，丰年若上，岁取千百”。[②] 以祀天地神灵赐福，丰年无灾。

主持这类祝祭活动的皆为巫师。至西周时设立专职，分为大祝、小祝、丧祝、甸祝、诅祝、女祝六类。他们各有所司，或掌禳灾除疾之事，或主祈福弥兵之祀。如大祝：“掌六祝之辞，以事鬼神示，祈福祥，求永贞。”大祝所掌的“六祝”即为六类，即顺祝、年祝、吉祝、化祝、瑞祝、策祝。如年祝，是指祈求年岁太平、福泽久远一类的祝词。郑玄注：“求多福，历年得正命也。”化祝，指祈求和平、息兵化灾一类的祝语。唐贾公彦疏：“化祝，弭灾兵也者。弭，安也，安去灾兵，是化恶从善之事。”策祝，指祈求避祸免灾，远离病害之祝。郑玄注：“策祝，远罪疾。”释曰：“云掌六祝之辞者，此六辞皆是祈祷之事，皆有辞说以告神，故云六祝之辞。云以事鬼神示者，此六祝皆所以事人鬼及天神地祇。云祈福祥求永贞者，祷祈者皆所以祈福祥求永贞之事。”“掌六祈以同鬼神示，一曰类，二曰造，三曰禬，四曰禜，五曰攻，六曰说。注：祈，叫也。谓为有灾变，号呼告神以求福。天神人鬼地祇不和，则六疠作见，故以祈礼同之。”[③]

正是在古代巫祝之术的基础上，道教建立了自己的祝咒体系。《太平经·神祝文诀》曰：“天上有常神圣要语，时下授人以言，用使神吏应气而往来也。人民得之，谓为神祝也，祝也，祝百中百，祝十中十，祝是天上神本文传经辞也。其祝有可使神伭为除疾，皆聚十十中者，用之所向，无不愈者也。但以言愈病，此天上

① （宋）罗泌：《路史》卷一四，文渊阁《四库全书》影印本，第383册，第122页。

② （清）严可均：《全上古三代秦汉三国六朝文》全上古三代文卷一四，第1册，第190页。

③ （汉）郑玄、（唐）贾公彦：《周礼注疏》卷二五，文渊阁《四库全书》影印本，第90册，第461、462页。

神谶书也。”① 也就是说，各种咒语乃上天神灵的“密秘辞”，其中包含着巨大神力，“道人得知之，传以相语，故能以治病”，禳灾致福，保命长生。英国人类学家马林诺夫斯基指出：“严重的疾病，颠倒的爱情，举行贸易礼的欲望，以及人类机体与心理其他类似的表现，都是咒与仪式的直接结果。所以说巫术不是因为观察自然、认识了自然界的律令而有的东西，巫术是人类古已有之的根本产业，足以使人相信人类本有自由创造欲望中的目的物的能力，只是这项遗业要靠传统才见知于人罢了。”②

道教的咒术并非仅限于治病除疾。实际上，道教凡做一切科仪、摄养修持、通神达灵，皆要使用咒语。咒语是请神降真、精诚布道的心声。如祈祷祭祀之时，咒语为赞颂神灵及祈告如愿之词；呼风祈雨之际，咒语为请神遣将、召雷运化之文；驱邪治病，则咒语为太上显灵，病邪俱消等语；内修外炼，则咒语为安神定气、合丹飞升之诀。正是通过各种咒术与科仪活动，人们得以与神圣的存在发生联系。

图6　雷符（出自《法海遗珠》③）

① 王明：《太平经合校》，中华书局1979年版，第181页。

② ［英］马林诺夫斯基：《巫术·科学·宗教与神话》，第61页。

③ 《道藏》，第26册，第857页。

咒语在道教中运用广泛，凡结坛有净坛咒、镇坛咒，登坛先有卫灵咒，画符有书符咒，步罡有步罡咒，诵经先念开经玄蕴咒，至于召将咒则和道书记载的天将神吏一样多，杀鬼制魔、捉妖，也都有相应的咒。从这个意义上说，没有咒就没有道教的法术。同时，咒语已渗透到道士日常生活的每一环节，融入他们的思想中。道士净手、吃饭、沐浴、理发等都要诵咒。不仅正一派善于诵咒，全真道也有相应的咒语。

道教的咒术运用非常广泛，并独具特色，因为它是建筑在元气为本的理论之上的。五代谭峭指出："虚化神，神化气，气化形，形气相乘而声。"①《太上灵宝净明飞仙度人经法释例》说："字者，气所结也。符者，字之精也。咒者，字之理也。含者，字之音也。以丹染纸，字之与符，托此而形容也。以口念咒，由此而感召鬼神，气之灵也，气之和也。"② 至宋代曾三异《同话录》说得更为明白："声音，气之精华也。一纸之隔而气不能达，墙垣之内声可得闻，声之感通者甚神，故诗能动天地感鬼神，乐能治神人、和上下，皆主有声也。"③

道教依精气神而施行咒术，如果不持内炼工夫而仅徒外饰，"朗诵行持，只在口而不在心"，则经咒皆为平常之文经，岂能灵验？元郑思肖《太极祭炼内法仪略》说："凡太上一切经、一切咒，皆说人身中至妙造化，今人尽作言语诵之，惜哉！"修诵咒术，要在静坐默念工夫。"默念者，心念也，谓无声而动意也。如能于静室中闭目寂默，坐一更余，乃默念行持作用，是为内炼，静坐愈久，则愈妙愈玄，胜如朗诵行持实万万倍。祈雨、祈晴、祈雪诸法，一切要紧处，皆在坐功作用。"④ 《道法会元》卷八五亦说："千咒何如一点虚，念中无念妙中居，登坛号召为行用，咒乃名曰

① （五代）谭峭：《化书·大含》，《道藏》，第23册，第342页。
② 《道藏》，第10册，第600页。
③ （明）陶宗仪：《说郛三种》，上海古籍出版社1989年版，第1册，第352页。
④ 《道藏》，第10册，第463页。

祝将书。”[①] 这些都说明了咒术的要害。

三

步罡踏斗是道教斋醮常用法术，法师假十尺见方的土地，铺设画有二十八宿星象的罡单，作为九重之天，然后在罡单之上，脚登云靴，随着道曲，沉思九天，按斗宿之象，默念咒诀，徐步踏之，以召请神将，伏魔降邪，或者神飞九天，奏达表章。道教认为祈禳北斗，步罡踏斗，可以消灾解厄，保命延生。

步罡踏斗，又称“步天纲”“步纲蹑纪”。因相传其为大禹为治水禁神而创，故又称“禹步”。禹步之名，来源较古。《尸子》卷下云：“古者龙门未辟，吕梁未凿，河出孟门之上，大溢逆流，无有丘陵，高阜灭之，名曰洪水。禹于是疏河决江，十年不窥其家，手不爪，胫不生毛，生偏枯之疾，步不相过，人曰禹步。”[②]睡虎地秦简《日书》甲种载：“禹步三，勉壹步，呼皋！敢告曰：某行无咎！先为禹除道。”[③] 马王堆出土西汉帛书，其中《五十二病方》有不少禁方，就多用禹步，说明在秦汉之际就有禹步之术。

步罡踏斗之术是建立在古人对北斗的信仰基础上的。所谓“罡”，原义是北斗斗杓最末一颗星。沈括《梦溪笔谈》：“天罡者，斗刚之所建也。”[④]《抱朴子内篇·杂应》曰：“又思作七星北斗，以魁覆其头，以罡指前。”[⑤]

《金锁流珠引》卷一曰：“夫步纲者，是强身健神壮魄之法也。先从地纪，坚劳其身，壮健其神，神气自然镇脏，然后通天地，感使神灵也。”并谓此法乃老君、张陵所传，修之一年辟非，二年辟

① 《道藏》，第29册，第348页。

② （周）尸佼撰，（清）汪继培校：《尸子》卷下，《诸子集成补编》，四川人民出版社1997年版，第9册，第702页。

③ 吴小强：《秦简日书集释》，岳麓书社2000年版，第157页。

④ （宋）沈括：《梦溪笔谈》卷七，文渊阁《四库全书》影印本，第862册，第743页。

⑤ 王明：《抱朴子内篇校释》，第251页。

兵，三年辟鬼，四年成仙，千害万邪，莫敢干犯。昔年大禹得之，“驱使神鬼蛟龙虎豹，开决山川，引理江河，分别九州，后登帝位，方取道解易形变而升太极”①。张君房《云笈七签》记载，法师可以布帛在地上铺罗，帛上画出星图，“以青笔为星，丹笔为纲”，闭气凝神，心咒而步之，依序踏步七星，即可魄神合形，升飞斗辰。并指出了步罡的两大禁忌：“步法勿横行乾纲也，直画连星之界分曰纲也。犯横天纲，皆伐断天道，大禁也。步罡勿蹑真人星，大忌。犯此二者，皆脱巾叩头谢。”②“其中斗第三星号真人星，以管此天下求真仙之人，所以修行学道之人故当合随，履不敢触犯真人星，恐有克折人之名命也。”③ 道法精深者可不必借用布帛星图，依天纲之目而行之。

各种罡法在运炼施行中，往往是咒术指诀、气法存想，同时交叉作法。路时中《无上玄元三天玉堂大法》卷一说：“以心会神，以神合无。步罡之法在乎足，足所履之，手亦运焉；手运之际，心亦存焉。如此则为步罡，否则不惟无应，又无益也。得道之士，体既洞真，不步即罡，不运即诀。”④ 可见步罡时足手心三者的配合，尤为重要。

以上所述各种斗法禹步，主要的功能一是用于内炼修身，二是用于通神摄鬼。尤其是在运雷役神之际，都必须步罡踏斗。《道法会元》卷五七曰：“凡修真奉法之士，既遇明师指示雷法符印等，又须得罡诀，方能灵验。故法中有建罡、起罡，发罡将军，各主其事。”⑤ 王文卿指出：“北斗属坤土，雷即斗，斗即雷。”“雷乃罡之气。”⑥ 朱执中说：“盖飞章谒帝之道，亦不离于豁落罡也。始则步开乾罡，以奉告于宗师。次则步破巽罡，以召将吏。将吏既集，然后步落

---

① 《道藏》，第 20 册，第 357 页。
② （宋）张君房：《云笈七签》卷二〇，《道藏》，第 22 册，第 156 页。
③ （唐）李淳风注：《金锁流珠引》卷一，《道藏》，第 20 册，第 357 页。
④ 《道藏》，第 4 册，第 2 页。
⑤ 《道藏》，第 29 册，第 152 页。
⑥ 《道法会元》卷七六，《道藏》，第 29 册，第 264 页。

罡，以飞元神，搬五气而入泥丸。入泥丸之道，自黄赤二道而入。黄赤二道者，日月之道路也。”①

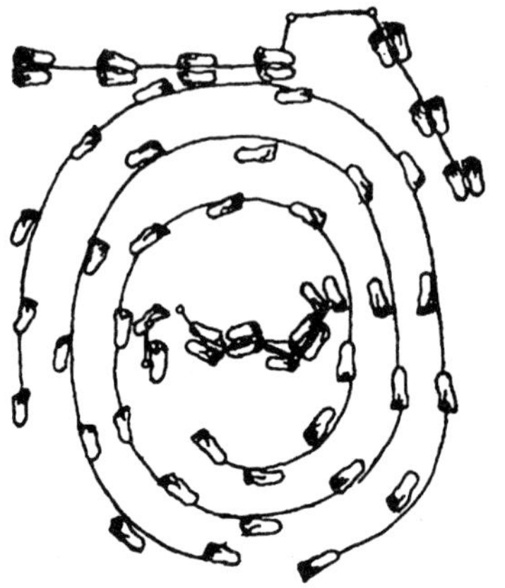

图7　禹步（出自《金锁流珠引》②）

各种罡法禹步，虽形式多端，但皆于踏罡之中，融存神、握固、掐诀、闭气、调息、咽液、叩齿等各种内炼工夫为一体。《正一修真略仪》曰：“其法先举左，一跬一步，一前一后，一阴一阳，初与终同，步置脚横直互相承，如丁字步，所以亦象阴阳之会也。踵小虚相及，勿使步阔狭失规矩。当握固闭气，实于太渊宫，莹目三，临目，叩齿，存神，使四灵卫己，骑吏罗列，前后左右，五方五帝，兵马都本位。北斗覆头，斗杓在前指其方，常背建击破也。步九迹竟，闭气，却退复本迹，又进，是为三支。却左转身，都遣神气纲目，直如本意攻患害，除遣众事。行用讫，却闭目，存神，调气，归息于太渊宫，当咽液九过，其禁敕符水等，请五帝真气，如常言。”③

① 《道法会元》卷七六，《道藏》第29册，第268页。
② 《道藏》，第20册，第438页。
③ 《道藏》，第32册，第180页。

隋唐时期朝廷专门设有“咒禁博士”，以咒禁邪魅。张九龄《唐六典》记载：隋太医有咒禁博士一人，皇朝因之，又置咒禁师、咒禁工以佐之，教咒禁生也。咒禁博士掌教咒禁生，以咒禁祓除邪魅之为厉者。“有道禁，出于山居方术之士。有禁咒，出于释氏。以五法神之：一曰存思，二曰禹步。三曰营目，四曰掌决，五曰手印。皆先禁食荤血，斋戒于坛场以受焉。”①

行军打仗亦需知晓禹步，故兵书中亦言其术。宋曾公亮等撰《武经总要》：凡欲行千里，禹步，咒曰：“六甲九章，天圆地方。四时五行，日月为光。禹为治道，蚩尤为兵，苍龙挟毂，白虎持衡。荧惑前引，辟除不祥。北斗诛伐，除去凶殃。五祥从我，周旋四方。当我者死，向我者亡。左社右稷，寇贼伏匿。行者有善，求者有福。五神祐我，所愿者得。急急如律令。”②

历史上的高道大多精通禹步罡法，并留下了大量神奇的传闻，甚至西域境外方士亦有擅长禹步者。宋马令《南唐书·方术传》载道士谭紫霄，“寓庐山栖隐洞，其徒百余人。有道术，醮星宿，事黑煞神君，禹步魁罡，禁沮鬼魅，禳祈灾福，颇知人之寿夭”③。林灵素精通五雷之术，京师尝苦热，弥月不雨，诏使施法。林奉命即往上清宫，“取水一盂，仗剑禹步，诵咒数通”，震声从地起，雨大至，迅雷霆，逾两时乃止④。梁萧绎《金楼子》：“外国方士能咒，能临渊禹步，龙浮出，有物长数十丈，方士咒之即缩长数寸，掇取著壶中，辄有四五，以水养之。余国少雨，患者辄赍此龙往卖之，一龙直金十斤，取一头置水中则兴云雨。”⑤ 西域方士能神咒

① （唐）张九龄等：《唐六典》卷一四，文渊阁《四库全书》影印本，第595册，第150页。

② （宋）曾公亮等：《武经总要·后集》卷二〇，文渊阁《四库全书》影印本，第727册，第961页。

③ （宋）马令：《南唐书》卷二四，文渊阁《四库全书》影印本，第464册，第360页。

④ （宋）洪迈：《夷坚志·丙志》卷一八，《续修四库全书》，第1265册，第245页。

⑤ （梁）萧绎：《金楼子》卷五，文渊阁《四库全书》影印本，第848册，第865页。

者，“临渊，禹步吹气，龙即出浮”[①]。民间巫觋亦多传其法，因其流行于南方，故称南法。宋周去非《岭外代答·志异门》：“祝融之墟，威灵所萃，其间异法，亦天地造化之流也。巫以荆得名，岂无自而然哉？尝闻巫觋，以禹步咒诀，鞭笞鬼神，破庙殒灶。余尝察之，南方则果有源流。盖南方之生物也，自然禀禁忌之性，在物且然，况于人乎？邕州溪峒有禽曰灵鹘，善禹步以去窒塞。又有鸩鸟亦善禹步以破山石。有曰十二时，能含毒射人影以致病。以是观之，南人之有法，气类实然。然今巫者画符，必为鸩顶之形，亦可见其源流矣。是故愈西南愈多诡异，茫茫天地，法各有本，必有精于法者，亦云自然而然，非人所能为也。”[②]

道教符法施行之际，往往还要运用各种各样的指诀。此种法术称为“掐诀”“手诀”“捻诀”“握诀”“法诀”“神诀”“斗诀”“诀目”等。是法师用手指在手掌、手指上掐按某些部位、穴位，或手指之间互相结成的一些固定姿势，从而起到内聚精气、外召神鬼的作用。在祭祀仪式活动中，运用手指的多端交化，构成了形形色色的式样，这也是他们在宗教活动中经常使用的一种通神达鬼的肢体语言，是他们在祀仪中表达一种象征的符号。其包含的深义犹如佛教的手印，一为教义规范之表记，一为道祖、万神境界与灵力的象征，故道书中亦有称指诀为手印，掐诀为结印。

《道法会元》卷一六〇曰：“祖师心传诀目，通幽洞微，召神御鬼，要在于握诀，默运虚无，因目之为诀也。”[③] 同书卷五七指出：“斗中秘诀，出乎掌中指要，应诸行事，各有本诀。得则鬼神摄伏，失则妖魔不灭，故法令不行，施为无效。”[④]《太上助国救民总真秘要》卷八亦说：“禹步纲斗，掌目之诀，为道之大要，法之

---

① （宋）李昉：《太平御览》卷九二九，文渊阁《四库全书》影印本，第901册，第309页。

② （宋）周去非：《岭外代答》卷一〇，文渊阁《四库全书》影印本，第589册，第484页。

③ 《道藏》，第30册，第6页。

④ 《道藏》，第29册，第153页。

元纪也。步纲者，乘于正气以御物。诀目者，主于神机而运化。修仙炼真，劾召制伏，莫不资之于此矣。”① 可见指诀在道法中的重要作用。

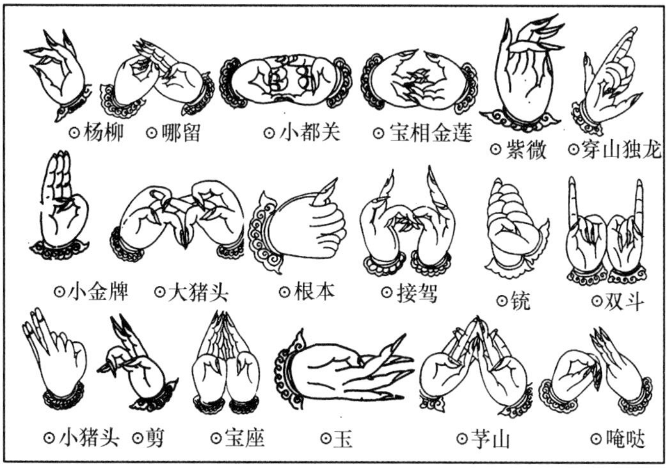

图8　指诀图（李黎鹤绘制）

在研究指诀的时候，首先应了解和掌握拳指之“目”，即“掌中指要，应诸行事，各有本诀”。所谓“目”，共计十二种，全在手掌指纹之中。《道法会元》卷五七曰：“寅为斩目，斩鬼断虎狼虫鼠，吹掐之。卯为颠目，断颠邪，吹掐。辰为气目，去肿毒疼痛，咒水生云雪雷雹。巳为通目，可发符用兵，通天入地，书符批押关牒。午为光目，咒水治眼目暗，消肿痛，止血行气。未为成目，就吉，起造镇宅，求财交关，求官，除虚耗。申为去目，召发兵将，追捉鬼祟。戌为贼目，飞符夜行，人鬼莫见。亥为勾目，收鬼追魂，勾城隍社令。子为利目，通脏腑，解热结心燥。丑为妖目，断怪捉鬼。凡用诸诀，才掐便咒曰：百鬼诸邪，泛泛桑精。急急如火令摄禁。师云：诵咒三遍，毕，存想日月在吾头上，斗星在

① 《道藏》，第32册，第103页。

吾前。掐定诀目，脚作丁字，神异奇秘，莫可测也。”①

掐诀之法基于天人相感的学说，道教把手掌当作通神达灵的重要信道。最为基本的是于固定部位象征北斗七星、十二辰文、九宫八卦、二十八宿等，称为诀文。掐诀时，以大指掐和其他四指的某些部位，表示时间、方位、星宿，即称某文。如子在四指根部，大指掐于上即称子文，离在中指尖，掐于上称离文。诀文为掐诀中最基本的要素，由若干诀文配合手指张、弓、伸、直、压等构成诀目，才算一个完整的手诀。如在二、三、四指九个关节纹上以中指纹为九宫中文，余八个关节纹为八卦文，五指上布十二辰文。每掐该“文”，即表示把握八卦、十二辰、二十八宿等。

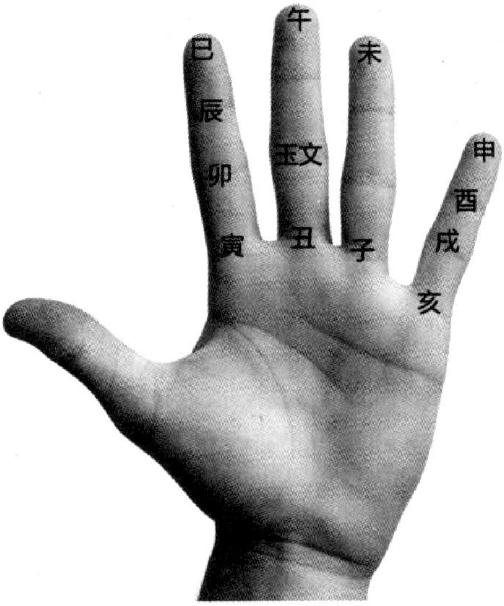

图9　十二辰指诀图（李黎鹤绘制）

由于古人常用这些概念来象征宇宙中天象的运行与万物的造化，故通过掐诀结印，在手掌上形成了一个浓缩的宇宙图景，从而达到天人合一，呼召万灵的目的。道教常用的指诀约有三百余种，

① 《道法会元》卷五七，《道藏》第30册，第532页。

广泛地用于练功、辟邪、禁制、科仪等活动之中。《太上助国救民总真秘要》卷八曰，“凡行步、问病、治邪、入庙、渡江、入山、书符，并须掐诀目”[①]，指出了指诀在施行道法时的重要作用。

中国传统文化是以气为核心的。在古代哲学中的宇宙层次论（如天、地、人三才学说）、物质系统论（如金、木、水、火、土五行学说）、天人感应论（隐藏着宇宙和人体的不同层次间有信息交换的含义）中，气是作为天地、万物相互作用或交感的中介物，须臾不可离，人们把气当作宇宙万物与人类的共相来看待。用葛洪的话来说：“夫人在气中，气在人中，自天地至于万物，无不须气以生者也。”[②] 正是在这种以气为本体的基础上，道教建立了它的哲学观，并体现于炼丹养生、持咒书符等方术中。在炼养性命之时，首先注重的是天地、人体之气；在运用符咒、步罡踏斗时，亦强调精气为本，元神为用。一句话，无论是内外丹法、符法咒术，都离不开精、气、神三宝的作用。

① 《道藏》，第 32 册，第 103 页。

② 王明：《抱朴子内篇校释》卷五《至理》，第 114 页。

文始真人关令尹喜辨证

刘康乐

摘　要： 终南山古楼观因尹喜结楼望气和迎接老子于此说经而著名。关令尹喜是老子的第一位学生，也是将老子道家学说发扬光大的重要人物之一，并且也曾撰有阐发老子思想的《关尹子》九篇。与隐士老子一样，关于尹喜生平的相关文献记载也多充满神话色彩，汉代以来“老子化胡说”的流传，道士更为文始真人尹喜的生平造就了神圣叙事。除此之外，由于文献的阙如和错讹相递，造成历代对尹喜姓名字号等相关记载的含混不清。本文通过相关历史文献和金石材料的梳理和分析，厘清了作为道家历史人物的尹喜的姓名字号、尹喜旧宅与楼观之关系及其著作《关尹子》重出之经过。

关键词： 尹喜；楼观；《关尹子》

作者简介： 刘康乐，长安大学副教授（陕西西安 710065）。

终南山古楼观因周时函谷关令尹喜曾于此结草楼望气以待老子出关而得名，传说老子应尹喜之请，于此说经，留下道德经五千言，因此古楼观不仅是道教的发祥地，也是道教历史上的第一座宫观，在强化老子信仰崇拜中起到了承上启下的作用。[①] 这座

① 参见樊光春《西北道教史》，商务印书馆 2010 年版。

宫观的兴起和后世楼观道、隐仙派、文始派等道派的形成，都与尹喜有着十分密切的关系。然而关于尹喜之生平、著作及与楼观之关系等，在学术上仍然存在许多含混不清的疑问，本文通过相关文献的考察，力图理清尹喜生平及其著作等相关问题，以求教于方家。

一　关令尹喜姓名字号考

尹喜是道教历史上一位重要的人物，传说是老子的得意弟子，被道教尊奉为文始真人，又因其与老子之际遇，衍生出“楼观望气”“紫气东来”等仙话流传。与隐君子老子一样，尹喜也是一位神秘的道家人物，虽然历代关于他的神话传说非常丰富，但他个人的许多方面仍然是谜一样的存在，甚至有的学者借此怀疑尹喜的真实性，并判定他的著作《关尹子》是一部伪书等。隐士不彰其名，造成了人们对于他们的模糊印象，但仍有各种线索能够追寻他们的人生足迹，并借此辨析世间流传的许多异说。

“关尹”之称，最早见于《庄子》和《列子》。《庄子·外篇》“达生”章中有列子向关尹请问的对话，从中可以看出列子尊学问高深的关尹为前辈长者而谦虚问道，《列子》一书中也记载了这段对话，并且增加了列子向关尹学射和老聃语关尹的内容。《庄子·杂篇》“天下”章中又提到“古之道术有在于是者，关尹、老聃闻其风而悦之，建之以无常有，主之以太一”①。《庄子》《列子》都是先秦的文献，《庄子》最早有韩非子的注本，《列子》最早的张湛注本出现在东晋，二书同时记载关尹的事迹可以相互印证，并且是最早把老子与关尹并提的文献，成书于秦朝的《吕氏春秋》，同样收录了《庄子》和《列子》中关于关尹的记载。东汉高诱在《吕氏春秋训解》中对“关尹贵清”下有这样的注解：“关尹，关正也，名喜，作道书九篇，能相风角，知将有神人而老子到，喜说

① 《道藏》，文物出版社、上海书店、天津古籍出版社 1998 年版，第 16 册，第 666 页。

之，请著上至经五千言而从之游也。”[①] 高诱提出关尹子名喜，但对于他的姓氏，仍然不很清楚，因此只好模糊地称为“关尹”，在《列子》中有时也称为“关尹喜”，《汉书·艺文志》尊其名为“关尹子”，唐颜师古注曰“名喜，为关吏”[②]。

历代对关尹的姓氏及名字，始终存在很多不同的说法，这源于对《史记·老庄申韩列传》中“关令尹喜”的不同解读，归纳起来，大致有五种认识。1. 姓关名令尹，喜为喜悦貌。2. 无姓名，关令尹为官职，喜为喜悦貌。3. 名喜，关令尹为官职。4. 姓关名喜，令尹为官职。5. 姓尹名喜，关令为官职。联系《史记》的上下文来看，“关”在这里不是指姓氏，而是老子所入之关，“关令”即守关之人。尹喜既为关令，只是一个品级很低的守关小吏，而“尹”则是先秦时代高级长官的职位，相当于“相”的地位，“关尹”不符合守关小吏的职名，诸书所载的“关尹”只能是“关令尹喜”的简称，“关令”是他的职位，“尹”则是他的姓氏。在中国古代的称谓传统中，一般将人们的职位与姓名合称，如“史迁”“嵇中散”“杜工部”之类，皆如此类，《楼观本记》即载：“大夫姓尹，名喜，字公文，本天水人也。”[③]《楼观本记》即《楼观本起记》大概是六朝楼观道士的作品，今已不存，唐代道经多有引用。《楼观本记》首次确定了尹喜的字“公文”并且确定了他的籍贯是“天水”。明人周祈在《名义考》对于将“尹”作为职位的错误进行了辨证：“关令尹喜，周之大夫也，人多读为关令尹，不知尹姓名喜，为函谷关吏，故曰关令，且令尹，楚上卿执政者，非关吏。”[④]

“尹”作为姓氏传说源于西周的太史官尹佚，后随周平王东迁洛阳，封邑在“尹”（今河南宜阳县），后代遂以封国“尹”为姓。又据《风俗通义》，西周宣王时又有大臣名兮甲伯吉甫，文武兼

---

① （秦）吕不韦编，（汉）高诱注：《吕氏春秋》卷一七，《四部丛刊》影印上海涵芬楼藏明刊本，第241页。

② （汉）班固等：《汉书》，第6册，中华书局1962年版，第1730页。

③ （唐）史崇玄：《一切道经妙门由起》，《道藏》，第24册，第727页。

④ （明）周祈：《名义考》卷八，文渊阁《四库全书》影印本，第856册，第384页。

备，打败了北方少数民族的入侵，被封为“师尹”之官，后世遂以“尹”为姓。不管是以国为姓还是以官为姓，春秋战国时尹姓确已成为大姓，主要分布于河南、关中和陇西一带。尹喜为周朝的大夫，其博通天文历史，必定出自贵族大姓，可能就是尹佚或者师尹的后人。

六朝基本上确立了关尹子姓尹名喜字公文，但唐代经学家陆德明在《庄子音义》却提出尹喜的字是“公度”，又在《经典释文》中再次强调，稍晚一点的道士成玄英在《南华真经注疏》亦袭其说。但据东晋葛洪所撰的《神仙传》，“公度”实际上是尹喜后人尹轨的字，尹轨精通天文地理，修神仙之道，后居于其远祖尹喜的旧宅楼观。① 宋代朱熹在《通鉴纲目》中据“列子注”称“尹喜字公度”②，但不知所据何本。唐王松年的《仙苑编珠》及宋张君房的《云笈七签》皆从《神仙传》之说，以“公度”为尹轨的字。陆德明之发明大概是将《神仙传》关于尹轨的记载错引在尹喜之下，致使错讹传衍。

元初楼观讲师朱象先据《关尹内传》所载，称“真人姓尹，名喜，字公文，天水人也”③。《关尹内传》今已不存，大概就是唐陆海羽在《三洞珠囊》中曾提到“鬼谷先生撰《文始先生无上真人关令内传》”④，宋人尝引此书，可能是唐以前楼观道士的作品，托名先秦鬼谷子所撰，其内容与《楼观本记》所载相同，皆以“公文”为尹喜的字并且一致确定了尹喜的籍贯是“天水”，元赵道一在《历世真仙体道通鉴》中承袭其说，至此尹喜的字“公文”才得以最终确定，不过《武当福地总真集》仍将尹喜的字误为“文始先生”⑤，实际上“文始先生”不过是他的封号而已。

① 参见（晋）葛洪《神仙传》卷九，文渊阁《四库全书》影印本，第1059册。

② （宋）朱熹：《通鉴纲目》卷四三，文渊阁《四库全书》影印本，第691册，第313页。

③ （元）朱象先：《终南山古楼观历代仙真碑记》，《道藏》，第19册，第543页。

④ （唐）陆海羽：《三洞珠囊》卷九，《道藏》，第25册，第355页。

⑤ （元）刘道明：《武当福地总真集》，《道藏》，第19册，第665页。

尹喜在老子学说的继承和传播中发挥了重要的作用，后世关于老子的种种神化，都有尹喜参与其中。尹喜道德高尚，具有很高的学术修养和人格魅力，《庄子》盛赞其为“古之博大真人”，但唐代尊崇道教，尊老子为圣祖玄元皇帝，玄宗天宝元年（742）正月得老君告赐，在函谷关尹喜旧宅得灵符一道，二月诏封庄子、文子、列子、庚桑子四子为真人，四子之书改为真经①，但没有给予关尹子真人的封号，可见尹喜的宗教地位尚没有获得唐朝官方的承认。前述《三洞珠囊》已经提到唐代道门尊尹喜号为“文始先生无上真人”并非官方所封而是老子亲赐，朱象先据《文始内传》中述：“老君锡号文始先生，位为无上真人，统领诸天仙士。”并为尹喜重新作传，刊之《终南古楼观历代仙真内传》碑首，称为“九天仙伯文始先生无上真人”②，元顺帝至元三年（1337），诏封尹喜为“无上太初博文文始真君”，徐甲并其他四子亦升为真君③，第一次在官方层面确立了尹喜的宗教地位。

二　望气候关与尹喜旧宅辨

在关令尹喜的人生经历中，以遇老子入关的情节最为精彩，但老子所入之关在何处，历代异说纷纭，真伪难辨。司马迁在《史记》中描述尹喜与老子相遇的经过：“老子修道德，其学以自隐无名为务，居周久之，见周之衰，乃遂去。至关，关令尹喜曰：子将隐矣，强为我著书。于是老子乃著书上下篇，言道德之意五千余言而去，莫知其所终。”④ 这段记载非常简略，只是点明了尹喜遇见老子的时候正担任关令的职位，至于关在何处以及尹喜的事迹，则全然没有交代。司马迁在撰写《史记》的时候，关于老子的记载都已经十分模糊了，又何况尹喜呢？

---

① （晋）刘昫等：《旧唐书》卷九，中华书局 1975 年版，第 214—215 页。

② （元）朱象先：《终南山古楼观历代仙真碑记》，《道藏》，第 19 册，第 543 页。

③ （明）宋濂：《元史》卷三九，中华书局 1976 年版，第 840 页。

④ （汉）司马迁：《史记》卷六三，中华书局 1959 年版，第 2141 页。

比司马迁稍晚的刘向在《列仙传》中，第一次比较明确地记载了尹喜与老子相遇以及西游的经过，在“老子传”中如此记载：“后周德衰，乃乘青牛车去，入大秦，过西关，关令尹喜待而迎之，知真人也，乃强使著书，作《道德经》上下二卷。”① 这段文字基本上仍是袭自司马迁关于老子的记载，但是增加了入秦和过西关的具体信息。在《关令尹传》中，刘向详细描述了尹喜修道望气及遇老子的经过：“关今尹喜者，周大夫也，善内学，常服精华，隐德修行，时人莫知。老子西游，喜先见其炁，知有真人当过，物色而遮之，果得老子，老子亦知其奇，为著书授之，后与老子俱游流沙化胡，服苣胜实，莫知其所终。尹喜亦自著书九篇，号曰《关令子》。”② 西汉以来老子不断被神化，东汉时流传老子“入夷狄为浮屠”③，此为老子化胡说的早期形态，应属佛教初传中土时佛教徒的创造。在《列仙传》的尹喜传记中，已有望气之说并化胡的情节，并且交代了尹喜善修仙道并曾著书传世。东汉以后所出的《老子化胡经》，结合《列仙传》和《汉书·西域传》的内容，将尹喜追随老子化胡的情节加以演绎，尹喜的生平事迹逐渐丰满起来。

唐代道书《一切道经妙门由起》引《楼观本记》云：“尹喜遇老君，老君拜喜为无上真人，号曰文始先生，方远观四海八纮之外。又上升九天，谒太上玉晨大道君焉。道君令下化西域，条支、安息、昆吾、大秦、罽宾、天竺，周流八十一国，作浮屠之术，以化胡人。”④《楼观本记》的化胡情节与《化胡经》有着密切的关系，敦煌遗书《老子化胡经》中有老子玄歌：“我昔离周时，西化向罽宾。路由函关去，会见尹喜身。尹喜通窈冥，候天见紫云。知吾当西过，沐浴斋戒身。日夜立香火，约敕守门人。执简迎谒请，延我入皇庭。叩搏亦无数，求欲从我身。道取人诚信，三日口不

① （汉）刘向撰，王叔岷校笺：《列仙传》卷上，中华书局2007年版，第18页。

② （汉）刘向撰，王叔岷校笺：《列仙传》卷上，第21页。

③ （宋）范晔等：《后汉书》，中华书局1965年版，第4册，第1082页。

④ （唐）史崇玄：《一切道经妙门由起》，《道藏》，第24册，第725页。

言。吾知喜心至，遗喜五千文。欲得求长生，读之易精神。将喜入西域，迁喜为真人。”[①] 可以一窥尹喜事迹之增华。

老子与尹喜相遇的“西关”到底在哪里呢？据《列仙传》所言，此关似乎是秦国西关即“大散关”，而据东汉李尤《函谷关赋》[②]，则又为“函谷关”，在周之东京附近桃园县境内，即今河南省灵宝市。孰是孰非？北魏郦道元在《水经注》中，于两种说法均有提及，在卷四“门水”言：“又北入门水，水之左右即函谷山也。门水又北迳宏农县故东城，即故函谷关……昔老子西入关，尹喜望气于此也。”[③] 又卷一七“渭水”载：“渭水东入散关。”[④] 其后引葛洪《神仙传》、干宝《搜神记》并皇甫谧《高士传》诸书，言老子西入关而尹喜于此望气候之。“散关”即大散关，为秦四关之西关，在今陕西省宝鸡市秦岭北麓。今本《搜神记》并没有老子入关的内容，今本《神仙传 · 尹轨》则仅谓“尹喜，以周康王、昭王之时居草楼，遇老君”[⑤]，将相遇的时间提前到了西周初年，与老子生于东周末年的时间不符。而《高士传》仍承袭《列仙传》的记载，谓老子“入大秦，过西关，关令尹喜望气先知焉”[⑥]。函关和散关在秦国之东西两端，相隔四百公里，郦道元也深感“关尹望气之所，异说纷纶，并未知所定矣”[⑦]。从老子入秦遇关尹后共西游入西域的情节来看，散关地处秦国之边陲，过关即入西域之地，则尹喜担任关令的地点更可能是秦国之大散关而不是东周京城附近的函谷关，北魏元帝时道士与和尚辩论时，道士就声称尹喜遇老子时为“散关令”，故唐司马贞《史记索隐》引“崔浩以尹喜又

① 敦煌本《老子化胡经》卷一〇，《中华道藏》，第 8 册，第 202 页。

② （明）张溥编《汉魏六朝百三家集》卷一五：“嘉尹喜之望气，知真人之西游，爰物色以遮道，为著书而肯留。”文渊阁《四库全书》影印本，第 1412 册，第 355 页。

③ （魏）郦道元：《水经注》卷四，《四部丛刊》影印上海涵芬楼藏武英殿聚珍版本，第 125 页。

④ （魏）郦道元：《水经注》卷一七，第 493 页。

⑤ （晋）葛洪：《神仙传》卷九，文渊阁《四库全书》影印本，第 1059 册，第 304 页。

⑥ （晋）皇甫谧：《高士传》卷上，文渊阁《四库全书》影印本，第 448 册，第 91 页。

⑦ （魏）郦道元：《水经注》卷四，第 125 页。

为散关令，是也”①。

自西晋梁谌始居楼观，至北朝楼观道兴起，强化了终南楼观为尹喜旧宅的说法，这也符合尹喜曾作为“散关令”的叙事逻辑，即尹喜先在位于终南山麓的旧宅结草为楼望气，后求为散关令而得遇老子，复归楼观说经。《元和郡县志》载有楼观作为尹喜旧宅的历史：“楼观在（盩厔）县东三十七里，本周康王大夫尹喜宅也，穆王为召幽逸之人置为道院，相承至秦汉，皆有道士居之，晋惠帝时重置其地，旧有尹先生楼，因名楼观，武德初改名宗圣观，事具《楼观本记》及《先师传》焉。”②《楼观先师传》三卷，传说是太和真人尹轨所作，北魏韦述和唐代尹文操相继续修，元朱象先将《楼观先师传》增删刻石立于楼观宗圣宫。不过在唐代以函谷关为尹喜遇老子处仍有不少支持者，这可能得益于函谷关在历史上的盛名，唐玄宗“天宝元年，于（桃林）县南古函谷关尹真人宅掘得天宝灵符，遂改县为灵宝”③。传言在函谷关的尹喜旧宅发现了天宝灵符，更加巩固了函谷关在老子叙事中的神圣地位，但与西晋以来楼观道士以终南为尹喜旧宅的神圣叙事并不相符。

元世祖年间，驻留在楼观的茅山道士朱象先，综合《史记》《关尹内传》《楼观本起记》的相关内容，创作了《文始本传》，成为后世各种尹喜传记的模板：

> 按《史记》并《内传》：真人姓尹，名喜，字公文，天水人也。母鲁氏，梦天降电流绕其身，而后真人生焉。当生之时，有灵光若日，飞游其侧。目有日精，姿形长雅。少好《坟》《索》《素》《易》之书，善天文秘纬，仰观俯察，莫不洞彻，虽鬼神

---

① （唐）司马贞：《史记索隐》卷一七，文渊阁《四库全书》影印本，第246册，第560页。

② （唐）李吉甫：《元和郡县志》卷二，文渊阁《四库全书》影印本，第468册，第149页。

③ （唐）李吉甫：《元和郡县志》卷七，文渊阁《四库全书》影印本，第468册，第210页。

之变，无以匿其情。大度恢杰，隐德行仁。其后，涉览山水，于雍州终南山盩厔县神就乡闻仙里中结草为楼，精思至道，不求闻达，而逸响遐宣。周康王闻之，拜为大夫，后召入为东宫宾友。至昭王二十五年癸丑，瞻见东方紫气西迈，知有圣人当过京邑，乃求出为函谷关令，以物色之。至期，乃盥沐，念真戒，严门吏，扫路焚香，以俟天真入境。其年七月甲子，老君到关，即具朝服出迎，就舍设座，北面而事之。遂辞疾退官，以其年十二月，邀师老君至终南本第，斋戒问道，复请著书以惠后世。老君乃述《道德》五千言以授之，并授三一内修之道及西升之诀。老君传道既毕，明年甲寅四月二十八日，将辞决升天。真人悲恋请留。老君戒曰：子但千日清斋，研诵二篇，炼形入妙，而后可寻吾于蜀境青羊之肆矣。真人唯唯而谢。言讫，于宅南小阜上，乘云驾景，升入太微。真人遂于草楼清斋，屏绝人事。三年之内，心凝形释，体入自然，穷数达变之微，形一神万之旨，悉臻其妙。乃著书九篇，号《关尹子》。即往蜀郡青羊之肆，而会老君。老君锡号文始先生，位为无上真人，统领诸天仙士。今成都府之青羊宫，即故址也。

又按《楼观本起传》云：楼观者，昔周康王大夫关令尹之故宅也。以结草为楼，观星望气，因以名楼观。此宫观所自始也。问道授经，此大教所由兴也。是以古先哲后，景行高真，仰《道德》为生化之源，宗神仙为立教之本；寻众妙之轨躅，慕重玄之指归。故周穆西巡，秦皇东猎，并回辕枉道，亲礼真宗。始皇建庙于楼南，汉武立宫于观北，晋宋谒版，于今尚在。秦汉庙户，相继不绝，是皆历代钦崇，宝为福地，登真得道之士，世不乏人。今之所纪，姑述旧闻，灭迹之士，不可悉究也。传记文长，兹节其要。①

《内传》即《关尹内传》，《楼观本起传》即《楼观本起记》，二书

① （元）朱象先：《终南山古楼观历代仙真碑记》，《道藏》第19册，第543—544页。

的原文已不存，但观朱象先所引之文，对于尹喜任关令之所、尹喜旧宅和楼观三者做了比较圆通的处理，接受了更为盛行的“函谷关说”，同时又纠正了关尹结草楼望气的旧宅不在函谷关而在盩厔楼观。

关于后魏以来楼观历史和楼观道士传承，陈国符先生考证甚详，作《楼观考》一文①，但对“楼观”之得名及尹喜旧宅之确立终南，并未论及。尹喜担任关令的地点，汉代以来就有“函谷关”和“散关”之争，但关于尹喜在担任关令之前的旧宅，所论甚少。司马迁在《史记》中并没有提及尹喜望气，“望气之说”盖形成于东汉，李尤在《函谷关赋》中就认为尹喜望气之所在函谷关，但与尹喜的行迹并不相符。按尹喜先为周大夫时，望气而知有圣人东来，方求为关令，是可知尹喜望气之旧宅并不在关，而是在京城附近的宅邸，登关望气之说不攻自破。那么尹喜望气之旧宅到底是镐京还是洛邑呢?

老子与孔子同时代且比孔子年长，大约生活于春秋末年东周灵王至元王之间（前571—前471年），因此作为老子后学的尹喜大约与孔子年岁相当，老子西游约在周敬王时，此时尹喜为周朝大夫，隐德而行，行止如隐士一般，当并不居于都城洛邑而居于山林，否则亦不可能遇见自洛邑西游的老子，其在旧宅望紫气东来而求为关令，则其宅必在洛邑之西而近于关。尹喜旧宅望气的“草楼”，最早出现在葛洪的《神仙传》中，以尹喜在西周康王、昭王时居草楼遇老子，时间起码提前了五百多年，自不可取信，而《楼观本记》亦以西周康王尹喜结草为楼观，占星候气。这都是老子和尹喜神化之后的道教神圣叙事，大约在魏晋时代已经形成。自晋惠帝时道士梁谌栖止终南，号为楼观，相沿至今，可推测楼观之得名，实自晋梁谌始，或以终南灵秀，道士乃借以此为尹喜旧宅之楼观也。

“楼观”的本义泛指高大的楼宇或祭台。《礼记·月令》有

---

① 参见陈国符《道藏源流考》（新修订版），中华书局2014年版。

“可以居高明，可以远眺望”的记载，郑玄注云：“高明，谓楼观也。”① 汉武帝晚年求仙，“取栾大妄诞之语，多起楼观”②。魏晋以来的终南楼观作为神圣空间，已经被塑造为道教的圣迹而具有神圣的意义。在楼观道的发展历史中，楼观以尹喜望气和老子说经而名闻天下，历代传承而益增光彩，元代茅山道士杜道坚在《终南山古楼观大宗圣宫重建文始殿记》中对于楼观的长盛不衰发出了赞叹：“自穆王建楼观以来，代更二十一姓，年历二千四百，虽尝例堕灰劫，然稍而更振，暂驰而益张，不趁物迁，不随代尽，玄胤继继而世守。”③ 自东周尹喜旧宅的草楼，到晋代楼观道的建立，至今已有两千多年的历史，历代遗留下来的碑碣数量众多，据《楼观台道教碑刻》著录可知，楼观台现存石刻93通（方），佚碑存文16通（方），佚碑存目3通（方）。④ 其中如唐欧阳询、苏灵芝所书的碑文，宋米芾、苏轼、薛绍彭所题诗词的刻石，元赵孟頫、李道谦、高翻书写的碑碣，都是珍贵的文物。这也充分说明了楼观道教文化的影响力。这些珍贵的石刻资料历经风雨洗礼、时代变迁，依然挺立，是古今相通的信使，它们所具有的补史、证史价值，必将为道教发展史的研究起到不可或缺的作用。

三 《关尹子》重出之经过

尹喜请求即将西游归隐的老子为其著书，留下了千古流传的《道德经》，尹喜授经并抄录使之流传，乃有道家学派的建立和道教的形成，因此尹喜实有伟大的功劳。除此之外，作为老子亲传弟子的尹喜，阐发老子的思想并有自己独特的见解，也留下了一部著

---

① （汉）郑玄：《礼记注疏》卷一六，文渊阁《四库全书》影印本，第115册，第346页。

② 《三辅黄图》卷四，《四部丛刊》影印元刊本，第40页。

③ 王忠信编：《楼观台道教碑石》，三秦出版社1995年版，第155页。

④ 按：《楼观台道教碑刻》在“佚碑存文”目录下，著录了12通，在“佚碑存目”目录下，又著录了7通，但这7通里，实际有4通当属于“佚碑存文”之列，此处所列数据，即为改正之后所得。

作，此外先秦《庄子》《列子》《尸子》和秦朝《吕氏春秋》，也记载了不少关尹子的言论。刘向在《列仙传》中称“尹喜亦自著书九篇，号曰《关令子》”①，班固在《汉书·艺文志》中也著录“《关尹子》九篇”②，东晋葛洪曾为此书作序，则可知至迟到东晋，《关尹子》一书仍在世。自葛洪以后的一千多年里，历代的各种书目均不载，《关尹子》一书突然从世人的视线中消失了，直到南宋藏书家尤袤（1127—1194 年）的《遂初堂书目》才又见著录，不过藏书家陈振孙（1179—1261 年）在《直斋书录解题》中怀疑是伪书：“《汉志》有《关尹子》九篇，而隋唐及国史志皆不著录，意其书亡久矣，徐蒇子礼得之于永嘉孙定，首载刘向校定序，篇末有葛洪后序。未知孙定从何传授，殆皆依托也，序亦不类向文。”③徐蒇（？—1170 年），字子礼，吴县（今江苏苏州）人，孝宗乾道三年（1167）为浙东提举常平，陈振孙称徐蒇得于永嘉孙定，大概就是在此期间。南宋理学家林希逸（1193—1271 年）曾作《读关尹子》一诗，提到所读的《关尹子》共九篇，每篇的命名为一个单字。④ 以此来看，《关尹子》一书在南宋末年已经在南方的藏书家中流传了。

元初楼观讲师朱象先在《文始真经出世纪》中，提供了《关尹子》另外一条不同的重出经历：“岁癸巳，有羽客张仲才南游回，诣宝玄堂求见于宗师，炷礼毕，笈出一书，将献之，众师目之，题签曰《关尹子书》……众师惊喜曰：然则古有是书，何绝世无闻，今何从而出？诘之，则曰游之楚，得于采山之人，盖如李筌行《阴符》于石室也。”⑤ 按此处所记，蒙古元太宗五年（1233），

① （汉）刘向撰，王叔岷校笺：《列仙传》卷上，第 21 页。

② （汉）班固等：《汉书》，第 6 册，第 1730 页。

③ （宋）陈振孙：《直斋书录解题》，上海古籍出版社 1987 年版，第 288 页。

④ （宋）陈起：《江湖后集》卷一〇：“青牛车后抱关翁，师已西游道却东。著论九篇今独在，命名一字古无同。不知身老传谁氏，可爱文奇似考工，博大真人庄所敬，寥寥千载想宗风。”文渊阁《四库全书》影印本，第 1357 册，第 837 页。

⑤ （元）朱象先：《出世纪》，载故宫博物院编《故宫珍本丛刊》子部道家，海南出版社 2000 年版，第 523 册，第 80 页。

来自南方的道士张仲才将《关尹子》一书献给刚刚掌教不久的尹志平，但并不能说清此书的来源，仅含糊地称来自采山之人，实际上是来源不明。综合陈振孙和朱象先的叙述来看，《关尹子》一书的重出实在有很多的疑点，不管是来自永嘉孙定还是采山之人，都无从考证。不管怎样，《关尹子》受到了道门的重视，并且被宋德方收入《大元玄都宝藏》之中。南宋宝祐二年（1254）抱一子陈显微作《文始真经言外旨》，至元十七年（1280）朱象先自浙江得到陈显微的注本，回到楼观后便开始研究和笺释，并与道友南谷杜道坚相互参究，皆有注本传世，朱象先作《关尹子笺释》，杜道坚作《关尹子阐玄》。朱象先以楼观为尹喜相遇老子的旧宅，也是《关尹子》一书诞生的圣地，故此发起在终南山古楼观刊印《关尹子》一书，此书遂得以广传于世。稍后神峰逍遥子牛道淳也阐发其旨，作《文始真经直解》。明代重修《道藏》，并没有收录朱象先和杜道坚的注疏，仅收入了白文本《文始真经》和牛道淳的《文始真经直解》，而此后《关尹子》的诸多刊本也逐渐增多。

梅山文化对道教神祇信仰的接受和改造
——基于清代以来湘中木雕神像的考察

李慧君

摘　要：“梅山文化”是古代湖南中部特有的文化现象，以原始泛神信仰和巫觋宗教习俗最具特色。道教对梅山民间信仰影响至深，经千余年交融浸染，道教神祇众神体系已遍布梅山，梅山本土巫教信仰与实践亦烙满了道教痕迹。然而，经考察清代以来湘中地区药王、鲁班、司命灶神、关帝等木雕神像及发愿文，可发现梅山文化在接受道教信仰的同时，亦以其固有的连续性和主体性对道教产生影响，最终发展出颇具地域特色和楚地遗风的“梅山化”道教神祇信仰形态。

关键词：梅山文化；道教神祇；民间信仰；本土化

作者简介：李慧君，湖南省博物馆副研究员（湖南长沙 4105099）。

“梅山文化”是20世纪80年代初提出的文化概念，指古代湘中梅山地区的文化现象。《宋史·梅山峒》记载，“其地东接潭，南接邵，其西则辰，其北则鼎、澧，而梅山居其中”①，梅山指东接长沙（潭），南接邵阳（邵），西抵沅陵（辰），北达常德、澧县（鼎、澧）其间千余公里的区域，以新化、安化为中心。楚文化是梅山文化的源头，战国前后，楚人、巴人等楚国境内的民族相继进入湖南并成为湖南境内的主体民族；秦汉起，随着中原和北方人侵入湖南，湖南境内原有楚地移民和世居民族逐步向湖南中部和西南部山地退徙。② 经过多个朝代的融合，原楚地文化一步步被统治者带来的中原文化消解和同化，楚地初民的宗教信仰和神话传说反而在相对与世隔绝的湘中梅山文化圈中得以留存。

宗教信仰在梅山文化体系中占据重要地位。梅山自北宋才归顺皇权③，闭塞艰苦的自然与人文环境使梅山居民形成并长期保持了楚地原始拙朴的信仰文化和“信巫鬼、重淫祀”④ 的宗教习俗，独具特色。梅山宗教信仰深受道教影响，尤其宋“开梅山”后政府引导及元明清几次规模较大的移民运动后，道教神祇已遍布梅山，甚至梅山本土的巫法信仰与实践亦烙满了道教痕迹。经统计，法国远东学院“湖南神像”数据库⑤中 3500 余尊明清以来神像类型和数量（图 1），道教神祇数量达 1100 余件，约占总量的三分之一。可知，道教诸神是梅山地区神灵体系中除本土巫教外最重要的组成部分。道教神仙谱系中的关公、四大天君、司命灶神、南岳圣帝、药神、玄武大帝、判官、雷神、三清四帝等神祇也被梅山民众普遍敬

① （元）脱脱等：《宋史》卷四二〇《梅山峒》，刘浦江等标点，吉林人民出版社 1995 年版，第 9748 页。

② 参见周秋光《古代湖湘文化的形成与历史演变》，《湖南省社会主义学院学报》2009 年第 1 期。

③ 据宋晁补之《开梅山》诗曰“开梅山，梅山开自熙宁之五年”，梅山自北宋熙宁五年（1072）才结束对外封闭状态。黄仁生、罗建伦校点：《湖湘文库·唐宋人寓湘诗文集》，第 2 册，岳麓书社 2013 年版，第 1169—1170 页。

④ （汉）班固等的《汉书》卷二八下《地理志》曰：“楚有江汉川泽山林之饶……信巫鬼、重淫祀。”（赵一生点校，浙江古籍出版社 2000 年版，第 576 页）。

⑤ 数据来源包括法国远东学院范华（Patrice Fava）、湖南省博物馆、美国及中国湖南私人藏家收藏的湘中明清以来道教、佛教和梅山教神祇等题材神像 3500 余件，发愿文 1500 余份：https：//www. efeo. fr/statuettes_ hunan/。2021 年 1 月 20 日。在此特向法国远东学院华澜教授（Alain Arrault）对数据库的建设和慷慨开放诚致谢忱。

奉。经千余年交融浸染，梅山原始巫教信仰体系已偏离自己的本来面目，逐渐变得“道教化”[1]；然而，在湘楚“信鬼好祀”的思想土壤中，梅山文化也以其固有的连续性和主体性对道教不断产生影响与造成同化，最终发展出颇具地域特色和楚地遗风的“梅山化”道教神祇信仰形态。本文仅以药王信仰、鲁班信仰、司命灶神信仰和关帝信仰为例述之，不妥处敬请方家指正。

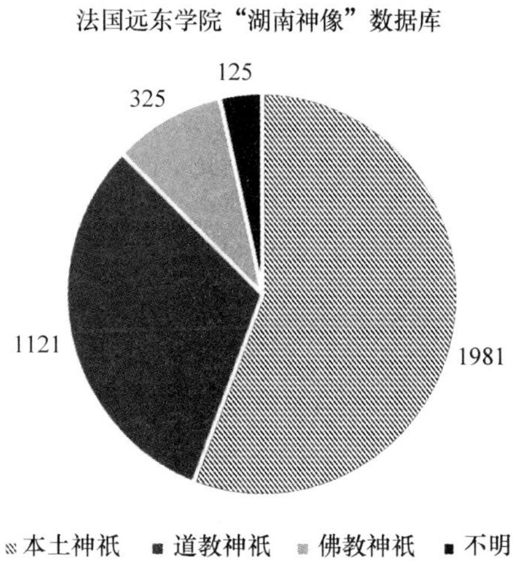

图1　造像题材与数量示意图

一　药王孙思邈信仰

在中国民间信仰中，药王信仰甚为普遍，其信仰的对象亦涵盖甚广：包括华夏医药鼻祖伏羲、神农、黄帝之“三皇”，历代名医扁鹊、华佗、孙思邈、韦慈藏等。清代以降，与全国其他地区情况类似，湖南各州县基于“以医学主之明”的目的普遍设药王殿（地方志中有明确记载的达30余处），祭神话中的医药始祖和历代名医，供患病者奉求病愈康健。

① 孔令宏：《梅山教与道教的关系——兼论道教的扩展研究》，《广州大学学报》（社会科学版）2018年第3期。

“湖南神像”数据库中收录有湘中清代以来药王神像50件，27件含发愿文[1]。药王神像的尺寸在20厘米左右，为家庭供奉用的小型造像。较之公共庙坛上供奉的历代药王，梅山木雕药王神90%以上为唐代医药学家、道士孙思邈，名曰：“药王孙公真人”“孙公真神”“药王菩萨”“药皇”“药王圣帝”。

相传，中国道教和民间俗信神灵孙思邈是具“调和四时，降龙伏虎，拯衰救危”神力的“百代之师”[2]，故龙虎图像常伴真人共同出现。湘中木雕中，药王孙思邈的辨识性标志同样为骑虎托龙。如“药王孙真人一十三代名医先师”（图2）塑像着幞帽长袍，腰束玉带，双手托举飞龙身躯，一腿抬起，坐于虎身上。飞龙似穿梭于云间，与云雾构成环状柱体。新化县嘉庆六年（1801）开光的“药王菩萨”（图3）同样为孙思邈经典形象，腹部还可见“寿”字纹补子。

较之主要由地方官员或医官群体筹建的药王庙和药王像，小型木雕药王像的供奉者则主要是信奉药王的“信士”“信人”，且多尊神像发愿文俱明言其供奉者为习学“药王正教”或“医理正教”的“沐恩弟子”。“药王孙真人”（图2）发愿文介绍：“先师神农皇帝法口，先师雷公口制王叔和、张仲景、雪山太子、和尚长老、道士眷弟，载九牛祖翻坛倒洞张五郎，龙启教杨法龙生于戊戌年正月初三日子时，刘法明、李法通、谭法和、罗法昌、罗法富……一概有灵。”可知，该“一十三代名医孙真人”的“先师们”既包括传统神医谱系中的神农、雷公、王叔和、张仲景等著名医学家，亦包含佛教长老、道教道士，以及梅山信仰体系中的猎神张五郎（倒立神，故称“反坛倒洞”）、可用符咒炼制“雪山神水”的雪山太子[3]等梅山巫教神祇。由此推断，药王孙思邈不仅是精通医理的医

---

① 发愿文又称“意旨”“造像记”，是对造像人居住地、姓名、立像对象、目的、时间等信息的录述。

② （唐）李世民原典，（清）纪晓岚编注：《唐太宗韬略全书》，内蒙古人民出版社2005年版，第101页。

③ 马少侨：《邵阳历史钩沉》，邵阳市政协学习文史委员会、湖南省文史研究馆合编1999年版，第139页。

药之神，同时也是巫力高强的巫医之神！

图2　药王孙真人像，高33.6厘米，范华（Patrice Fava）收藏

图3　药王菩萨像，新化县，1801年，高21.2厘米，范华（Patrice Fava）收藏

南宋范致明《岳阳风土记》中载荆湖民俗曰：

> 疾病不事医药，惟灼龟打瓦，或以鸡子占卜，求祟所在，使俚巫治之，皆古楚俗也。[①]

清向兆麟亦有《神巫行》云：

> 汝有病，何须药，神君能令百病却……走迎神，巫吹角，

① 转引自安徽省考古学会楚文化研究小组编《楚史参考资料》，安徽省考古学会1980年版，第256页。

呜呜巫来降神。[①]

原始的鬼魂观念和贫乏的医疗条件使得古楚梅山民众长期以来依靠巫医解决疾病或妇女生产问题——他们普遍认为人的疾病痛苦多由鬼祟捉弄而生，因此治愈的有效办法是延请巫师驱鬼招魂。所谓“巫医”，亦巫亦医，具备一定药草知识的同时，更重要的是掌握符箓咒语的法术。在此理念下，药王孙思邈成为医药神人和梅山教神巫合授的“一十三代传人”，而梅山文化圈中孙思邈的供奉者则是巫教中行驱邪治病之职的巫医弟子。同时，巫医传人们奉祀孙思邈神像的原因亦显示出明显的职业特征。(1) 法术灵验（15例)。据现存27例发愿文，巫医弟子立像的最主要原因是乞望药王佑其施法时能通灵显应，法术灵验。如安化县光绪元年（1875)“孙公真神”：“叨神圣以扶持，伏愿威灵显应，□机活现，求叩即灵，祈保弟子十方门下，香火通行，千家有请，万户来迎……”；湘乡县光绪三十四年（1908）造像愿目为“伏乞通灵显应，神光庇佑，出入十方，贪香□火……救男成对，渡女成双，车马不停，川流不息……”(2) 行医治病（11例)。此类愿目如“求保弟子代药行医，用药有准，服药有功”，“手到病愈”，“妙手回春”等。巫医既能交通鬼神，又兼及医药，比一般巫师（梅山教中称“师公”）专长于用药，在医疗条件落后的梅山地区承担了民间医生的角色。因此，法术之外，是否拥有药到病除的医术亦成为巫医灵验与否的评判标准之一，从而也成为巫医弟子们立像祭奉孙思邈的重要原因。(3) 生意兴隆（8例)。巫医以驱邪治病谋生。作为梅山巫医弟子供奉的行业神，神医孙思邈的另一神职是佑其弟子生意兴隆，财源广进。如安化县中华民国六年（1917）造像愿目为：“叨生□（意）纯红，蒙财源广进，圣德无疆，信者永沐洪恩也。”由上，梅山地区药王信仰大致呈现两个地域性特征。

---

① （清）卞宝第、李瀚章等修，曾国荃、郭嵩焘等纂：《湖南通志》卷末之一二，清光绪十一年刻本。

1. 从神医到巫医之神——药王信仰巫觋化

《（康熙）永州府志》载："右太守刘道著莅任，见楚俗重巫而轻医，民病惟事祷赛遂捐……由是渐知重医是亦神道设教之意也。"[①] 官府设药王殿，以期"神道设教"，扭转楚地民众"重巫轻医"的恶俗，但具讽刺意味的是，梅山巫医传人们却因势利导，为名医编撰梅山教"先师"，将其纳入自身神灵谱系，医术立身的医者反而有凭有据，堂而皇之地成了拥有神秘法力的巫医之神！

究其原因，其一，梅山文化本身是一种古老的巫文化。[②] 据汉王逸《楚辞章句》中载，"昔楚南郢之邑，沅湘之间，其俗信鬼而好祀。其祠，必作乐鼓舞，以乐诸神"[③]，其所指即梅山历史悠久的巫傩文化。梅山宗教理念原始落后，传统巫教中的多种信仰与用来召神除秽的斋醮符咒在梅山地区被长期普遍崇信和广泛应用，直至今日，"庆娘娘""起水解秽""渡关除煞""收魂打符"等巫术活动仍很常见。[④] 其二，巫、医本同源，楚地南国巫医从来未曾分离。[⑤] 从汉字结构来看，医的繁体字作"毉"，足见古代巫术在医学领域的地位。湖南本地马王堆汉墓出土的《五十二病方》《杂疗方》等古医书上就记载有大量巫医驱鬼治病的"祝由方"。在古老楚文化遗存的浸染下，药王除"医职"之外，水到渠成地重新兼起，或只是强化了一直存在的"巫职"。

2. 孙思邈成为梅山文化圈中药王的代表

梅山巫医弟子绝大多数供奉的是骑虎托龙的"孙公真人"。综观其时湖南地区药王殿供奉的神祇，孙思邈在众神医殿堂中的地位并不算突出。那么，孙思邈何以脱颖而出，成为湘中梅山文化圈中

---

① （清）刘道著修，（明）钱邦芑纂：《（康熙）永州府志》卷二四，书目文献出版社1992年版，第722页。

② 参见铁鹰《梅山神初探》，《邵阳师专学报》1995年第1期。

③ （战国）屈原、（战国）宋玉著，汤漳平评注：《楚辞评注》，北京联合出版公司2015年版，第50页。

④ 参见刘铁锋《论梅山道教文化中的巫觋崇信现象》，《湖南人文科技学院学报》2004年第4期。

⑤ 参见沈晋贤《巫医同源考》，《湖南中医药导报》2003年第11期。

巫医唯独尊崇的药王？

梅山巫医选择孙思邈为行业神的首要原因可能是孙思邈种种加以渲染的“神力”与当地信鬼敬巫的思想暗合，换句话说，梅山文化圈的鬼神观念为孙思邈信仰得以在此落地生根提供了适宜的土壤。《旧唐书》将孙思邈归为“方伎”（即方术士）门下，除具非凡的医药本领外，他“预知其事”等“异迹”颇多，且卒后“经月余，容貌不改，举尸就木，犹若空衣”[①]；陕西耀县清嘉庆十八年（1813）《修庙记碑》载：“孙真人，余耀人也，隐于隋，显于唐……降龙标异，伏虎通神，名传奕记，迹著太元……”[②] 孙思邈神通天地、降龙伏虎、死后成仙的“神迹”无一不与梅山民众对巫者的期待相契合。

另外，《新唐书》将孙思邈列入《隐逸传》，载其出身于“京兆华原”（今陕西耀县）不名之地，多次拒绝统治者入仕邀请，行医四方，疗治邻居与世人。[③] 梅山自古不与外界通，北宋“开梅山”后依然长期闭塞自守，对皇权统治和儒家传统自然不像中原汉地般归顺和敏感，甚至对抗和排斥与原有思想认同有悖的皇权或儒家文化。因此，较之于伏羲、神农、黄帝等中国古代国家典祀体系中的圣医，以及扁鹊、华佗、韦慈藏等成名于王宫侯府的名医，孙思邈草根出身，不慕仕途，隐逸乡野的生平事迹无疑与梅山文化圈与世隔绝下邻里相互依存的朴素价值观更为契合。

3. 存在根基与传承

近代梅山地区逐渐开放，民众的鬼神观念日益淡化，先进的医疗技术和观念也逐步被当地接受，但巫医信仰是否已随之消失？直至当下，答案仍是否定的。时至 21 世纪，梅山腹地的安化村落中

---

① （后晋）刘昫等：《旧唐书》卷一九一，中华书局 1975 年版，第 5096 页。

② 中国人民政治协商会议陕西省铜川市委员会文史资料研究委员会编：《铜川文史资料选辑》1984 年第三辑。

③ （宋）欧阳修、宋祁：《新唐书》卷一九六，中华书局 1975 年版，第 5596—5598 页。

安放神龛的比例仍高达77.6%①，梅山文化圈的村村寨寨中，患病时找巫医治疗依然被认为理所当然。对巫者驱鬼除邪的崇信经世代相传，已渗透到该区域日常生活的各个角落，成为一种具有广泛群众性和深刻社会性的风俗习惯。

从治疗效果上而言，巫医在很多情况下确实能够达到疗愈之效。一方面，“巫术的功能在于使人的乐观仪式化，提高希望胜过恐惧的信仰”②，巫医治疗包括画符、咒诰、步法、表演、施药等一系列象征性行为，在治疗方式上迎合了患者对于鬼魂致病的认识，在仪式过程产生积极的心理影响：借助神灵的力量帮助患者缓解心理恐惧，解决心理困扰，增加战胜病魔的信心，通过情绪引导激活身体各种机制正常运转，从而达到痊愈的效果。另一方面，尽管巫医多为驱鬼招魂为主，服药为辅，但为了提高治愈的概率，维持其在行业中的口碑和声望，巫医往往在不断掌握和积累各种民间中草药知识，以及推拿、扎针、点穴、刮痧、开刀等治疗方法。因此，巫术外衣包裹下的巫医治疗有一定的科学成分，也会达到除病的效果。梅山村民耳闻目睹，甚至亲历过巫医施法的神奇疗效，面对疾病时，本能的首选可能还会是求助于生活在身边的巫医（酬金极为有限，报答两只鸡亦可），而不是价格高昂、冰冷陌生的现代医生和医院。

另外，巫医也以家族世袭或传徒授教的方式传承，弟子们普遍供奉巫医师父或祖师药王雕像，以确保其在行香走火的职业道路上受到师祖的庇佑。即是说，只要有巫医在，巫医之神孙思邈亦会继续被雕造和祭拜，但受到今天现代科学技术和观念的颠覆性冲击，梅山地区的孙思邈神像很可能会在不远的未来，与巫医和巫师行业一起永久消失于历史长河中。

---

① 参见王小悟《安化罕飞村神龛文化的调查与研究》，载陈子艾、华澜主编《湘中宗教与乡土社会》，宗教文化出版社2006年版，下册。

② ［英］马林诺夫斯基：《巫术、科学、宗教与神话》，李安宅编译，中国民间文艺出版社1986年版，第77页。

二 鲁班信仰

鲁班，姓公输名般，春秋末期鲁国著名工匠、发明家。相传，鲁班不仅手工艺精湛，巧夺天工，还发明了刨、墨斗、曲尺、钻、铁锯等木工具，两千多年来一直被百工行业尊奉为“祖师”，在后世亦被神化为拥有法术的道教散仙。同药王殿在湖南的情况类似，地方官员在湖南各地亦广建鲁班庙（或鲁班殿），以期借助神祠的建立来植入地方教化，改变两湖地区信鬼尚巫的南蛮旧风。然而，梅山地区土木匠人所仰慕膜拜的鲁班同样嬗变为双重神格：一是手艺精湛、智慧超群的行业祖师；二是法术高超，能庇护营造项目无邪无秽、顺利实施的巫师，且梅山文化圈鲁班神的巫觋化程度远甚于汉文化圈地区。

“湖南神像”数据库中收录有梅山文化圈含发愿文的鲁班神像 37 件，为工匠职业者家庭供奉及工程（如建房、修桥、修路等）法事现场中使用。从图像上来看，汉文化圈的鲁班惯常着不同时代官服，形象多具有官绅气质。如台北历史博物馆藏明代木版年画《先师鲁班》（图 4）中，鲁班正襟危坐，着官帽官服，头顶有象征神格的圆形头光，四位分持墨斗、刨子、鲁班尺等行业工具的随从环视四周，明显为受业内崇奉，且得到朝廷加封的行业祖师形态。梅山地区典型的鲁班神像图式（图 5）则头戴道士帽，身着黑边红底对领长衫，胸前单扣钩，颈戴长串佛珠；一手持经书放于腿上，一手持拂尘反搭于肩——道士帽、法师服、佛珠、拂尘的图案俱象征着鲁班此时已转变为道巫佛兼具的宗教仪式专家。更有甚者，中华民国十五年（1926）宜阳县“信人”卢海桃装塑的鲁班仙神（图 6）为骑大鸟状，鲁班着道帽、道符，一手持拂尘，一手施道印，鲁班已完全成为法术高强的仙者，行业祖师的面貌已消失殆尽。

图 4　先师鲁班木版年画①，明代，台北历史博物馆藏

图 5　鲁班神像，宁乡县，1983 年，范华（Patrice Fava）收藏

图 6　鲁班仙神，益阳县，1926 年，高 20.5 厘米，范华（Patrice Fava）收藏

① 图片来源：王冬梅、张娅楠、曾莎《明清时期鲁班像风格分析》，《鲁班文化研究论丛》第一辑，山东人民出版社 2015 年版，第 118 页。

由此，鲁班信仰进入梅山地区后，除匠人祖师身份外，更多地嬗变为宗教领域专职施法的巫道人士。有学者记述，“梅山各地建新房时，木匠师父必宰雄鸡，绕屋一圈，口中高唱：‘吉日吉良，天地开张，鸡血落地，百无禁忌，吉日上梁，紫微高照，人财两盛，大吉大昌’。然后，扯把鸡毛带血沾于梁上，把一大块红布，披于梁上。梁中挖一小孔，用小红布包米七粒，四方孔古铜钱三枚，用雄黄朱砂调和，写上敬奉紫微大帝、鲁班仙师及木匠三代师承名字，下署信士人房主及弟子×××的书文，放入梁中小孔内。小孔外面用一块红布（布上画有太极图与阴阳八卦）封好小孔。一直封到此屋的寿命终止时为止”[①]。有文亦载：“（梅山人）在修房拜土地公时唱《赞梁》《鲁班诀术》。”[②]“鲁班仙师”的名号被封入上梁孔中，多为驱邪镇宅之故；梅山的“木匠师父”建造房屋之外，还需宰鸡、唱咒、施法等一系列法术，身上具有的是木匠和巫师双重身份。事实上，多件鲁班神像发愿文中记述该像雕造者自称习学的是“鲁班正教”“木匠正教”“仙神/仙师正教”“元皇鲁班正艺”，也进一步证实了，在梅山地区，木匠不仅需要有泥瓦木工技艺，同时也必须习学和掌握配合建造工作相应的教门法术；其所供奉的鲁班，既是工匠行业的祖师，更是拥有相应法力，能庇佑营造对象顺遂无恙的巫门仙师。

经整理鲁班神像37件发愿文，可发现在该神像供奉者——“鲁班正教接教弟子”们雕造的目的中，除常规性求吉保安的愿目外，出现最多的诉求有四种。

1. 求保法术灵验（24例）。雕造鲁班神像的最主要目的是乞望鲁班仙师在其作业或施法时，能佑其法术灵验。如宁乡县求吉弟子刘向明（法名刘法明）造像愿文中辞：“自雕之后，保弟子世（十）方门外，番（翻）坛破庙，叩之即灵”；宜阳县中华民国二十三年（1934）求保后学弟子丁神益（奏名法杨）造像愿文曰：

---

① 易永卿等编著：《蚩尤与梅山文化》，岳麓书社2008年版，第124页。

② 刘景慧、刘纯：《论梅山民歌的文化背景》，《中国西南民族研究学会建会30周年精选学术文库》湖南卷，民族出版社2014年版，第243页。

“香火流通，朝不停兵，夜不歇马，前不离三寸，后不离五分，求保大小符法，一叩万灵。”

2. 求保财运亨通（18 例）。近半数的发愿文中俱提及与求财相关的祈愿，如安化县中华民国十七年（1928）信人袁祖日（奏名法日）造像愿目之一：“十方求财（採）采宝子”；宁乡县接教弟子郭克淇立像愿目：“川流不息，财原（源）茂盛。”

3. 求保防身护体（5 例）。盖梅山地区崇山峻岭，古来泥工木匠行业需采伐木材，运输重物，上梁上房，既是体力活，又是高危工作，因此，多件造像发愿文中都提及祈愿鲁班仙师佑其康健的愿目。如新乡县中华民国六年（1917）求吉弟子陈有光等在立像目的中提道：“护扶弟子防身护体”；宁乡县求吉香主信人胡国财立像愿目：“防身护命。”

4. 手艺强（2 例）。鲁班以手工技术和工具发明广受世人，特别是业内弟子崇敬供奉。但出乎意料的是，提及求保手工技艺——工匠的立身之本——超群的发愿文仅有两例。一例是在宁乡县清光绪三十四年（1908）造像发愿文中提道“（为求）手艺顺遂亨通”；另一例为宁乡县中华民国三十七年（1948）立像愿目之一“（求保）手艺自强”。

可见，鲁班传说与信仰在梅山文化圈传播开来以后，湘中木匠子弟们亦接受该行业神，纷纷雕造鲁班神像，与其他神祇共同列在各家神龛中祭拜。然鲁班“工匠祖师”的身份已基本蜕变为保佑泥木工匠法术灵验，防身护命的“鲁班仙师”，并在具体宗教实践中形成了一系列较为成熟的仪轨、口诀和符文。不仅如此，梅山地区甚至可见师公将鲁班脱离工匠行业母体，单独作为驱邪镇鬼神祇的情况。如梅山腹地新化县奉家镇沫化村九组处士兼师公奉孝元代代相传的本经灵符中即包含“鲁班符”（图 7），施用场合为安六甲、家里牲畜和人有不安时用，功效为把五方五位的邪鬼都约束在井中和布袋中，让人和牲畜能过安静日子。①

① 参见奉光华《梅山腹地的奉孝元处士》，《湘中宗教和乡土社会》，宗教文化出版社 2006 年版，下册。

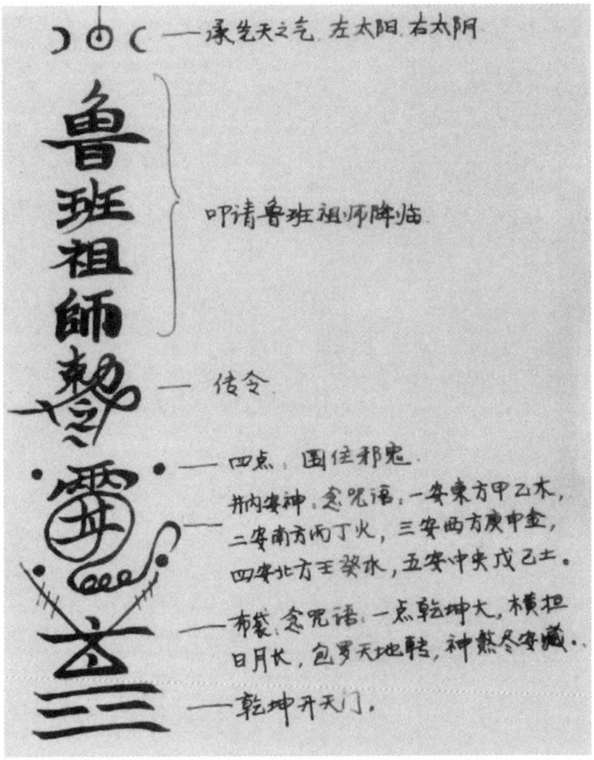

图7　鲁班符，新化县奉家镇

三　司命信仰

神医扁鹊言：“（疾）在骨髓，司命之所属，无奈何也。”① 司命执掌生死寿命，自先秦始即已流行。据史料载，秦以前，司命已进入周天子及各诸侯国祭祀系统。两汉时期，司命神成为文昌宫第四星，职能明确为主老幼、刑法和督察人命，并成为民间信仰中的重要神祇。但自此，一方面，“地祇”灶神的神职逐渐与“天神”司命重合；另一方面，汉末魏晋南北朝时期的兵燹战乱，致使司掌

① （清）王先慎：《韩非子集解》卷七，中华书局1998年版，第161页。

生死祸福的司命神地位下降，至隋唐，司命已逐渐与灶神合流而被混为一谈，抑或说通过与灶神融合而得以延续。直至今日，灶神司命“查一户言行，佑一家安康”的家神身份已得到了广泛的传播和崇信，在中国乡土社会中行用甚炽。透过清代以来梅山文化圈内木雕神像等物质遗存，可发现司命神亦班列于梅山众神殿堂，对其崇拜和祭奉迄今仍延续不断。

“湖南神像”数据库中收录司命类神像共计541件，251件保留有发愿文。绝大部分神像为“九天东厨司命府君夫妇”的夫妻配套双像形式，甚至出现了一像双神的鲜见神像像式（如图8）。司命夫妇在坐姿、手势和装饰等方面也明显遵循一定的造像规制。以益阳清光绪二十年（1894）开光点像的“九天司命真君”和“九天司命圣母”（图9）神像为例，司命夫妇均为中年长者模样，正襟端坐，双手握笏板于胸前。司命真君头戴通天帽，司命圣母头戴弯月形冠饰，二者皆身着圆领广袖长袍，腰系绶带，披肩饰，服饰上阴刻有流云状纹饰。在发愿文中，除不分性别地直接将二神统称为“九天司命府君”外，男性神还常见“九天司命府君张冶相公”“司命张公子郭”等神名，女性神多见“九天司命李氏夫人”“司命李氏一品夫人”“司命圣母”“九天司命灶母夫人”“灶母李太夫人”等称呼。“张冶相公”和“李氏夫人”名称来源于中国民间流传最为广泛的“张郎休妻”的故事：相传，灶神其人姓张，名冶（或单），字子郭，发迹后休妻，落魄后受妻接济羞愧钻入灶内而成灶神。① 湘中木雕神像多尊使用“张李”称谓，足见汉文化对梅山文化的影响。同时，部分神像发愿文中还可见到“九天司命太乙（定福）府君”（22例）、“九天东厨司命太乙炎帝火嫜府君”（1例）、“九天司命火煌定福府君”（1例）、“天厨星君”（1例）等神名，昭示司命信仰与星宿崇拜、火神崇拜、湘楚神灵谱系等古代信仰残存的源流关系。

---

① 参见湖南省文学艺术界联合会编《湖南民间故事集成2》，湖南文艺出版社2009年版。

图 8　司命夫妇像，高 20.2 厘米，湖南省博物馆藏，作者自拍

图 9　九天司命真君像、九天司命圣母像，高 14.5、14.8 厘米，范华（Patrice Fava）收藏

在中国普遍的民间信仰中，隋唐以前司命神的神职主要是主“老幼夭寿”“督察人命”；唐后与灶神合流，神职合并为“月晦日诣天曹白人罪”，“居人间察小过，作遣告者”① 的“驻家耳目神”，以及“司人一家良贱之命”，生死安康（盖为“灶王饮食之神”的延伸）的家神。梳理湘中地区司命夫妇神像的发愿文，可发现当地民众祭奉该神祇的目的主要包括三个方面。

1. 坐镇家堂：现留存的215份神像发愿文中约有48例包含“坐镇家堂”“坐镇长生香火”“永镇厨堂”“坐镇鸾祥”等与安神镇宅相关的表述，可见司命神在梅山文化圈中“家庭保护神”的地位。

2. 病痛、子嗣：第二大类为祈保本人或家人病愈（约30例），或家中孕妇安全生产（6例）等与身体安康相关的愿目。如湘乡县清光绪二十年（1894）开光的司命神像发愿文载：“信人刘寿庆为妻室李氏有病体在身”；宁乡县清光绪二十四年（1898）立“司命府君”和“司命圣母”像：“因拙荆王氏身患怔忡恍惚，心神不宁，医药罔效”；另有求保孕安的如宁乡县中华民国五年（1916）立“九天司命张冶相公”和“九天司命李氏夫人”像，“于去年前月吉日为室人左氏身怀六甲，求保清吉”。

3. 奏功言善，迎祥降福：“白人罪”是中国乡土社会中司命灶神的最主要神职。梅山文化圈民众同样信奉司命有上达天听的神力，约24例司命神像的发愿文中提及叩请司命神为其家室“上天呈善事，下地降吉祥”的祈愿。

随着道教的传入，梅山地区对司命灶神神职的认识大体与全国情况类似，亦有每年腊月二十三或二十四祭祀司命灶神，送其上天庭奏善恶的民俗。然而，即便是深受汉文化影响的司命信仰，仍然呈现鲜明的地域性和民族性特征。

（一）楚文化基因遗存

自隋唐司命灶神合流后，汉文化圈民间信仰中几乎只见灶神不

① （汉）郑玄注：《礼记》，上海古籍出版社1987年版，第136页。

见司命，如《太上感应篇》中："灶之为神，号曰司命"[①]，司命之名已降格为灶神之号，随后完全被灶神取代。从发愿文可以看出，湘中神像名称中既有独立命名"司命"（128 例）或"灶君、灶母"（15 例），亦有"司命"与"灶神"合称（6 例）的情况，但"司命"神名的使用频率远远大于"灶神"名。较之其他地区，梅山倾向于保留了对"司命""九天司命"称谓的使用，如中原各地惯用的"灶公张相公""灶母李夫人"，梅山地区则更多地称呼"司命张冶相公"和"司命李氏夫人"。

多位学者曾以屈原《楚辞·九歌》为基础，论证过司命神与楚地信仰神系之间的关系。如周志颖指出，屈原改编的《九歌》是中原文化习俗与南方文化融合后出现的带有楚地特色的新祭祀歌曲，其中大司命掌人之夭寿，少司命主人之子嗣，二者是从属关系，后因灶神祭祀的盛行，其职责逐渐被灶神取代和掩盖，遂被民间所淡忘。[②] 笔者亦曾论述过，早在西晋，长沙市南郊金盆岭墓葬中就出现过司命、司录二神君勾画生死簿的图像——青瓷对书俑。[③] 俱可看出，司命信仰深植于湘楚大地，尽管受到中原道教文化中灶神信仰的冲击和影响，流淌于血脉中的古老基因却得以保留并再现于后世的司命神像和发愿文中。

神像名称中另一高频词为"太乙"（23 例），最常见搭配为"九天司命太乙府君"。郭成磊考察出土材料与史实推断楚地至晚在战国中早中期就已有"太一"信仰。[④] 胡炳章亦将东皇太一祭祀巫俗的发源地进一步锁定在湖南沅湘地区，指出东皇太一、云中君、山鬼等都是沅湘一带百姓祭祀巫俗中特有的神祇。[⑤] 长沙马王

---

① （宋）李昌龄传，郑清之赞：《太上感应篇》卷一，《道藏》，第 27 册，第 11 页。

② 参见周志颖《〈九歌〉司命考》，《天中学刊》2018 年第 4 期。

③ 参见李慧君《长沙永宁二年西晋墓出土"对书俑"身份再研究》，《宗教学研究》2020 年第 2 期。

④ 参见郭成磊《楚国神灵信仰与祭祀若干问题考论》，西北大学，博士学位论文，2016 年。

⑤ 参见胡炳章《〈九歌〉与沅湘土家族巫文化的血缘关系》，《民族文学研究》1995 年第 3 期。

堆三号汉墓出土的帛画《太一将行图》更是提供了汉代楚地“太一”神名称和形象的物证。由此，从“太乙”的称谓中亦可看出司命神与湘楚神灵谱系之间的传承关系。

另外，几例司命神像名号中还出现了“炎帝火媓”“火煌”“天厨星君”等字眼。关于灶神的起源，其中一个最为古老的说法是灶神由火神演变而来。古籍所载的火神包括炎帝、祝融、黄帝等，但随着人类走出原始社会，人类信仰亦逐渐摆脱火神的自然崇拜色彩，火神地位随火的功能下降至主管饮食的家庭小神灶神。随时间演进，汉文化中的灶神已全然退却了火神的神格，而“炎帝”“火煌/媓”（“煌”“媓”均通“皇”）所昭示的灶神司火的原始职能却在闭塞的梅山司命灶神信仰中得以保留。同时，如洪兴祖说：“《汉书·郊祀志》中：荆巫有司命。说者曰：文昌，第四星也。五臣云：司命，星名，主知生死。辅天行化，诛恶护善也。”[①] 湘中司命神像“星君”的称谓亦与司命“星宿说”的源头相契合。

由此，尽管梅山楚湘故地的司命信仰较大程度地受到中原文化中灶神信仰的影响和改造，但由于该地区社会发展缓慢和民众思维的惯性，许多已泯灭于汉文化长河中诸如大司命、少司命崇拜，火神崇拜，星宿崇拜等原始信仰，却在这片土地上曲折地存续至今。

（二）“一家之主”“治病”神职突出，“奏善言功”神职弱化

从灶神“浪子休妻”的“陈世美”形象，至“醉司命”（以酒糟抹于灶门上，使司命灶王酒醉而糊涂上报了事）、“甜司命”（以蜜或糖果贿赂司命，使其只言善事，瞒报罪行）等愚弄神或贿赂神的宗教习俗均可看出，灶神信仰是中国官文化浸染下官员好色忘义、行贿受贿等风气在神界的反映，民间对灶神的祭祀出于实用性和功利性的考虑，而对神灵的态度则充满了戏谑和不敬。尽管梅山文化接受了灶神“张郎休妻”的传说和“谴告者”的“间谍”身份，但却并未全盘吸收汉文化圈对该神祇揶揄和嘲弄的心态。例

① （宋）洪兴祖：《楚辞章句补注》，吉林人民出版社 2005 年版，第 72 页。

如，由中华民国二十年（1931）“九天司命张冶相公”发愿文载“祀奉家堂，为东作主伏维尊神，上列星垣，作九天之耳目，下司民命，为万户之慈航，祈保家门迪吉，人物均安”即可看出，梅山民众对司命虔心敬奉，诚心期待能获得该神祇的坐镇庇佑。同时，较之汉地灶神信仰，梅山地区也更注重神祇镇宅安府，“一家之主”的实际功效，甚至为司命神增添了治病保胎等特殊神力。

神明是人心所造，是种种凡俗世相的投影。汉文化圈灶神信仰体现了中国官僚集权制统治下宗法社会的民众意识[①]——下层民众对官方文化被动接受的同时，又以民间传说等自己的方式对其消解和对抗。而古梅山地区封闭阻塞的环境使梅山民众长期保留了相对简单拙朴的社会关系和原始的信仰意识：一方面，梅山“人—神”之间很大程度上为主宰与被主宰，依赖与被依赖的关系，民众将司命神更多地视为能除灾降祥的“一家之主”，而缺少汉地官文化笼罩下民众对灶神既有求于神，又嘲讽不满的矛盾复杂心态；另一方面，对神的信仰服务于生活的实际需求，除维持生计的衣食住行基本生活需求外，病痛和妇女生产无疑是生活中千难万险且无从解决的生存难题，加之民间信仰具体实践中很强的随意性和个体差异性，根据自身需要新赋予司命神以治病、保胎的神职也就理所应当了。

四　关公信仰

历史人物关羽是中国民间最广受崇祀的神灵，湖南地区同样如此。“湖南神像”数据库中共收录关公神像 97 件，38 件保留有发愿文。从图像上看，长髯、赤面、大刀等是梅山关公神像的辨识性标志。如宝庆府新化县道光二十一年（1841）开光的“三界伏魔关圣帝君”神像（图 10），赤面，丹凤眼上扬，黑髯飘飘，头戴忠义巾帽，外搭长袍，内着束胸鱼鳞铠甲，腹部饰兽头图案，左手叉

---

① 参见廖海波《世俗与神圣的对话——民间灶神信仰与传说研究》，华北师范大学，博士学位论文，2003 年。

于腿上，右手结三山决，跨腿端坐，脚着靴，散发着器宇轩昂，刚正英武的独特气息，在诸神像中具有较高的辨识度。

图 10　三界伏魔关圣帝君神像，1841 年，新化，高 31 厘米，湖南省博物馆藏，作者自拍

从隋唐至明清，历代官方和民间共同作用，将历史人物关羽塑造成了中国社会最受崇祀的神灵之一。千百年来，这位忠勇仁义、战功赫赫的盖世英雄已逐渐被赋予斩妖除魔、镇邪消灾、主持正义、守护平安等多重神职，成为民众生活生产方方面面都赖以庇护的万能之神。据调查，汉人社会对关公的祈愿主要集中在祈雨求生、助佑学业、驱除瘟疫、求财获利、保得平安等方面。[①] 梳理湘

① 参见闫爱萍《关公信仰与地方社会生活——以山西解州为中心的个案研究》，山西人民出版社 2012 年版。

中地区关公神像的发愿文，可发现梅山地区对关公的崇信近乎是对汉文化圈关帝信仰的全盘接受。然而，即便是“拿来主义”的关公信仰，仍然呈现诸多梅山特色。

（一）供奉方式以家庭为中心，无政治色彩

较之于关帝庙等公共庙坛，梅山文化圈小传统环境虽然在观念上接受了关公神格，形式上却依然延续了千百年来以家庭、宗族为单位装塑小型木雕像，将神像安放于厅屋神龛进行祭拜的传统。如此一来，梅山民众的厅堂即成了家庙，所侍奉香火的关公圣帝则成为该户人家专有的镇宅之神和庇佑之神。

另外，梅山文化圈关公信仰也几无政治色彩。纵观关公信仰发展的历史过程，历代统治者、地方精英出于社会治理和道德建构的需要，崇奉和宣扬“忠”“义”“勇”，对关羽由人至神的转变和信仰的繁盛发挥着至关重要的作用。然而，发愿文所见梅山民众对关公的信仰是基于解决自身困难，求家庭福报，而几乎难以找寻价值观念上受影响的痕迹或为民族或皇家祝祷的“政治觉悟”。

（二）少“财神”“助学”神职，多“治病”神职

关公的神职内涵丰富，其中一重要神职是财富之神，即汉文化圈广为尊封的财神或商业神。关公因何成为财神，学界主要有信义立业说、山西商人说、掌财说、擅记账说等说法，无论何种说法更为准确，无可辩驳的事实是全国各地乃至全球华人各行各业大小商家俱视关公具有商业利市、招财进宝、遇难呈祥的财神职能。另外，关公还有一重身份为保佑学子蟾宫折桂、金榜题名的文昌神。《关圣帝君圣迹图志》记载，明朝太史张春及第之前曾在寺内读书，夜梦关羽显灵讲解《春秋》，后高中状元。[①] 全国多地随之形成了科考之士祭拜关公以求得魁的传统。

---

① 参见郑先兴《概念史学视域下的关公与关公文化》，载雷勇主编《三国文化研究》第二辑，西北大学出版社 2018 年版。

反观湘中关公神像发愿文折射出的关公信仰，梅山乡土社会家庭祭奉的关圣帝君财神与文神的身份并不明显。尽管有个别神像发愿文中也笼统提及求财的祈愿，但整体而言，梅山文化圈民众公认的财神由另一位神祇——赵公元帅担任。梅山民众普遍认为，关公是保佑家庭民生的“三界伏魔大帝”，“财神爷”则由赵公元帅专属。除此，梅山地区的关公也无助学的神职，这无疑可归因于梅山民众长期以来负固山林以渔猎为生，缺乏儒家文化圈进学求仕的思想氛围。与此同时，较之中国其他地区，梅山关帝治病、护佑的神职则较为突出，推测原因亦如前文所述。

五　结语

梅山民间信仰无处不渗透着道教的影响。一方面，自“开梅山”以来，各朝代官方均针对当地“祭鬼信巫”的民风实施教化，其中重要的措施是禁巫觋，倡佛道以洗脑[①]，佛寺道观在新化、安化等梅山腹地广泛建立，道教理念也随之得到传播。另一方面，巫、道之间的文化近缘关系促使二者彼此交融。如元末明初“江西填湖广”，江西移民也随之带来了本就具有浓郁巫教色彩的茅山道教，古梅山原始巫教与以符箓讳咒为主要祷祀仪式的南方道教文化快速融合，发展为一种多源兼蕴的、巫术色彩鲜明的民俗性宗教信仰。[②] 由于官方倡导和自身主动接受，梅山巫教逐步汲取了道教的神仙信仰和仪式结构，并嫁接融合了本土族群英雄、本坛派的历代祖师和在世师公，从而构成了庞杂多元的梅山神灵供祀体系。

然而，道教文化与梅山文化接触，其影响必然是相互的。借用汤用彤先生提出的“文化移植”观点，外来文化在加入本土文化血液中时，会在本土文化中产生影响并且可能长久发生作用，但本土

---

① 参见陈子艾、李新吾《梅山社会与蚩尤和地方神的信仰》，载陈子艾、华澜主编《湘中宗教与乡土社会》，下册。

② 参见刘铁峰《梅山道教文化生成与演化因缘论略》，《湖南人文科技学院学报》2005 年第 1 期。

文化的特性终将会在更新中得以保存："文化思想实在有他的特性，外来文化思想必须有所改变，合乎另一文化性质，乃能发生作用。"[①] 梅山道教神祇的复合型神格和神职正是道教教派与梅山本土巫觋思想融合后生成的，适应当地民众思想根基和实际需求的产物。在与外界宗教思想的碰撞中，梅山文化秉持着极大的开放性和包容性，对道教思想和道法实践进行了全方位的接纳和吸收；与此同时，梅山文化也在以其创造性、实用性和固有的传承性的原生文化的影响下，不断地改造和同化道教文化，本土原始信仰在此过程中或保留，或杂糅，或衍生，最终生成了独具特色的"梅山化"道教神祇信仰。

① 汤用彤：《汤用彤全集》第 5 卷，河北人民出版社 2000 年版，第 281 页。

佛学研究

菩提达摩的四种人生

——唐代禅宗史里的想象力之案例分析

蒋海怒

摘　要：本文在细致考察国际学界菩提达摩百年研究史的基础上，以“想象菩提达摩”为视角，勾勒出唐代僧团创造出的四种达摩形象：“游化僧”、大量禅文献的“作者”、东土和印度的“祖师”，以及作为解脱依据的“心灵”。本文力求去证明，“想象菩提达摩”如何以差异的方式推动着唐代禅思想和禅宗历史的发展，它不仅意味着禅宗史里“想象”的“思想性”，而且更进一步揭示了思想史本身的“想象性”。

关键词：菩提达摩；禅宗；续高僧传；祖堂集

作者简介：蒋海怒，浙江理工大学宗教文化研究所所长、教授（浙江杭州 310018）。

帕斯卡尔（Blaise Pascal）曾言，假使想象力是“谎言”永远可靠的尺度的话，那么它也会成为“真理”永远可靠的尺度。[①] 对

① 参见［法］帕斯卡尔《思想录》，何兆武译，商务印书馆 1985 年版。

于今天的读者而言，菩提达摩仍处于迷雾之中。如果说关于达摩的描述里有“真实”和“虚构”两种成分的话，那么在内容上后者无疑更为丰富，更具活力，也更具想象力。并且作为某种建构性支撑，“想象菩提达摩”实际上也在不断地推动着肇始于中古，并一直活跃至当代的中国、东亚乃至全球禅运动的发展。来自菩提达摩的启示总具有引导作用，是“以心传心”的核心环节，并且一直到今天，“祖师西来意”依旧是禅僧最严肃的参究主题。

菩提达摩广泛的社会影响力轻易地溢出了国别和宗教范围，在禅的外部，他被纳入了道教神灵系统；在大众生活文化里，他甚至被涂抹上诙谐甚至滑稽的色彩，形象有时类似于嗔怒的钟馗。我们了解到，在日本民俗文化里，达摩竟被塑造为一位给人留下鲜明印象的、没有腿的胖子。受到这“不倒翁”（だるま）形象的启迪，人们还写出了励志的诗歌：

> 这就是生活——
> 七次倒下，
> 八次站起来！①

然而，对这种扩散性影响的解明，显然并非本篇所能负担的。②我们的论述将聚焦在禅宗史内部。能够抵达“真的”或“历史的菩提达摩”吗？在20世纪，菩提达摩是禅宗史的热点议题之一，

---

① ［英］阿伦·瓦茨：《禅之道》，蒋海怒译，湖南美术出版社2018年版，第119页。

② 达摩对于日本社会文化影响深远，即使在儿童走卒间也是脍炙人口，松本文三郎介绍了菩提达摩对日本美术里“超脱达人”形象的影响。请参见［日］松本文三郎《达磨》“叙言”部分，东京：图书刊行会1911年版。柳田圣山介绍了达摩与日本民俗的联系，以及木户忠太郎、柳田国男的相关研究，参见［日］柳田圣山《人类の知的遺产16ダルマ》，东京：讲谈社1981年版。佛尔探讨了达摩与日本民间神灵信仰的关系，参见Bernard Faure，“From Bodhihdrama to Daruma：The Hidden Life of a Zen Patriarch”，*Japan Review*，Vol. 23，2011。最近出版的达摩研究著作来自白照杰（《圣僧的多元创造：菩提达摩传说及其他》，上海社会科学出版社2019年版）。该书的实际贡献在于挖掘菩提达摩故事所牵涉的道教成分，例如胎息、内丹、尸解等。概而言之，达摩与道教、达摩与民俗、达摩与民间神灵信仰等各方面的议题非常有趣，但并非本篇讨论的对象。

为数众多的学者曾立足于现代史学理性精神，对这位活跃于距今约1500年的梵僧的身世、师承、行历、交游和教理的言说进行殚精竭虑的求索。然而正如上文提到的，他的原始形象却并未随着研究而清晰。实际上，或许所谓“历史的达摩”面目及其思想从未彻底明晰过。

学术努力的动机是多方面的，或是为了满足现代史学的求真意志，满足实证理性精神的科学英雄主义；或出于反宗教（反感宗教）的目的，致力于揭穿历史上对菩提达摩的粉饰，从而迎合世俗的人文主义的思想占有欲。相反的立场来自禅宗的信仰者，他们期待利用现代史学的方式重新确认这位“初祖”的权威。有趣的是，该立场的域外视角有稍许差异，例如就日本佛教学视角看，部分学者们对史学意义上的菩提达摩的找寻，其实是将“寻找真菩提达摩”意味深长地简单等同于“禅传统的合法化”。[①]

与传统宗门内部关于菩提达摩的“陈旧”描述相比，我们拥有许多篇关于菩提达摩的现代“学术论文”，然而我们并未发掘出任何关于菩提达摩的绝对客观和透明的形象。如果宣称学术探索是寻觅“纯粹客观”的菩提达摩，那么它就略等于某种“学术的宗教”，因为“纯粹客观”正如“时间之镜”背后的世界那样不可得。当代史家认为，从“实用的现实主义”（practical realism）精神看，“文字和世间事物不可能完全相符，文字使用的惯例也不可能一致”。[②] 真相的确证和元素组合与人们对真相的编排、解释和陈述是一体两面的关系，与学者们自身的话语脉络存在紧密联系，也与他们自身的性别、族裔、社会地位、知识背景、“政治—宗教”

---

① 例如佛尔认为：“在禅的僧传中，我们业已提及某种流行的历史目的论观念，它将日本禅作为中国禅的自然衍生。如果菩提达摩仅仅是一个寻常的中亚地区的清教徒，那么他就和中国禅及随后的日本禅宗的理解了无关涉，也和他业已领受关注不般配。” Bernard Faure, “Bodhidharma as Textual and Religious Paradigm”, *History of Religions*, Vol. 25, No. 3, 1986, pp. 187 – 198. 中译：［美］佛尔：《作为文本和宗教范式的菩提达摩》，《正统性的意欲：北宗禅之批判系谱》附录，蒋海怒译，上海古籍出版社2010年版。

② Joyce Appleby, Lynn Hunt, *Telling the Truth About History*, New York: W. W. Norton & Company, 1995, p. 247.

立场有不可分的关系。当质疑旧描述是不可信的“圣徒传”（hagiography）时，现代学人应该有必要反省自身的“论述话语”（argumentative discourse）的性质。①

有一点是至为明确的，即我们无法与菩提达摩四目相对，因而笔者并不会在此迷恋性地走向对菩提达摩行迹和思想勉强地搜求钩稽，强为解说。当明白我们也许都无法抵达“历史还原主义”的“实体性的真实”之后，也应该放弃对不断追索语言与实物之间神秘关系的癖好——我们被迫去另寻他径，转而叩问那些“假材料”。在达到近乎刻意地维持着温情的敬意与自由解释间微妙的平衡后，我们将抽离“真”和“假”的价值伦理判断，而把它们当作登高望远的阶梯。无论如何，这么做非常值得——毕竟这位“五印”里的“南天竺”梵僧跋涉近万里，影响覆盖了整个东亚社会。

我们将学着去考察关于菩提达摩的逸事和传说——尤其是其中大部分可能虚构的内容。这位禅宗“初祖”的面貌产生了哪些变化，这些想象成分是如何以禅的理解和言说表达出来的，它们又如何塑造了禅的思想史。也就是说，我们将探究这些“不确定性”的文本上生成的“某种类型的历史”，考察“猜测”和“假定”如何转换为思想史的构成性力量。我们试图得出如下结论：“想象菩提达摩”如何成为禅家思想发展的动力，不仅塑造出各种形式的菩提达摩形象，变动的想象也主动构建出禅宗思想的历史。“想象菩提达摩”，不仅意味着“想象的思想性”，而且进一步揭示了“思想

① 对近代禅史学者的研究背景和先行的或潜在预设立场的追寻，以关于胡适禅史研究的讨论最为重要。请参见 John R. McRae，“Religion as Revolution in Chinese Historiography: Hu Shih（1891－1962）on Shen-hui”，*Cahiers d'Extême-Asie*，Vol. 12，2001；［美］马克瑞：《胡适与中国的文艺复兴：中国革命中的自由主义（1917—1937）》，江苏人民出版社 2010 年版；龚隽：《胡适与近代知识形态禅学史的书写》，《作为“知识”的近代中国佛学史论：在东亚视域内的知识史论述》，商务印书馆 2019 年版。对铃木大拙禅史研究的批评，参见佛尔《禅的洞见与滥见》第二章“禅东方主义的兴起”（Bernard Faure，*Chan Insights and Oversights: An Epietemological Critique of the Chan Tradition*，Princeton: Princeton University Press，1993），这些讨论似乎在说明“一切思想史都是当代史”的道理。

的想象性”。在中国思想史上，黄帝和周公也曾经承担过类似的角色。

一　虚实以后：考察史的回顾与问题

对菩提达摩前期研究的考察告诉我们：20 世纪是达摩研究的“繁盛期”，而21 世纪以来，实质性的成果基本处于微弱增长的状况，对这位禅宗初祖的“学术性”研究似乎面临停滞风险。接下来，我们将分析过去百年里那些代表性的撰述，它们的贡献、启迪，以及对于现今分析来说未尽意的方面。

达摩学术史上，境野哲的研究①产生了截断众流的效果，标志着达摩的研究真正进入了现代理性阶段，这就是“历史学维度”的开辟。而且，《支那佛教史纲》也许是东亚范围内最早的“佛教史学”著作之一。② 值得注意的是，现代学者大多刻意地区分了“史学”或“宗教史学”视角下的佛教研究与传统教内说法的不同性质。③ 正如村上专精在《支那佛教史纲》序言里说道，佛教研究法有“历史”和“教理”两种。而佛教作为传承悠久、影响广泛的思想，如果缺少历史的研究，教理的研究必将也陷入谬误，因而历史的研究比教理研究更为必要，却也是最为缺失的。他又坦承：研究印度佛教借助于中国的翻译，而研究日本佛教又不得不向中国寻求根本。许多佛教教理发展实际上是在中国进行的，因而相较于印度和日本而言，中国佛教史的研究最为必要。我们了解到，村上专精、境野哲和鹫尾顺敬三人曾于明治二十年（1887）共同创办

---

① 参见［日］境野哲《支那佛教史纲》，东京：森江书店 1907 年版。

② 参见程正《近十年日本学者的中国禅研究成果》，载河北禅学研究所编《中国禅学》第 2 卷，中华书局 2003 年版。著者认为，中国禅宗史研究的第一个阶段是 1911—1925 年，其特点是利用有限的传世材料开展研究，这种看法似乎没有将研究范围推展到境野哲前面。

③ 例如陈寅恪就赞誉陈垣的宗教史研究，直言“中国乙部之中，几无完善之宗教史，然其有之，实自近岁新会陈援庵先生之著述始”，陈寅恪《陈垣明季滇黔佛教考序》，《金明馆丛稿二编》，生活·读书·新知三联书店 2001 年版，第 272 页。

《佛教史林》杂志，其后境野哲又写出了《日本佛教史要》《印度支那佛教史要》《印度佛教史纲》。正是有此一系列佛教史学撰述为基础，境野哲才能做出“达摩史学”领域内如此具有开创性的贡献。

如果要对境野哲的研究进行一字的概括，那就是“疑”。

境野哲《支那佛教史纲》讨论达摩的部分散见于该书的第八章和第十三章。“疑”的精神首先体现在：所谓“西天二十八祖”，在境野哲的视野里，是完全被作为非历史的虚构排除在讨论之外的。他还认为，禅宗在传说中由菩提达摩传入中国，然而从历史的研究来看，他的行迹并不明晰，今天几乎难以揣摩。[①] 至于传统所言禅是严格意义上的由菩提达摩嫡传而至的说法是不可信的，达摩的禅与后世的禅传统不属于同样一种思想。所谓慧可断臂求法，也是虚构事件。所以，境野哲的撰述是别起一章专叙唐代禅宗。[②] 由此看出，在境野哲那里，他对禅宗初祖菩提达摩的真实性趋向于否定的立场。当我们把境野哲的著作与十八年后的忽滑谷快天进行比较的时候，前者严格的历史学立场尤为突出。许多年以后，忽滑谷快天依旧津津乐道达摩与梁武帝两人的互动故事，甚至对几百年后的宋代《传灯录》材料来勾勒所谓“达摩禅”的做法不加简择。更为严重的是，忽滑谷快天没有利用当时已经面世的敦煌文献来考察禅宗史和鉴别达摩文献。[③]

境野哲严格的历史学态度被松本文三郎继承下来，他的著作《达磨》[④] 是第一部采用现代历史学术方法研究菩提达摩的专著。在该书的序言里，松本也将境野哲的研究视为这一领域的嚆矢之作。虽然松本氏依旧使用那些熟知的禅宗宗派内部视角的史料（例如《景德传灯录》等），并无以后新发现的敦煌等新材料的“加持”，但他依旧能够对古代达摩传说进行彻底的分析和批判，对达

① 参见［日］境野哲《支那佛教史纲》，东京：森江书店 1907 年版。

② 参见［日］境野哲《支那佛教史纲》，东京：森江书店 1907 年版。

③ 参见［日］忽滑谷快天《禅学思想史》，东京：名著刊行会 1925 年版。

④ 参见［日］松本文三郎《达磨》，东京：图书刊行会 1911 年版。

摩在现代学术中进行定位。松本文三郎与境野哲具有同样的思考起点，他在《达磨》的“序言”里提到，佛教研究的大弊端是“史的研究”的阙如。因为在传统社会，禅门重传灯，其教理超然出于世事，所以历史记载甚为疏略。其原因一方面在于这些仅有的记载具有古代历史文献“史实错误”的通弊，而更为重要的另一方面是，禅宗史料多有后世强加附会的内容。

《达磨》分上、下两篇。上篇以菩提达摩为中心，研究涉及达摩传记、种姓与师承，及他与慧可、佛大先诸人的关系、禅法（观法）、达摩与《楞伽经》、达摩杂说，及达摩门下弟子。下篇研究了中国禅学的由来（罗什、觉贤以前、以后的禅教）、道安慧远及其门下、觉贤门下、罗什门下、觉贤罗什以外，及达摩门下。松本文三郎致力于菩提达摩传构成元素的分析，力求揭示“达磨传”的“真相”，而他的成果也的确检视出后世“达磨传”里的杜撰成分。在当时的条件下，松本的著作可谓穷尽了传世的达摩史料，包括《出三藏记集》《续高僧传》，还有《开元释教录》等系列目录学著作及《玄奘西域记》。他对菩提达摩传记构成要素进行了细致的分析与剖析，包括其名称、生国族姓、师友、行迹、弟子、与同时代其他僧人的关系等。仅达摩的姓名而言，松本就列出了七种。[1] 松本文三郎提醒读者的另外一点是，他洞察到了达摩早期和后期传记之间的巨大差异。后人笔下的“达磨传”是思维的结果，是谬想、空想和谬见。其中最明显的谬想，是达摩的第二十八祖身份，及达摩与梁武帝见面的故事。松本氏得出的结论是：“达摩禅”的出现的确是划时代的事件，与此前的小乘禅有巨大差别。达摩确实是中国禅的始祖，也是一位实际的历史人物，然而他的教说和行状，除《续高僧传》外，其他皆不可信。[2]

胡适的达摩研究代表作主要是《菩提达摩考》（1927 年）和

---

① 参见［日］松本文三郎《达磨》，第东京：国书刊行会 1911 年版。

② 参见［日］松本文三郎《达磨》，东京：国书刊行会 1911 年版。

《楞伽宗考》（1935 年）两篇。[①] 此外，他此后的禅宗史系列论文里有一些包含对“西天二十八祖”进行辨伪的论文。[②] 虽然胡适的菩提达摩研究已经年代久远，并且在他之后，汉语学界涌现了大量达摩研究成果。然而，如果我们平心静气地分析，他的研究几乎可算汉语佛学界仅有的、学术范式意义上的达摩探讨。菩提达摩（及禅宗史）考订是胡适生平最为得意的部分之一，是其一生持奉的“大胆假设”和“小心求证”方法论的实践基地，是其“材料中心主义”主张的全部呈现。胡适对菩提达摩生卒和来华时间所做的研究，对楞伽宗传承的梳理，都具有开创价值和典范意义，并深刻地影响了此后中、日学界的菩提达摩研究。然而，正是在对“材料”的理解上，胡适的撰述表现出“历史还原主义”的偏执。然而，我们需要把胡适的偏执放在近代中国“新史学”典范和“疑古”思潮兴起这个背景里考察。

例如在《菩提达摩考》里，胡适在谈及史料问题时说，一定要重视五代之前的材料，因为禅门内部材料是“不可靠的假历史”，而唐初道宣的材料“比较最近古、最可信”[③]。例如他说，《景德传灯录》以至于《联灯会要》等全是“捏造话头、伪作机缘，其实全没有史料价值”[④]。在《楞伽宗考》里，胡适体现出对《洛阳伽蓝记》和《续高僧传》的看重，因为就前者而言，作者“杨衒之约与达摩同时，道宣去之亦不远，而达摩之学说，则有昙琳所记之《入道四行》，此文经道宣引用，知其在唐初以前即有之，应非伪造”。就后者而言，因为“（道宣的）《续高僧传》里保存的一些楞伽宗史料是最可靠的记载，可以使我们用他的记

---

① 胡适的《菩提达摩考》成文之后，1929 年又写了两篇札记（《又记》）作为附录。

② 例如《禅学古史考》《中国禅学的发展》《白居易时代的禅宗世系》《菏泽大师神会传》等。

③ 胡适：《楞伽宗考》，《胡适全集》第 4 卷《胡适文存四集》，安徽教育出版社 2003 年版，第 218 页。

④ 胡适：《菩提达摩考（中国中古哲学史的一章）》，《胡适全集》第 3 卷《胡适文存三集》，第 326 页。

载来和 8 世纪以后伪造的史迹参证比较，考证出后来种种作伪的痕迹来，同时从头建造起一段可信的中国禅学史来”。[①] 除道宣的记载外，胡适还重视“敦煌的古写本”、日本保存的古写本。胡适进一步申明自己的菩提达摩研究宗旨是揭示“菩提达摩的传说如何逐渐加详，逐渐由唐初的朴素史迹变成宋代的荒唐神话”。问题在于，“最近古”就可信吗？对道宣《续高僧传》的解读（详见下文）告诉我们，“写下”的材料在任何时候“都已”经历了一次作者的粉饰。

此外，对于禅宗（菩提达摩），胡适始终无法秉持平和的态度。在一些场合，胡适甚至表现出更激烈的态度，他声称禅门内部的材料是“可笑”的，基本全属“攀龙附凤”，它们来自“大骗子”和“作伪专家”，因而自己对它们“没有好感”和“缺少尊崇之心”，而自己的工作是要“把达摩、慧能以至于西天二十八祖的原形都给打出来”，要“揭穿认真作假”。胡适还认为，“禅宗佛教里百分之九十，甚或百分之九十五，都是一团胡说、伪造、诈骗、矫饰和装腔作势”[②]。由此可见，胡适的达摩及禅宗史研究缺乏现代学术对自身盲点的反省，故难以保持其所刻意树立起来的客观和中立的形象。

20 世纪中叶，日本学者关口真大连续出版了《达摩大师の研究：达摩大师の思想と达摩禅の形成新资料による思想史》[③]、《禅宗思想史》[④] 和《达磨の研究》[⑤]，由于影响巨大，甚至被某些学者评论为菩提达摩研究的终结性成果（当然这种说法可以被善意地理解为溢美之词）。此前，铃木大拙曾出版《禅思想史研究第二》[⑥]，

---

① 胡适：《楞伽宗考》，《胡适全集》第 4 卷《胡适文存四集》，第 214 页。

② 胡适：《揭穿认真作假的和尚道士》，《近现代著名学者佛学文集 · 胡适卷》，中国社会科学出版社 1995 年版，第 328 页。

③ 参见［日］关口真大《达摩大师の研究：达摩大师の思想と达摩禅の形成新资料による思想史》，东京：彰国社 1957 年版。

④ 参见［日］关口真大《禅宗思想史》，东京：山喜房佛书林 1964 年版。

⑤ 参见［日］关口真大《达磨の研究》，东京：岩波书店 1967 年版。

⑥ 参见［日］铃木大拙《禅思想史研究第二》，东京：岩波书店 1951 年版。

梳理了题名为菩提达摩的传世文献，及佚失文献（仅存目录）。而关口真大《达摩大师の研究：达摩大师の思想と达摩禅の形成新资料による思想史》在资料方面的优势之一是首次利用了当时依旧是最新资料的，日本人桥本凝胤氏所藏的敦煌文献《菩提达摩论》，将之与《二入四行论》进行比较。优胜处之二是首次系统和全面研究了敦煌出土的禅宗文献里与菩提达摩有关的部分，并指出这些文献与历史上的禅宗思想之间的联系。我们从它的各章标题也可以感觉到作者的视角，这些标题有“《达摩和尚绝观论》与牛头禅”“《菩提达摩无心论》与南宗禅”“《达摩大师观心论》与北宗禅”“《证心论》与天台止观法门”“《达摩禅师观门》与念佛禅”“《达摩大师四行观》与安心法门”等。值得注意的是，该书立足于敦煌文本中题目为菩提达摩的文献，提出了“达摩禅”的概念。该书的姐妹篇是 1964 年出版的《禅宗思想史》，该书一方面接受了胡适“楞伽宗”的提法，梳理了“楞伽宗”传承里的主要代表人物。但更具新意的是提出了“达磨宗”的概念，用来指代唐代那些标举菩提达摩为“初祖”的宗派。从作者不断提出“达摩禅”“达磨宗”这样的称呼来看，作者意欲以“菩提达摩”为枢纽贯穿起唐代禅思想史的努力。《禅宗思想史》另外一个颇具新意之处是论证出天台禅观是禅宗形成的重要因素，这又与作者的天台宗信仰背景相关了。关口真大对菩提达摩的认识经历了不断修正和考察的过程，其归宿之作是 1967 年出版的《达磨の研究》，该书对作者以往的种种提法都有所调整，例如不再坚持所谓“达摩禅”“达磨宗”提法，改之以“达磨论”，用以称呼那些托名菩提达摩的撰述。该书的第二个创造性研究是对菩提达摩传记进行彻底清理，穷竭性地解析了其中呈现的 43 种元素。

综览关口真大的达摩研究，给人们留下的第一印象是彻底和详细的，其最重大的收获有三点。第一，关口提出了历史上实际存在的“菩提达摩”和超越客观历史的、象征化的理想的“达磨”两者的区分，并且提出禅宗发展的历史就是从“菩提达摩”向“达磨”转化的历史。实际上，我们在唐代文献里只能看见“菩提达摩”或“达摩”之名，而在宋代文献里，人们开始用“达磨”取代了上面两种写法，这种人名的改变是与菩提达摩被步步神秘化和抽象化的对应。柳田圣山后来更明确地提出，用“达磨”大规模取代“达摩”，是从《景德传灯录》开始的。[①] 第二，在《达摩大师の研究：达摩大师の思想と达摩禅の形成新资料による思想史》里的“达摩大师撰述の种种相”和《达磨の研究》一书的“达磨论の诸样相”两节里，关口指出唐代托名达摩的著作数量众多，但基本系伪造，并且它们的思想并不一致，甚至有的是互相冲突的。第三，关口努力从“演变过程”角度透析各类不同时代的“达磨传”文本，他在这方面的工作做得相当精细。

日本最后的达摩研究大家是柳田圣山，虽然他并非专精此领域，他的达摩研究撰述也没有关口真大丰厚，但数量和质量依然非常可观。尤为重要的是，柳田圣山总是将达摩文献放到该文本产生的宗教、文化和社会等各种语境里考察，从而得出不少较新的观点。如果要对柳田氏独特而成效卓著的研究法做出概括，可称为“批评的文献学”（Critical philology）或“历史文献批评学”（Historical document criticism），这种方法是以文本文献的考辨为特征的，其要点有三个方面。其一，要对资料本身的真伪、性质和价值做出判断，将禅的文献置于一个前后关联和相互影响的“文本变化史”中考察。其二，从文献产生时代的政治、社会和文化的史实角度来判断文献的地位和外缘关系，其最突出的特点是引用大量相关文献，从文本外部来勾勒语录产生的背景。其三，解释文献中所反映的禅思想，且将思想的解释和他本人对禅思想史的整体判断联系起来，确定其意义。柳田研究了许多与菩提达摩相关的文本，例如托名达摩的作品《绝观论》《破相论》《观心论》《悟性论》等，及《楞伽师资记》等一系列“灯史”文本。其中最具代表性的是他的《二入四行论》研究，上述“批评的文献学”方法也被施诸对《二

---

① 参见［日］柳田圣山《语录の历史——禅文献の成立史的研究》，《东方学报》（京都大学人文科学研究所）1985 年第 57 号。

入四行论》的考察中。

从时间上看，柳田对该文本的研究长达三十多年之久。柳田的《二入四行论》研究生涯是与一系列重要撰述相联系的：《菩提达摩二入四行论の资料价值》[①]、《初期禅宗史书の研究》[②]、《达摩の语录・二入四行论》[③]、《ダルマとその背景》[④]、《人类の知的遗产16ダルマ》和《语录の历史——禅文献の成立史的研究》。柳田认为，敦煌本《二入四行论》出土迫使我们重新认识道宣对菩提达摩的叙述。他表明，道宣在撰写《续高僧传》菩提达摩传时，是以昙林《二入四行论》为基础文本的，然而又不完全依赖它，同时斟酌利用其他材料。此外，道宣在撰写所谓“楞伽师”（依《楞伽经》修行的僧人）时也参考了昙林《二入四行论》。可见，相比于胡适，柳田的见解有所进步。《达摩の语录・二入四行论》是柳田圣山在铃木大拙等学者对《二入四行论》整理的基础上，详加分章、校勘、注释而形成的一个范本，该书也是筑摩书房20册《禅语录》的第一本，在禅宗史研究界有崇高的地位。正是在《达摩の语录・二入四行论》的序言里，柳田论述了各种达摩语录产生的历史背景、宗教分派背景，以及思想。此外，在《初期禅宗史书の研究》里，柳田提出：中国初期禅宗史书的最大课题之一是“研究初祖达磨像的多种变貌”，该课题最终在《语录の历史——禅文献の成立史的研究》里得到深入研究。柳田看到禅门使用“达摩”和“达磨”不同反映出的象征意义，指出《景德传灯录》以后，禅门差不多都用“达磨”取代了“达摩”。[⑤] 在《人类の知的遗产，16ダルマ》里，柳田圣山全方位考察了菩提达摩，例如达磨传记、碑

---

① 参见［日］柳田圣山《菩提达摩二入四行论の资料价值》，《印度学佛教学研究》1966年第15卷第1号。

② 参见［日］柳田圣山《初期禅宗史书の研究》，京都：法藏馆1967年版。

③ 参见［日］柳田圣山《达摩の语录・二入四行论》，长野：筑摩书房1969年版。

④ 参见［日］柳田圣山《ダルマとその背景》，载［日］横超慧日编《北魏佛教の研究》，京都：法藏馆1970年版。

⑤ ［日］柳田圣山：《语录の历史——禅文献の成立史的研究》，《东方学报》（京都）1985年第57号，第154页。

文、安心问答、达磨与“达磨宗”等。柳田圣山对达摩语录《二入四行论》也进行了更新的研究，尤其指出了《二入四行论》与《金刚三昧经》的关系，认为《金刚三昧经》是以《二入四行论》为基础创作出来的伪书。① 由上可见，柳田是将《二入四行论》纳入其庞大的“禅宗语录研究”的一部分进行处理的。作为20世纪下半叶国际禅宗史领域的中心人物，柳田圣山的学术影响也不断通过其弟子和门生传承下去，他的达摩研究也是如此。下面，我们将把讨论转移到他的两位弟子身上。

相比于自己的日本老师柳田圣山，佛尔（Bernard Faure）这位法国学者显得超脱许多。虽然佛尔的学术领域还在不断拓展中，目前看来，禅宗史只是其诸多研究领域之一，然而却是在方法论意义上最具有奠基性的部分。在一篇影响甚大的文章《作为文本和宗教范式的菩提达摩》里，他直截了当地认为菩提达摩只是传说人物，只是某种“文本和宗教的范式”②。在他看来，很多宗教运动的领袖或宗派创始人呈现为模糊的历史实存，很多佛教宗派源自某种相对隐匿的状态，他们被第二代或第三代继承者编组起来。这些继承者在大多数情况下是事实的创始人。“初祖”是追溯性的，他们被擢升到更高贵的等级中，以赋予新宗派更多的合法性。他的名字划入了一个空白区域。在其中，人们可以很便捷地投掷所有必需的传记成分。换言之，“祖师传统”没有真实的源头，没有真实的“创立者”。用列维·斯特劳斯的语言来说，偶然扮演这个角色的名流是一个“虚焦”，一个虚拟的客体，只有他的阴影是真实的。从德里达的哲学意义来看，“传记”就是一种“踪迹”（trace），该传记会围绕着这个暧昧的起源迅速增长，“历史”细节无论以何种方式保持下来，都会迅速地转变为传说。在这种观点视野里，重要的不是考证与菩提达摩相关的各种时间和地点，而是要以“文学/文本分析家”的角度，探究各类与菩提达摩相关文献的描述中的结构、

---

① 参见［日］柳田圣山《人类の知的遺产，16ダルマ》，东京：讲谈社1981年版。

② 参见［美］伯兰特·佛尔《作为文本和宗教范式的菩提达摩》，《汉语佛学评论》2011年第二辑，上海古籍出版社2011年版。

技巧和潜台词。[1] 佛尔的达摩研究，我们下文还将涉及。

与佛尔相比较，柳田圣山先生的美国弟子马克瑞（John R. McRae）的菩提达摩研究更为细腻，并留下了不少重要的论述，包括他与佛尔的辩论文章。[2] 在此，我们仅以《中国禅宗史：虚构之上的真实》为例考察其研究风格。[3] 在该书里，马克瑞详致地梳理出达摩传说的演变过程，将它们提升至方法论层面来理解。马克瑞认为，理解禅宗的"圣徒传"最简易的方法就是去考察菩提达摩的图像是如何随着时间而演化的。菩提达摩"圣徒传"中每个元素的前后变化都反映出"圣徒传"增补和改变的整体模式。此就是说，不仅达摩作为禅宗祖师的形象随着时间的推移而不断细腻化，新的"圣徒传"撰作动机也取代了以往的动机，从而改变了这位宗教圣人图像的特质。在新闻报道精确度的意义上，菩提达摩人生的诸多细节没有一个是"真实"的，然而正因如此，每一个却比仅仅是"事实"可能更为重要。达摩图像的演化是禅自身发展的真实索引。就是说，如果我们能对不同时间点做一个横断面分析，可以看到：在每一个特定的年代里，禅宗的成员均重新设计了菩提达摩的个性特征，以配合他们自己的宗教圣人形象。因此，每一次大规模的重构都暗示了中国禅宗宗教方面质的变化。换句话说，中古时期中国禅宗派和现代武侠电影都按照自身的"开悟圣人"观念，创造出达摩的图像。这些"想象的圣人"服务于每个禅系或宗派所想欲满足的需求，"他们"只是一些挂名领袖的人格化，并如此将特定的精神或肢体运动合法化。如果把多样的"圣徒传"的达摩图像的任何一种看成精确的话，这就等于在一系列持续不断改变的传奇图像中选择唯一的一个。那些图像不是历史的真实，然而他们却因此

---

① 参见 Bernard Faure，"Bodhidharma as Textual and Religious Paradigm"，*History of Religions*，Vol. 25，No. 3，1986。

② 参见 John R. McRae，"The Hagiography of Bodhidharma：Reconstructing the Point of Origin of Chinese Chan Buddhism"，in John Kieschnick，Meir Shahar ed.，*India in the Chinese Imagination*：*Myth*，*Religion*，*and Thought*，Philadelphia：University of Pennsylvania Press，2013。

③ 该书的中文版将由中西书局出版，译者蒋海怒。

更为重要。更确切地说，那些图像为代代禅修者和信奉者所使用，并因此或许比历史可证实的事件的单纯重建更为重要。就《二入四行论》而言，马克瑞认为该文本在此后的时代被遗忘，无疑正因其过于直白简明。它的文字有点过于单调，简直无法满足禅传统意欲中的开山祖师图像。既然“诸法无常”是佛教的基本教义，那么可以简单地认为万事万物都是暂时存在的，或者用历史学术语说，是“变革”。尽管如此，在整个 7 世纪和 8 世纪初期，甚至到宋代，《二入四行论》继续在禅史里扮演重要的角色，在许多北宗、南宗、古典禅和宋代禅的文本里，我们都可以发现《二入四行论》的理论模型。[①] 马克瑞更为直接地说，作为“传说模式”的菩提达摩在“创造禅宗”这个方面，其重要性要远甚于“真实的、历史的菩提达摩”所扮演的角色。[②] 英语世界的菩提达摩研究还有一些其他成果，大多属于达摩传记的英文介绍及《二入四行论》等达摩语录的英译，其中较为重要的研究来自杰弗里·布劳顿（Jeffrey Broughton）。[③]

菩提达摩研究史的简要回顾，给我们勾勒出 20 世纪对这位禅宗“初祖”考察的几次重要变化。最初，学者们基于现代史学立场推翻了来自传统宗门的记载，转而根据传世文献钩稽菩提达摩的行历等传记元素。此后，随着敦煌文本的发现，研究者结合敦煌写本里的《二入四行论》和其他托名菩提达摩的撰述，从文献批评的角度细致研究了那些伪托菩提达摩的禅思想。最后，研究范式的最新转向是侧重探讨菩提达摩形象的塑造史、变迁史和阐释史。

既然我们迄今关于菩提达摩的描述大部分属于考证意义上的“假”材料，那么这些“传说”和“虚构”也不应该被视为“废”材料。实际上，那些被视为“真”材料的早期菩提达摩记述（例

---

① 参见 John R. McRae, *Seeing Through Zen*, University of California Press, 2003。

② John R. McRae, *The Northern School and the Formation of Early Ch'an Buddhism*, Honolulu: University of Hawai'i Press, 1986, p. 252.

③ 参见 Jeffrey Broughton, *The Bodhidharma Anthology: The Earliest Records of Zen*, Oakland: University of California Press, 1999。

如《续高僧传》)，其实也是在一系列潜在动机驱使下撰写出来的，它促使更进一步考察《续高僧传》等早期记述的书写诉求；我们还可以探究更早的，属于回忆性质的材料（昙林《二入四行论》)，看看它们被回忆出来后添加了哪些内容；至于那些托名菩提达摩的“伪撰”，其文本要素的构成和文本自身的思想也会告诉我们一些其产生年代的禅宗思想史的信息（例如各支禅派别的竞争)；此外，菩提达摩从“东土初祖”向“西天二十八祖”的“升格”过程，也大有耐人寻味之处，人们对这位祖师的家世和行迹的新描述反映出撰者的内在渴求和行动意欲；最后，当我们考察“古典禅”这个唐代禅发展的最后一个阶段时，惊异地发现菩提达摩扮演新角色，在对“祖师西来意”的反复追问中，将“虚构”意义上的菩提达摩与每位普通禅僧在修行上“合一”了。概言之，唐代禅思想史上存在一些回忆、传记、伪撰、追溯性重构以及虚拟的现场情境，这些想象性内容并非被动的、消极的，它们介入了唐代（和宋代）禅宗思想各种类型的塑造，在北宗、南宗、古典禅和“文字”“公案”里承担了重要角色。也许笔者接下来一系列的考察只是要去阐明：想象可以作为思想的表达方式，那些性质上属于想象的思想实际上也参与构建思想史的过程。

二　道宣《续高僧传》：文字参差与书写策略

从传记人物上看，被描述的达摩形象仿佛是一幅“色彩混搭”的画布，表现出强烈的模糊感。他的印度族裔的身份，他的年纪，他“起自荒裔，来游中土”[①] 的路线和时间，他在大江南北的行迹，他的亡故原因，及前后发生的奇诡事件，迄今仍被热烈地讨论着。[②]

---

① （北魏）杨衒之：《洛阳伽蓝记》卷一，《大正藏》，东京：大藏出版株式会社1988年版，第51册，第1000页中。

② 例如，从广州华林寺在21世纪初编的《达摩禅学研究》（中国大百科全书出版社2003年版）所收汉语学界20世纪关于菩提达摩的讨论的代表性论文看，行迹或故事成分毫无意外地成为学者最关心的内容。

从唐代众多禅门文献里（尤其是灯史部分）可推究出，禅僧一贯将道宣的《续高僧传》看成初祖的“本纪”。道宣之后的禅僧群体即使急迫地添加一些有利于他们“祖师”的叙事，也会顾及《续高僧传》不可动摇的地位。这与道宣在唐初的崇高地位相关，赞宁《宋高僧传》曾追叙道宣在唐代初年被尊崇的状况：“宣之持律声振竺乾，宣之编修美流天下”①，我们当然可以赞同某些学者的反驳，例如柯嘉豪（John Kieschnick）曾质疑：道宣真的如《宋高僧传》所说“声振竺乾”② 吗？但是来自赞宁的赞誉至少从一个侧面反映出道宣是唐初佛教界的权威人物，《续高僧传》是当时公认的权威文本这一状况。

迄今为止的学者也普遍将此传记视为菩提达摩事迹和思想最可信的记载，或不约而同地默认胡适的立场：材料愈古愈可信，因此要努力寻找那些“去古未远”的文献，根据“材料愈古愈真”的史学原则，《续高僧传》自然具有了达摩传记的权威地位。从方法论层面看，胡适先生的“新史学”或“史学革命”的背景是以“古史辨”为核心的“整理国故”运动，他“整理国故”的核心是文献，认为学术的进步所赖，其一是材料的积聚与剖解；其二是材料的组织与贯通。虽然胡适坚称“材料固是越古越可信，而见解则后人往往胜过前人”③，但落实在禅宗史研究，却完全是以第一条为标准来衡量，其结果是对《续高僧传》近乎执着的依赖。

完全依赖《续高僧传》里的达摩记载会产生一系列的严重问题。道宣完成《续高僧传》的撰写时代（645—665 年）距达摩活动期已近 150 年④，后者对于道宣而言已大半属于较久远历史中的传说人物，因此《续高僧传》的记载并非同时代的“实录”，

---

① （宋）赞宁：《宋高僧传》卷一四，《大正藏》，第 50 册，第 791 页上。

② John Kieschnick, *The Eminent Monk: Buddhist Ideals in Medieval Chinese Hagiography*, Honolulu: University of Hawai'i Press, 1997, p. 2.

③ 胡适：《国学季刊发刊宣言》，《胡适文存全集》第 2 卷《胡适文存二集》，第 4 页。

④ 菩提达摩来华及活动期众说纷纭，本文取其最确定时间点，据《洛阳伽蓝记》卷一“至孝昌二年中，大风发屋拔树，（永宁寺）刹上宝瓶随风而落入地丈余”，而达摩此前曾至此地，《大正藏》，第 51 册，第 1000 页中。

由此需要考察《续高僧传》里达摩传记的“史源学”问题——因为古人在征引材料的时候，并不存在今日“直引”的各种规范，往往是隐括前人言论，甚至不自觉地误引、漏引并由此无意识地造成对材料解读的歪曲。《续高僧传》确定使用过的材料有两个：杨衒之的《洛阳伽蓝记》和署名昙林的《二入四行论》，即使道宣对他们的引用完全是忠实的，而这两个材料自身的记载也存在各种问题。

道宣的确阅读过《洛阳伽蓝记》。《续高僧传》卷一载有“又期城郡守杨衒之撰《洛阳伽蓝记》五卷，故其序略云……”[①] 的话可作证明。《洛阳伽蓝记》的问题在于，它虽被认为“多足与史传参证”，“采摭繁富，亦足以广异闻”[②]，但是夸诞之处也所在多有。就达摩记叙看，“自言年150余岁”等记载足以令人疑窦丛生。此外，撰者杨衒之自身的“反佛”立场也应该被考量进来。20世纪以来的学者多根据《洛阳伽蓝记》来推断菩提达摩在华活动的时间，然而，杨衒之描述的可能是另一个菩提达摩。

至于昙林《二入四行论》，一向有简短本、灯录本、朝鲜本和敦煌写本长卷子种种说法。此前，传世的《二入四行论》（如《景德传灯录》卷三〇《菩提达摩略辨大乘入道四行》）并未受到学界认可，自敦煌写本里的《二入四行论》面世后，学者们改而确认：道宣确实曾将昙林《二入四行论》作为《续高僧传》的重要原始材料来使用。

即使如此，也不能认为昙林对自己曾经的师父菩提达摩的记载（或更确切地说，对慧可所陈述的菩提达摩的记载）是完全忠诚的“实录”行为。昙林《二入四行论》的文本有“追忆”的性质，其实应该从“回忆史”（history over memory）的视角来审视，“人们的历史记忆像一块黑板，可以不断地填写、修改、擦拭”。[③]“回忆史”的研究也告诉我们，宗教教理的记忆往往以背离原始教义的方式进

---

① 《大正藏》，第50册，第429页中。

② （清）永瑢等：《四库全书总目》卷七〇，中华书局1965年版，第619页。

③ 王汎森：《历史记忆与历史——中国近世史为例》，《当代》1993年第91期。

行，也就是说，宗教教理的发展呈现不断被添加新元素的痕迹。此正如哈布瓦赫（Maurice Halbwachs）所言："然而为了领会宗教运动或宗教的进步。人们必须（至少以概要的方式）回忆他们所离开的那个时间点。此外，大量新思想以相对立的方式被加入旧思想中。"①

从《二入四行论》里下面这一段话可以看出其回忆的性质："于时唯有道育、慧可，此二沙门年虽后生，俊志高远，幸逢法师，事之数载，善蒙师意。法师感其精诚，诲以真道……"② 该文本还收录了两封书信，其一是向居士写给慧可的信，这封信被《续高僧传》引用。第二封信有"吾恒仰慕前哲，广修诸行，常钦净土，渴仰遗风。得逢释迦……"这样的句子，据文意也应是向居士的信；该信还有"故写幽怀，聊显入道方便偈等，用简有缘同悟之徒"③等语，等于交代了达摩门下诸弟子间经常就禅法进行交流的事实。可见《二入四行论》其实是回忆的记录，并非达摩思想的实录。因而，无论是《洛阳伽蓝记》还是《二入四行论》，道宣《续高僧传》达摩传记"史源"上都存在上述问题。

细读《续高僧传·达摩传》文本，可以看出，在组织菩提达摩、慧可及其周围教团成员传记的时候，道宣所提供的文字表现出不断添加的痕迹。也就是说，在对早期禅僧及其思想的记述上，《续高僧传》的相关章节呈现某种脱离作者驾驭能力的、"不受控制"的文本，对菩提达摩一系禅发展史的记载上，存在许多文义"断裂"与"失序"之处。例如，《续高僧传》的"序"作于贞观十九年（645），自陈"始岠梁之初运，终唐贞观十有九年，一百四十四载，包括岳渎，历访华夷。正传三百四十人，附见一百六十人"④。从这个时间至道宣律师去世的乾封二年（667）的22年间，道宣又继续

① Maurice Halbwachs, *On Collective Memory*, Chicago: University of Chicago Press, 1992, p. 85.

② ［日］柳田圣山：《达摩の语録·二入四行论》，第25页。

③ ［日］柳田圣山：《达摩の语録·二入四行论》，第47页。

④ 《大正藏》，第50册，第425页中。

收集各种材料，添加到《续高僧传》里。胡适考察了《玄奘传》里的大量增补情况，也能看到《法冲传》“至今麟德，年七十九矣”[①]的文字，也看到《慧可传》里出现陆续添加材料的情况。胡适由此认为“这一篇传的后半，很显出随时涂乙增加的痕迹，有些材料是硬挤进一个写成本子上去的，经过不小心的传写，就几乎不成文理了”[②]。胡适还认为，道宣早年还不知道达摩一派有“楞伽宗”之名，所以他在《达摩传》中和《习禅篇总论》里都不曾提起这一派是持奉《楞伽经》为法典的。达摩传授四卷《楞伽经》之说，仅仅插在《慧可传》末的附件部分，可见道宣知道此事已在晚年添补《续高僧传》的时期，那时他认得了“楞伽宗”的健将法冲，又知道了这一派大师道信的历史，他才明白达摩、慧可一派并非“末绪卒无荣嗣”[③]，所以他才添注这一段达摩传授楞伽的历史。但道信等人的历史只好另立专传了。《法冲传》似乎写定最晚，已在道宣离世之前，所以不及改编，竟被编入“感通”门里去了![④] 胡适的这个见地还是很高明的，此后的禅宗史学者（例如柳田圣山）也接受了这个观点。

从撰写目的和文本性质上看，“高僧传”之类的文本撰写目的主要不是给出人物的忠实记录，而是要根据“高僧”而非“名僧”这一“宗教范式”，提供某种“理想化僧人的概念”，当然这一概念的内涵也随着时代变化而发生变化。柯嘉豪看到赞宁《宋高僧传》里的《善无畏传》和《道宣传》对两人相遇和互动的记载上令人惊异的差异，因此得出结论：如果我们期待去重建这些僧人的传记，或甚而去发现他们的心理活动，那么最好的方法莫过于剥离围绕着他们的“传说层”，凭借早期的可依赖的材料去发现传记真实的核心。然而，这种工作获得的成功有限。确定传记材料各个层面的时间，追踪其历时发展过程当然是有价值的，但是那种“虚假

① 《大正藏》，第 50 册，第 666 页下。
② 胡适：《楞伽宗考》，《胡适全集》第 4 卷《胡适文存四集》，第 230 页。
③ （唐）道宣：《续高僧传》卷一六，《大正藏》，第 50 册，第 552 页上。
④ 胡适：《楞伽宗考》，《胡适全集》第 4 卷《胡适文存四集》，第 232 页。

成分是添加于早期严肃记载之上”的假定却并非总是正确的。[1] 也就是说，最原始、最真实的记载其实也经历了“作传者”的私人塑造，含有信息的添加、删减和“歪曲”。

此亦是说，道宣在撰写《菩提达摩传》的时候，其实也存在一系列“如何塑造菩提达摩”的问题。我们接下来将要讨论的正是此点：道宣对菩提达摩的传叙隐藏着“对峙化”（二项对立式）的书写策略，并且这种“对峙”是多重化的。

作为“律师”的道宣对“禅”的态度应该被考虑进来。其实，比较慧皎《高僧传》、道宣《续高僧传》和赞宁的《宋高僧传》，我们可以发现三者在禅的理解、对禅的态度和重视程度上存在一些差异。首先，由于自身的“律师”身份，道宣（也包括其他两部僧传的作者慧皎和赞宁）并未持不偏不倚的公正立场。一方面，他也和慧皎一样，只是将禅视为通往佛教成圣之路的某种工具，不同的是，慧皎侧重于禅的神异方面的功效，他在《高僧传·习禅篇总论》里说道：“是以四等六通由禅而起，八除十入借定方成。故知禅定为用大矣哉……然禅用为显，属在神通……及夫悠悠世道，碌碌仙术，尚能停波止雨，咒火烧国。正复玄高逝而更起，道法坐而从化，焉足异哉。”[2] 另一方面，与赞宁相比，道宣在撰写菩提达摩、慧可以及所称的“楞伽宗”等早期禅门史传的时候，并没有后代宗派“禅宗”的观念，因而没有受到前者那般来自禅宗宗教团体的强大压力。然而道宣明显感觉到禅（尤其是标名菩提达摩的禅法）的修行繁盛的发展态势，他个人认为这些禅修团体弊端重重，所以要展开一番批评。道宣在《续高僧传》里是借他人之口以申己意，展开对禅的批评的：“或有问曰：大圣垂教正象为初，禅法广行义当修习。今非斯时，固绝条绪。其次不伦，方称末法。乃遵戒之行，斯为极也。请为陈之！因为叙曰……”[3] 道宣在《习禅篇》

---

① John Kieschnick, *The Eminent Monk: Buddhist Ideals in Medieval Chinese Hagiography*, Honolulu: University of Hawai'i Press, 1997. pp. 2 – 4.

② （梁）慧皎：《高僧传》卷一一，《大正藏》，第 50 册，第 400 页中—下。

③ （唐）道宣：《续高僧传》卷二〇，《大正藏》，第 50 册，第 596 页上。

总论里也有诸如这样的话："世有定学，妄传风教，同缠俗染，混轻仪迹。即色明空，既谈之于心口；体乱为静，固形之于有累。神用没于词令，定相腐于唇吻，排小舍大，独建一家，摄济住持，居然乖僻。智论所叙，前传具彰。顷世已来，宗斯者众。岂不以力劣兼忘之道，神顿绝虑之乡乎！"① 这些属于是基于戒律学立场对禅的批评。这种批评立场所反映出来的书写方式是，道宣在禅僧作传的时候，多言"头陀行"的重要，尤其在给菩提达摩作传的时候，刻意为他涂抹上持戒苦行的色彩。

在某种意义上，我们可以将道宣对"禅流"的批评理解为对标举菩提达摩之名的禅修团体的批评。《续高僧传》的《习禅篇总论》说："属有菩提达摩者，神化居宗，阐导江洛，大乘壁观功业最高，在世学流归仰如市。然而诵语难穷，厉精盖少。"② 从这段记叙中可以发现，菩提达摩教团是第一个以"大乘"自命的禅修行僧团。也可以看出，后世所谓"禅宗"修行及修行者确已经在道宣时代，刻意将自身划离传统"禅定修行"的范畴。

然而在道宣的笔下，天台禅法更受赞赏。例如在《习禅篇总论》里，道宣又言"考夫定慧之务谅在观门，诸论所陈良为明证。通斯致也则离乱，定学之功、见惑慧明之业，若双轮之远涉，等真俗之同游。所以思远振于清风，稠实标于华望，贻厥后寄，其源可寻"③。这种表态等于说慧思（和僧稠）才属于应该发扬光大的禅法范围，与菩提达摩僧团无涉。令人倍感惊讶的是，道宣还屡屡将"禅宗"这一名义用来称呼慧思、智顗等天台禅观一派。例如道宣在《慧思传》里言道："自江东佛法弘重义门，至于禅法盖蔑如也，而思慨斯南服，定慧双开，昼谈理义，夜便思择，故所发言无非致远，便验因定发慧此旨不虚，南北禅宗罕不承绪。"④ 这个判断是宣称慧思天台禅观完全笼罩了东土。

① （唐）道宣：《续高僧传》卷二〇，《大正藏》，第50册，第596页中。
② （唐）道宣：《续高僧传》卷二〇，《大正藏》，第50册，第596页下。
③ （唐）道宣：《续高僧传》卷二〇，《大正藏》，第50册，第597页中。
④ （唐）道宣：《续高僧传》卷一七，《大正藏》，第50册，第563页下—564页上。

道宣为菩提达摩作传的第三种策略是将僧稠和达摩进行比较，他说道："观彼两宗，即乘之二轨也。稠怀念处，清范可崇。摩法虚宗，玄旨幽赜。可崇则情事易显，幽赜则理性难通。"① 这种"对照式写作"表明，道宣所界划的菩提达摩和僧稠之间的对立是典型的文学手法，二者之间的对立或许并没有如此截然。佛尔的研究表明，在道宣的评论中，可以很明显地看到菩提达摩和僧稠之间"横组合对立"（syntagmatic contrast）。他们之间"纵聚合的等值性"（paradigmatic）亦可见基于如下事实的表述：二者在关于"二入"的理论中被平行地分配了，以及他们身后均被早期禅宗推举为"初祖"的代表性人物。僧稠似乎是菩提达摩最重要的"副本"：在《圣徒传》叙事的"组合轴"（syntagmatic axis）上，他是菩提达摩的竞争对手；在联想轴（associative axis）上，他是一个替代者。② 胡适曾有一个大胆的推测，认为慧思和智顗的禅法承自僧稠，他撰有《止观法》两卷，"虽然南岳慧思和他的弟子智顗都远攀马鸣、龙树做祖宗，而不肯说明他们和佛陀、僧稠有渊源，我们可以推测佛陀、僧稠是南岳、天台一宗的远祖"③。

从上面的分析中可以看出，道宣为后代贡献了一份以"角色对峙"为描述风格的菩提达摩传记，并将其放在各自"对比情境"里进行"多重书写"。这种潜在的叙事策略（narrative strategy）隐含着道宣对禅和达摩教团的复杂态度，在他的描述中，菩提达摩僧团已经成为炙热的异端和边缘。

道宣《续高僧传》所提供的唐初禅僧团图景，与其说是对现实

---

① （唐）道宣：《续高僧传》卷二〇，《大正藏》，第50册，第596页下。

② 参见 Bernard Faure, "Bodhidharma as Textual and Religious Paradigm", *History of Religions*, Vol. 25, No. 3, 1986。

③ 胡适：《楞伽宗考》，《胡适全集》第4卷《胡适文存四集》，第278页。胡适看到，"道宣言高齐（北齐）河北独盛僧稠，而慧思初从道房禅师受行止观，房即跋陀（佛陀）之神足也。根据《僧稠传》，当时，黄门侍郎李奖与诸大德请出禅要，因为撰《止观法》两卷，味定之宾家藏本据"。胡适的看法是有道理的，慧思（515—577年）于548年在兖州讲禅法，与僧稠（480—560年）所化之地正好重叠，且当时只有僧稠撰"止观"主题的书。

的忠实摹写，毋宁说是要被看作某种特定视角下的判断。无论如何，这幅“禅图景”带给道宣同时代禅修僧团大量宗教信息，并在更深层面建构了此后的禅发展路向。举其荦荦大端者，有四个方面。其一，菩提达摩逐渐成为此后禅修僧团共推的“初祖”。距离道宣最近的灯史材料《楞伽师资记》里，达摩仅是“第二祖”，此后则一跃成为“初祖”，这种变化恰好证明“影响力”的发挥往往具有过程性。其二，《二入四行论》由此成为唐代禅宗一个标准文本，一种“原型思想”，在此后许多禅的理论言说中可以看到它的影子，即使它曾被禅门内部的人批评。[①] 毫不奇怪的是，今天的学者们依旧根据《二入四行论》来讨论菩提达摩的禅思想。其三，重《楞伽经》。虽然在中古禅学史上，禅宗利用过许多经典（如《金刚经》《维摩经》）辅助修行，然而在很长时间内，《楞伽经》占据统治地位。其四，《达摩传》中的其他一些元素也产生深远影响，例如安心问答、禅与天台禅观的关系。

由此，我们或许会提出另一个更为大胆的问题：唐初禅宗思想的发展的灵感之源，与其说来自菩提达摩及其弟子，毋宁说来自《续高僧传》里对达摩及其教团的记载。接下来，当禅宗的僧团感到“经典文本”和“思想资源”无法满足自身修行的时候，他们开始创作出许多托名菩提达摩的文本，这些数量众多的文本群构筑了某种向壁虚构的“达摩禅”。

三 “名不当实，实不当名”的“达摩禅”

禅学历史讨论里存在些许看似确凿实则空洞的概念，它们的修辞性质往往超越其概念的确定性，也就是说，这些概念是出于“自我表明”或“标榜”的目的出来的，大多难以测定其内涵和确定的禅法指向。在这些概念里，“达摩禅”最令人疑惑，其给读者的

① 例如契嵩《传法正宗记》卷五直言：“四行之说，岂达磨道之极耶？”《大正藏》，第51册，第743页下。

印象是达摩自身思想的表述，实际上远非如此。这个概念还令我们联想起禅门里另外几个修辞性术语，例如“如来禅”“祖师禅”“如来清净禅”“最上清净禅”，等等。然而在此让我们暂且停留在“达摩禅”这里。

传统禅门文本里出现“达摩禅”的次数并不多，并且也不是作为禅思想潮流拈取出来的。例如宗密《圆觉经大疏》有“达磨禅宗‘即心即佛’是斯意也”[①]的话，契嵩《传法正宗论》有“为达磨禅宗张本”[②]的话，《佛祖统纪》卷二九“诸宗立教志”编有“达磨禅宗”[③]，此外，天童如则禅师有“吃十方饭，参达磨禅”[④]的话。这些都是以“一名”通贯“一宗”的方便做法。至于《永觉和尚广录》卷二一里有“不识达摩禅，虚受人天供”[⑤]的提法，这已经是在明末清初，这句话也是随口说出的。

本篇第一部分曾言，日本学者关口真大提出了“达摩禅”“达磨传”“达磨宗”“达磨论”四个概念，“达摩禅”出现在其最早的《达摩大师の研究：达摩大师の思想と达摩禅の形成新资料による思想史》里，但是后来撰者放弃了这种看法，曾代之以“达磨宗”，似乎意识到“达磨宗”的提法亦甚为无意义，关口真大最后很明显地放弃了它们，《达磨の研究》里仅剩“达磨论”作为方便的涵括语。有趣的是，印顺在其《中国禅宗史》也使用了上述四个概念，但是非常明显的是，著者表现出来的，几乎是将“达摩禅”作为整个唐代禅运动的代名词。

印顺《中国禅宗史》第一章里集中讨论了“达摩禅”的传承。他认为“达摩禅”以大乘唯心的《楞伽经》为证，但又将菩提达

---

① （唐）宗密：《圆觉经大疏》卷二，《卍新纂续藏经》，东京：株式会社国书刊行会1975—1989年版，第9册，第369页下。

② （宋）契嵩：《传法正宗论》卷二，《大正藏》，第51册，第778页中。

③ （宋）志盘：《佛祖统纪》卷二九，《大正藏》，第49册，第290页下。

④ （元）善遇编：《天如惟则禅师语录》卷八，《卍新纂续藏经》，第70册，第829页下。

⑤ （明）道霈编：《永觉和尚广录》卷二一，《卍新纂续藏经》，第72册，第506页上。

摩的弟子昙林定位为“讲师”，不能进入“达摩禅系统”。在印顺笔下，慧可弟子那禅师也因为“专重讲说，广作文疏的楞伽师，无论是否慧可门下，精神上早已漂流于达摩禅的门外了”[①]。在印顺的描述中，唐初“达摩禅”就有了“归仰如市”的崇高声望，并且之后“达摩禅”又在道信与弘忍五十余年的领导下勃兴于黄梅，最终使得“达摩禅”一跃而成为中国禅法的主流。在他们之后，以法融为初祖的牛头宗与东山宗相对立，实质性地奠定了“中华禅”的老庄玄学内涵，加上惠能南宗的兴起，“达摩禅”已完全中国化了。可见在印顺这里，“达摩禅”等于以达摩为名号的唐代禅正统。然而在我们对菩提达摩禅法基本无知的情况下，“达摩禅”的真面目究竟是什么，实在已无讨论的必要。

但是我们确实拥有许多表明自己内容是菩提达摩禅法的文本，虽然它们在许多“中国禅宗史”汉语撰述者的视野之外，如果仅仅因为它们被批驳为“伪撰”而置若罔闻，这将令研究者错失大量唐代禅发展的信息，这种状况迫使我们转向此类“伪材料”，即唐代禅发展史上那些托名菩提达摩的禅门内部撰述，而敦煌写本的重露真容方令一些严肃的学者回想起那些托名菩提达摩的传世文献。在此之前，因被定性为“伪”，这些文献在禅学术史上所具有的多层面的意义被轻易地抹杀了。

这令我们想起另一个事实，无论从世俗儒家类文献，还是宗教（佛教、道教）文献学角度来看，唐朝都是大规模“造伪”的时代。基于现代学术立场详尽考察历史上的“伪书”和“伪经”的著作已有许多。对世俗文献里伪书的考察，有《伪书通考》等著作。就佛教而言，伪装成译本而创作的经典称为“伪经”或“疑经”（apocrypha/pseudepigrapha）。此类著作在《开元释教录》被列入“伪妄乱真录”，共 406 部，1074 卷。中国佛教特别繁荣的隋唐时代也正是伪经出现的全盛时代，国际学界对此已有较为

① 印顺：《中国禅宗史》，台北：正闻出版社 1994 年版，第 31 页。

充分的研究。[①] 如果将其中一些研究成果转换成考察“托名菩提达摩的伪撰”的视角，这部分看似无用并一直被废弃的文献或许会具有一些颇值意外的内涵。例如，我们可以将其成果运用于对《二入四行论》与《金刚三昧经》关系的探究，现代禅宗史学者在此方面已经做了一些工作。

铃木大拙和关口真大都曾以各自方式调查过这些“达磨论”类的文献。它们包括自唐宋时期就流传下来，并由五山禅僧编集的“少林三论”（《破相论》《悟性论》《血脉论》各一卷，有日本镰仓末期五山版），以及在此基础上扩展而成的“小室六门集”（又名“少室六门”，在上述“少林三论”外，另加《二种入》《安心法门》《心经颂》各一卷，有江户时代中期版本），连同朝鲜流传的《禅门撮要》——此朝鲜梵鱼寺版的禅籍含有《血脉论》《观心论》（即上述《破相论》）和《四行论》（即上述《二种入》）。此外，已佚、仅存题名（散佚）的入唐僧求法僧目录里还有部分涉及菩提达摩文献，这些目录是《奈良朝写经目录》（又名“东域传灯目录”，著录《四卷入楞伽经疏》《楞伽经科文》《楞伽经开题》）、《慈觉大师（圆仁）入唐新求圣教目录》（著录《唯心观》一卷、《达摩和尚五更转》一卷）、《惠云（惠运）律师将来教法目录》（著录《菩提达摩论》一卷）、《智证大师（圆珍）将来目录》（著录《达摩和尚悟性论》），以及被纳入天台宗章疏的《大乘坐禅法》和三论宗章疏的《涅槃论》。除了这些传世文献外，20 世纪敦煌出土禅文献里还有为数众多的题目关于菩提达摩撰的写本，包括《二入四行论长卷子》、《天竺国菩提达摩禅师观门》、《达摩禅师论》（桥本凝胤藏本）、《菩提达摩无心论》、《达摩和尚绝观论》、《证心论》、《达摩禅师观心论》、《达摩大师信心铭》、《达摩大师四行

① 具有整体代表性价值的研究来自［日］矢吹庆辉《三阶教之研究》（东京：岩波书店 1973 年版）、［日］望月信亨《佛教经典成立史论》（京都：法藏馆 1946 年版）和［日］牧田谛亮《疑经研究》（京都：京都大学人文科学研究所，1976 年）。英语学界的研究有巴斯韦尔《汉传佛教疑伪经》（Robert E. Buswell, *Chinese Buddhist Apocrypha*, Honolulu: University of Hawai'i Press, 1990）。

论》、《行路难》、《天竺国菩提达摩禅师论》等。

表 1　　“达磨论”一览表①

达磨论	文献出处	文献性质	思想倾向
《心经颂》	《少室六门集》	传世文献	有“本来无一物”“顿教义分明”等距，应属南宗思想
《破相论》	《少林三论》《少室六门集》《禅门撮要》作《观心论》	传世文献	慧琳《一切经音义》卷一〇〇称“大通神秀作”②，且多言“观心”之法，有“观心称之为了”“略述观心”等句，应属北宗思想
《两种入》	《禅门撮要》《禅门撮要》作《四行论》	传世文献	同《景德传灯录》卷三〇《菩提达磨略辨大乘入道四行》
《安心法门》	《少室六门集》	传世文献	有“即心无心，是为通达佛道”，“心心心，难可寻”句，推断乃由达摩，慧可安心对话演绎而成，属南宗思想。
《悟性论》	《少室六门集》	传世文献	有“是以圣人亦不将心求法，亦不将法求心，亦不将心求心”及“但欲远求外学，爱慕空中佛像光明香色等事，皆堕邪见”等句，应属南宗思想
《血脉论》	《少林三论》《少室六门集》《禅门撮要》	传世文献	有“心即是佛，佛即是心，心外无佛，佛外无心”，“佛不诵经，佛不持戒……若欲觅佛，须是见性。性即是佛”，“若不识得自心，诵得闲文书，都无用处”，“直须见性，性即是佛，佛即是自在人，无事无作人”，“吾今来此土，唯传一心，不言戒施，精近苦行”等句，应归于马祖宗或牛头宗

① 本表格参考了［日］关口真大《达摩大师の研究：达摩大师の思想と达摩禅の形成新资料による思想史》，第6—11页；此外，铃木大拙还列出了散见达摩言句的宋以前文献，参见［日］铃木大拙《禅思想史研究第二：达摩から慧能に至る》，《铃木大拙全集》第2卷，东京：岩波书店1968年版。该书列有“达摩所述文献”，分为刊行本类、写本类、散佚本类及散见于宋以前文献里的达摩言句。

② （唐）慧琳：《一切经音义》卷一〇〇，《大正藏》第54册，第932页上。

续表

达磨论	文献出处	文献性质	思想倾向
《四卷入楞伽经疏》五卷 《楞伽经科文》二卷 《楞伽经开题》一卷 《楞伽经疏》	《奈良朝写经目录》	存目	楞伽思想
《唯心观》一卷 《达摩和尚五更转》一卷	《慈觉大师入唐新求圣教目录》 《圆仁入唐新求圣教目录》	存目	
《菩提达摩论》一卷	《惠云（惠运）律师将来教法目录》	存目	
《达摩和上悟性论》一卷	《智证大师将来目录 圆珍目录》	存目	与《少室六门集》所收同名
《大乘坐禅法》	《玄日录》	存目	唐代禅宗多自称“大乘禅”
《菩萨大乘坐禅法》（亦名“壁观三昧法”）		存目	唐代禅宗多自称“大乘禅”
《涅槃论》一卷	《三论宗章疏目录》	存目	
《达磨妙用诀》	《国史经籍志》卷四上	存目	
《达磨信心铭》	《国史经籍志》卷四上	《信心铭》有存目传世，亦有敦煌写本，作者难以判断，目前有四种说法。《国史经籍志》卷四上载“达磨信心铭”和“三祖信心铭”。《景德传灯录》卷三〇将此铭作者归于僧粲，究无实证。敦煌文献有三种抄本题为“禅门秘要诀”，皆附此铭，作者署名为招觉大师一宿觉。[①] 按《宗镜录》卷一五有“融大师信心铭”语。本文有“不识玄旨，徒劳念静”，“任性合道，逍遥绝恼”，“信自心佛，心外无佛”等句，应归于马祖宗或牛头宗	

① 参见赵益《敦煌卷子中三种禅宗文献考辨》，《古典文献研究》第二辑，南京大学出版社 1992 年版。

续表

达磨论	文献出处	文献性质	思想倾向
《达摩大师住世留形内心妙用诀》	明《道藏》	传世文献	古代炼养功法，道教内丹学思想
《二入四行论》长卷子		敦煌写本	昙林所述（或转自慧可）达摩思想，初唐（道宣时代）流行的作品。共三部分，短篇被认为是达摩思想，其实应为唐初流行禅思想
《天竺国菩提达摩禅师观门》		敦煌写本	反映中唐以后禅与念佛的调和思想
《达摩禅师论》（桥本凝胤藏本）		敦煌写本	本篇系五祖门人对四祖、五祖思想的综合介绍，是东山法门纲要书，也是东山法门立场的“达磨论”之一种
《菩提达摩无心论》（释菩提达磨制）		敦煌写本	言“无心”，疑牛头法融系著作，与南宗禅也有密切联系
《达摩和尚绝观论》		敦煌写本	疑牛头法融系著作
《证心论》		敦煌写本	与天台止观法门有密切关系
《达摩禅师观心论》		敦煌写本	北宗禅思想
《达摩大师信心铭》			北宗禅思想
《达摩大师四行论》		敦煌写本	
《行路难》		敦煌写本	
《天竺国菩提达摩禅师论》		敦煌写本	十五种禅门之法名称，应属 9 世纪后半叶作品
《菩提达摩南宗定是非论》	有达摩之名的文献	敦煌写本	
《修行最上大乘法》	相关文献	敦煌写本	最上大乘，长时期特指达摩，后与密教关涉

上述署名菩提达摩的文献全部是托达摩之名（往往署名菩提达摩、达摩和尚、达摩大师、达摩禅师），或掇达摩之事的伪撰。值得注意的是，伪托菩提达摩的文献应该自初唐时期就甚为流行。唐代前期的两种禅史文献就直斥这种做法。就达摩撰述（“达磨论”）而

言，净觉就仅仅认同昙林记载的《二入四行论》和《释楞伽要义》一卷，认为它们“文理圆净，天下流通”，并排除了另外的“达磨论”，称“自外更有人伪告《达摩论》三卷。文繁理散。不堪行用”[①]。杜朏也认为“案余传有言壁观及四行者，盖是当时权化，一隅之说，□迹之流或所采摭，非至论也”[②]。然而实际上，托名菩提达摩的文献（达磨论）的撰作一直持续到9世纪后半叶。

学术以求真为宗旨。如果我们把这些文献当作真菩提达摩撰述，那么就无法梳理、误认唐代禅的社会背景乃至发展历程，乃至各类禅形态的学术源流和因果关系。例如在以往的禅史研究中，部分学者曾凭借这些文献展开菩提达摩思想的陈述，现在看来不能不说大半在枉费精神，但至少是显得颇为滑稽。铃木大拙、宇井伯寿、关口真大、柳田圣山、田中良昭等近代以来的学者运用了多种辨伪方法。[③] 对这些材料的辨伪，花费了学者相当多的心力，经历了相当长的时间。然而在致敬前贤之后，面对如此长的时间（纵贯整个唐代）、大范围（从西北到东南）的伪托达摩的撰述风潮，我们不禁要想得更远。

伪文献里隐覆着真历史，上述各类眼花缭乱“达磨论”其实反映出唐代禅发展的“真正”面貌：虽然后世学者喜用“禅宗”概念笼括那些不同地域、不同传承的禅的派别。然而这些禅的支派从来不是由菩提达摩等祖师“单传”下来的，禅的发展远非“珠链”那般清晰醒目，甚至不像根枝并茂的树那样条理分明、秩序井然。后世所认为的禅宗思想场域在唐代更像一块复杂纷繁的野地，不规则地分布着形状各异的植物。

从文本思想审察，不仅描述天台禅观的撰述被标以菩提达摩之

---

① ［日］柳田圣山：《初期の禅史Ⅰ楞伽师资记・传法宝纪》，长野：筑摩书房1972年版，第133页。

② ［日］柳田圣山：《初期の禅史Ⅰ楞伽师资记・传法宝纪》，第356页。

③ 一些通用的辨伪方法亦可运用于这类达摩文献的辨伪，可参见张心澂《伪书通考》（上海书店出版社1998年版），该书的总论里梳理出多种辨伪做法，例如从思想史上辨别就包括：思想系统及传授家法辨别、从思想系统与时代的关系辨别、从专门术语与思想的关系辨别，以及从袭用后代学说辨别。

名，更多的则是那些后来被归为南宗、北宗、牛头禅、念佛禅的文本。在《达摩大师の研究：达摩大师の思想と达摩禅の形成新资料による思想史》里，关口真大曾分章辨析出敦煌出土的禅文本的思想倾向，例如《达摩和尚绝观论》与牛头禅、《菩提达摩无心论》与南宗禅、《达摩大师观心论》与北宗禅、《证心论》与天台止观法门、《达摩禅师观门》与念佛禅、《达摩大师信心铭》与华严学的关系。就托名达摩的传世文献而言，《心经颂》里“顿教义分明”“本来无一物”“顿见罢心修”“见性”“顿悟”等的词汇，这表明该文本大概出自南宗禅的派别。《破相论》内容其实反映出来自神秀禅派的观点。《悟性论》和《血脉论》里存在许多诸如“不立文字”，“即心是佛”，“心即是佛，佛即是心”①，“西天二十七祖只是递传心印，吾今来此土，唯传一心，不言戒施”②，反映出典型的马祖禅系的观点。正如关口真大所言，这些托名菩提达摩的“达磨论”其思想内容差异很大，如将各文本进行比较，甚至会发现许多矛盾之处。例如“无心绝观”和“观心守心”的矛盾、“坐禅劝奖”和“排击坐禅”的矛盾。此外，不同文本对待经教、文字、念佛和观法的态度也不同。关口评议道，上述托名菩提达摩的文献的特征反映出禅法自身新陈代谢的性质。③ 此外，还有一些日本学者讨论过这些“达磨论”。例如柳田圣山的《语录の历史》，田中良昭的《敦煌禅宗文献の研究第一》④ 和《敦煌禅宗文献の研究第二》⑤，以及中川孝的《楞伽宗と东山法门》⑥。

柳田圣山在描述早期禅语录时曾概括早期禅语录有三个特色：第一是自由地论说自我的思想，其禅风与后世禅语录并无相异，只是在这种论说之后引用经典语言以证实自己的说法“并不违背佛

---

① 《大正藏》，第 48 册，第 373 页中。

② 《大正藏》，第 48 册，第 376 页上。

③ 参见［日］关口真大《达磨の研究》，东京：岩波书店 1967 年版。

④ 参见［日］田中良昭《敦煌禅宗文献の研究第一》，东京：大东出版社 1983 年版。

⑤ 参见［日］田中良昭《敦煌禅宗文献の研究第二》，东京：大东出版社 2009 年版。

⑥ ［日］中川孝：《楞伽宗と东山法门》，载［日］篠原寿雄、［日］田中良昭编集《敦煌仏典と禅》，东京：大东出版社 1990 年版。

说”；第二是假托达摩来阐述自己的思想，因此许多早期禅语录冠以“菩提达摩”“达摩大师”“达摩和尚”的名称；第三是具有问答体的共同形式。[①] 由此可见，“托名达摩”和“自由表达”是此类“达磨论”的重要特征。

托名菩提达摩现象更反映出唐代禅运动里各禅派的生存策略。与唐代托名释迦牟尼的伪经盛行的创作意欲类似，各种托名菩提达摩的“达磨论”的出现，是利用或借用祖师的权威表达自己的思想。我们知道，作伪之原因部分可以解释为假重于人以求争胜。一方面，在禅宗的“家系”（lineage）和思想尚未如唐末五代以后成为定论的情况下，每支禅脉都有自由生长的空间；另一方面，禅宗的僧团凭借着伪撰各种类型“达磨论”，自由表达出自身的禅思想，数量众多的“达磨论”的出现，确实也反映出当时禅思想界类似于一个“意见自由市场”（market place of ideas）的事实。

从此类伪撰的动机方面考察，可以看出在当时禅宗潮流竞争的过程里，杜撰者的目的是要制造出具有内在动力的文本，这些文本应该是“可行动化”（actionable）、“有影响力的”（influential），在禅法争战中能够超逸群伦的。那么，署名“菩提达摩”就是一个非常便利的做法。

我们目前尚未弄清楚这类伪撰来自私人还是群体行为。然而，如果从禅僧的社会身份和他们的居住环境特征推究，撰述行为很可能来自不同的禅僧群体。并且，此类书写的目的是推广他们自身理解的达摩禅法，出于流通和传播的考虑，文字语言上势必打上自己教派思想的烙印，这种情况也部分解释了此类文本间的观点矛盾问题。

那么，此类“达磨论”的思想史效应有哪些？我们能够探测到的事实是：上述伪撰里反映出来的“达摩禅”后来的确被证实为部分禅的支脉的思想。例如敦煌写本《达摩禅师论》（桥本凝胤藏本）是五祖门人对四祖、五祖思想的综合介绍，同时也是东山法门纲要书，是反映早期禅宗思想资料东山法门立场的“达磨论”之一

---

① 参见［日］柳田圣山《达摩の语录・二入四行论》，长野：筑摩书房1968年版。

种。而《天竺国菩提达摩禅师观门》反映出来的是中唐以后禅与念佛的调和思想。此外，我们还发现了署名《修行最上大乘法》的写本，由于“最上大乘”一词长期以来一直被特指菩提达摩，这个写本也可以看成“达摩禅”类的撰述，正是在这个文本里，我们发现唐代禅宗与密教相关涉的地方。故而有意思的是，我们可以在此类伪撰的“达磨论”中发现唐代禅思想史上几乎所有禅思想潮流的信息，包括“楞伽宗”、北宗、南宗、牛头宗、念佛宗、马祖宗等，甚至还有天台禅法的踪影。“达磨论”包括了整个唐代禅思想史。

因而，存在多种伪撰“达磨论”这一现象透露给我们如下消息：第一，菩提达摩自己并未写下此类文字，他的个人思想也并不是这些文本表述的内容，从这些文本中也无法发现真正“达摩禅”（如果存在的话）的信息；第二，当唐代禅的僧团创作出标名菩提达摩的文本时，他们只是表达出自身对菩提达摩禅法的理解，并依此修行，同时期待着来自其他派别的禅僧的认同；第三，这种仅存在于“纸面”的“达摩禅”，确实丰富了唐代禅思想的内涵，或者说塑造出许多禅思想的发展趋势。

值得注意的是，在唐代后期古典禅里，这种对祖师权威和经典权威的援引习惯消失了，而托名菩提达摩的撰述数量也大为减少甚至消失，这种递减的趋势是与古典禅里禅师们取消祖师“名义”在证悟过程中的实质性作用相应，即使标名菩提达摩“所说”，也不具有无上的权威性。例如临济就有“逢佛杀佛”话语。①

类似地，与祖师名义的权威性下降的同时，经典的地位也在下降。我们发现，许多标名菩提达摩的“《楞伽经》解”类的作品失传了，这一方面反映出唐末以后《楞伽经》地位在禅僧群体里的下降，另一方面也反映出整体意义上佛教经典权威的下降。在古典禅里，对经典使用中教条主义的批评不绝如缕，著名的言论，有临济义玄“三乘十二分教，皆是拭不净故纸”② 的强烈批评。

① 参见［日］田中良昭《禅学研究入门》，东京：大东出版社 2006 年版。
② （唐）慧然集：《镇州临济慧照禅师语录》，《大正藏》，第 47 册，第 499 页下。

对这种变化的说明，请移步笔者在本篇第五节里对“祖师西来意”的分析。

四　从初祖到第二十八祖

在汉传佛教语境下，成为一名出家人意味着他/她将获得两种宗教身份：来自中国的和来自印度的——换句话说，“中国身份”和“非中国身份”。然而，除了以“释”为名外，普通僧尼很少注意到这种身份的界定。不同的是，在各个禅宗教团的领袖这里，其“祖师”名义的权威性不能缺少两面中的任何一个，来自印度的传承人身份尤显得重要。

就达摩而言，虽然有着相对于“华夏”的“崇高”的“天竺”身份，然而只不过是来到汉地的许多印度人里的一个而已。并且，菩提达摩的祖师地位并非一劳永逸地确立起来的。甚至一开始，这位梵僧还要为禅宗“东土初祖”的名义而“努力”：从没有祖师的名义，到成为第二祖，直至竞争成为禅宗初祖。这是因为在唐代前期，禅宗“初祖”究竟应该是谁，是一个可选择的问题。至于印度祖师地位，似乎还没有进入禅僧们的思考范围。

此处有两个时间段值得注意：其一是禅门编纂“中土祖师”的系谱，将菩提达摩纳入祖师序列的初唐时期（《楞伽师资记》）；其二是禅门编纂印度祖师的传承，将菩提达摩纳入印度祖师传承的8世纪中叶（《菩提达摩南宗定是非论》）。

笔者以为：我们甚至可以推断出禅门内部修纂祖师谱系的行为的两个时间段，分别与唐代社会前期的重视世俗门第，以及后期重视精神性传承（道统）的文化氛围有关。

我们先考察前一个时间段。唐初重门第，正是在这样的社会氛围里，菩提达摩也被许多禅修者视为领袖。而当唐王朝在近一个世纪内大张旗鼓地开展修家谱、族谱时，禅门也在大致同一时间段编纂出自己宗派在中土的传承。

当禅门编纂中土祖师序列的时候，唐代还是一个重门阀的贵族社会，门荫被视为入仕的正途。[①] 太宗贞观之时，高士廉、韦挺、岑文本和令狐德棻等就分别主持家谱撰修，他们统领士族和官吏就此开展了大规模的官修族谱行动。据《旧唐书》，贞观十二年（638），政府完成《氏族志》130卷。武则天当政时期，中书令许敬宗以贞观《氏族志》未列武氏作望族为理由，吏部尚书李义府也以《氏族志》中没有李氏的世系为借口，于是奏请改修。礼部郎中孔志约、著作郎杨仁卿、太子洗马史玄道和太常丞吕才等主持修谱。大大扩大了士族的范围，凡五品以上官职均可入选。修成之后，谱名定为“姓氏录”，颁行全国，并将贞观《氏族志》收缴焚毁。[②] 中宗复位之时，当时左散骑常待柳冲认为《氏族志》《姓氏录》颁行已近100年，士族变化很大，于是上表请求改修。中宗命柳冲与左仆射魏元忠及史官张锡、徐坚、吴耀等8人依据《氏族志》重新修撰，几经波折，至玄宗即位，才撰成《姓族系录》200卷。世俗社会重门第、重家系、重宗族传承的习惯也影响到禅门，表现在他们开始编纂自身的“家系”——中土祖师六代传承。

然而，禅门修纂自身“印度祖师”序列的时间段，整个社会氛围发生了哪些变化呢？那就是“族望”在整个唐代世俗社会的意义降低了。由于科举制的推行，世俗社会的知识分子获得了另一种成功的阶梯——虽然“门第”还维持其形式上的优越性。陆威仪（Mark Lewis）洞察到如下的变化：旧精英在成功地将自己转变为这个新群体的一员时，也种下了毁灭自身的种子。唐后期士族的力量，连同这些士族自身的存在，基本上沦为一种概念。[③] 正是在这种社会氛围里，一种新的“精神性”传承形式获得其重要性。陈寅恪在《论韩愈》里有这样一个著名的判断：

> 南北朝之旧禅学已采用阿育王经传等书，伪作《付法藏因

---

① 参见吴宗国《隋唐五代简史》，福建人民出版社2006年版。

② （晋）刘昫等《旧唐书》卷八二《李义府传》，中华书局1975年版，第1038页。

③ 参见［美］陆威仪《世界性的帝国：唐朝》，张旭东、冯世明译，中信出版社2016年版。

> 缘传》，已证明其学说之传授。至唐代之新禅宗，特标教外别传之旨，以自矜异，故尤不得不建立一新道统，证明其渊源之所从来，以压倒同时之旧学派……退之自述其道统传授渊源固由《孟子》卒章所启发，亦从新禅宗所自称者摹袭得来也。[①]

正是在该文里，陈寅恪先生将韩愈《原道》思想的发明归于禅宗的影响，其理由是韩愈年幼时在广东长大，而广东韶州又是禅宗发祥地，韩愈必耳濡目染禅门传承说，受到启发，遂创作出儒家道统思想，却佯称精神秉承自《孟子》卒章，不敢表明自己乃受禅宗“教外别传”思想的影响。寅恪先生推断的问题在于，如果说韩愈幼时受禅宗法统说影响而有了创作儒家道统的想法，而写作《原道》的时间大致可定于德宗贞元十七年（801）至贞元十九（803）年。[②] 其时韩愈已至中年，为何时间跨度如此之大？我们还了解到，韩愈在这段时间的前后，还写有《送浮屠文畅师序》一文，也申明了这种“精神性”的“道统”传承说。应该注意的是，正是在这个时期，厘定禅门印度祖师传承的《宝林传》［贞元十七年］出现了。儒家和佛家两种关于“精神性传承”（而非“事实性传承”）的理论同时出现，它们之间是否存在因果关系？如果有的话，孰先孰后？陈寅恪先生的推论是否正确？这些议题实在值得细加推究。

我们暂得的结论是：唐代是一个朝野上下非常重“表演”的社会（与中国其他帝制朝代不同）。显而易见的是，文学和思想领域里的韩愈，其表演才华又溢出群伦，其儒家“道统”的提法，在思想史上的“表演”特质非常突出。这种“表演”对于编纂“假定”的“精神性传承”工作可以说是非常顺遂的。韩愈《原道》等篇的撰写，可能并非如陈寅恪先生所言受启发自年幼时，而是受到《宝林传》的刺激。

精神性的道统传承说与重门第的“谱牒”说的区别在于，后者还

---

① 陈寅恪：《论韩愈》，《金明馆丛稿初编》，生活·读书·新知三联书店2001年版，第319—320页。

② 参见莫琼《韩愈原道写作时间新证》，《孔子研究》2016年第4期。

是“实在”的传承，而前者已具有相当比重的虚拟性，系谱制造者自身对此也有一定清醒的认识。对于禅僧群体而言，如果说当他们修纂中土祖师传的时候，还是在讨论某种“实在性”传承的话，当他们开始修纂印度祖师系列时，更像在讨论某种“虚拟”性传承：韩愈将道统追溯至尧舜禹，禅门将“法统”追溯至释迦、迦叶和阿难。

让我们回到主题，先讨论菩提达摩被推选为“中土祖师”的过程。

最早提及菩提达摩的典籍文献《洛阳伽蓝记》和《续高僧传》都没有说明他的“祖师”身份。然而在后者那里，菩提达摩已经被其门下塑造为某种禅修团体的领袖。这个团体并没有自称为“禅宗”，只是以“大乘壁观”和“四卷《楞伽经》”为标识——因为他们当时的主要目标是要用“大乘”和可以救世的“圣典”（《楞伽经》）这个概念，将自身从那些许许多多的禅修团体里分离出来。这一做法非常成功，在唐代初年，以菩提达摩为名号的团体果真已经成为影响最大的禅僧群体——如果非要加上之一的话，那么也可以说它与“天台禅观”形成双峰对峙的态势。

然而在道宣去世后不到半个世纪（43 年），净觉《楞伽师资记》（708）将菩提达摩推为“楞伽宗”的第二位祖师。有趣的是，净觉的“禅家系史”的编纂将《楞伽经》的翻译者求那跋陀罗推为第一代祖师。“初祖”的名义并没有给“实际上”的祖师菩提达摩，说明他的威望还没有确立起来，并更进一步彰明了如下事实：在当时，“圣典”（《楞伽经》）的地位要高于某位实际存在的人物——因为相较于菩提达摩，译者求那跋陀罗更是仅具象征符号的意味。然而仅仅 8 年后，另外一册记叙禅宗传法世系的史传书《传法宝纪》就将菩提达摩推举为“初祖”。[①] 虽然在此后漫长的时间里，菩提达摩的史迹和思想被不断地描述和改写，但是他的禅宗初祖的名义算是自此一劳永逸地确立起来了，在此后唐代各种灯史文

---

① 《传法宝纪》大致撰于开元四年（716）至开元二十二年（734）之间，参见陈士强《传法宝纪钩沉》，《法音》1989 年第 59 期。

献里，他从未从“初祖”的名位上跌落下来。

然而禅宗宗派立场的需要为这位创始人寻找到其印度权威的身份，其做法势必归结于将菩提达摩与那些印度佛教的伟大人物联系起来。斯图亚特·杨（Stuart H. Young）的研究表明，中古时期（唐代）的汉地佛教僧侣（例如天台宗和禅宗）为了填补“古代印度”与“近世中国（唐代）”的“裂谷”，不约而同地将他们“构思”（conceive）为自己的“祖先”，以系谱学的方式沟通了中印（Sino-Indian）之间的断裂。[①] 道世于660年撰《法苑珠林》就用“师资”这个概念，提出了某种“传承”的理论：

> 所以马鸣迪其幽宗，龙树振其绝绪，提婆折其名数，罗汉总其条理。并翊赞妙典，俘剪外学，迷津见衢，长夜逢晓。继释典之高范，表师资之训术，属于斯也，可谓盛哉！[②]

马鸣、龙树、提婆后来都成了禅宗的祖师。宗派构建理论告诉我们，是“一群”而非“单个”的“祖师”成为他们的“祖先”，这些祖师的名字究竟是谁，倒显得不大重要，只要包含汉地僧侣都认同的那几位伟大的佛教人物就可以了。

梳理《萨婆多师资传》、《付法藏因缘传》、大住圣窟、《三论玄义》（吉藏）、《摩诃止观序》（灌顶）、《成唯识论》（玄奘）、《宝林传》（智炬）和《佛说金毗罗童子威德经》里的印度祖师传承，概述隋唐各个宗派的印度祖师编纂史需要耗费大量笔墨，也并非本文的重点。[③] 就禅宗自身的“家系”（lineage）构建而言，在早期的《菩提达摩南宗定是非论》《历代法宝纪》《敦煌本坛经》等不同文本里也不相同，禅的传法世系最终在《宝林传》里定型下

---

① 参见 Stuart H. Young，*Conceiving the Indian Buddhist Patriarchs in China*，Honolulu：University of Hawai'i Press 2015。

② （唐）道世：《法苑珠林》卷五三《机辩篇》，《大正藏》，第53册，第681页中。

③ 胡适、柳田圣山对此进行了深入的考察。最新的研究，参见［日］船山徹《六朝隋唐佛教展开史》，京都：法藏馆2019年版。

来，并因宋代契嵩《传法正宗记》钦定“入藏”被确认。叙述禅宗自身家系对西天二十八祖的编纂也并非本篇的目的。在此，我们仅是要去探明：各种禅宗灯史里对作为印度“第二十八祖”菩提达摩描述的变化，是如何适应它们所处的社会文化语境的。为了方便讨论，我们将以《传法正宗记》为基础，看看这个标准文本对菩提达摩“印度人生”的描述是如何对此前的记载进行改变，让这位“梵僧”符合中国皇帝、政府官员和僧人的“期望”的。《传法正宗记》完成于1062年，那些前此记载包括《旧唐书》（945）、《祖堂集》（952）、《宋高僧传》（996）、《景德传灯录》（1004）、《天圣广灯录》（1029）、《传灯玉英集》（1034）。比较这些文献里对于菩提达摩的记载，《宋高僧传》几乎袭用了《旧唐书》，其他灯史文献《宝林传》《祖堂集》《景德录》《天圣录》《传灯玉英集》的记载大部分是一致的。只有《传法正宗记》的菩提达摩传记做了许多细微然而范围较广的调整。

必须注意到如下事实：《传法正宗记》所载禅宗传承系谱是首次受到官方的认可，并被纳入《大藏经》，这意味着什么？当我们讨论佛教典籍的“入藏”问题时，必须看到：“印度经律论”的翻译作品最为容易，“中国撰述”作品则困难许多，而在“中国撰述”里，音义、传记、目录、佛教知识要览类则相对较为容易，反映各宗派教义的部分“入藏”尤为困难，反映宗派传承谱系的文本“入藏”最困难，因为它们经常会引起宗派内部的非议，或招致其他宗派的攻击。[①]《传法正宗记》“入藏”的潜在意涵，在于统一禅门和中国佛教其他宗派在相关问题上的立场。契嵩直陈：“能仁氏之垂教必以禅为其宗，而佛为其祖。祖者乃其教之大范，宗者乃其教之大统。大统不明，则天下学佛者不得一其所诣；大范不正，则不得质其所证。”[②] 至于说“平生窃欲推一其宗祖与天下学佛辈息诤释疑，使百世而知其学有所统也”[③]，这又有点与天台宗争胜的

① 参见［日］常盘大定《支那佛教の研究》卷三，东京：春秋社1938年版。
② （宋）契嵩：《传法正宗记》卷一，《大正藏》，第51册，第715页上。
③ （宋）契嵩：《传法正宗记》卷一，《大正藏》，第51册，第715页中。

味道了。

接下来，我们可以通过《传法正宗记》对菩提达摩“人生”的调整，来看宋代禅门是如何塑造一个能够为大家所接受的菩提达摩形象的。例如在慧可断臂求法的故事里，为了降低这个震撼人心故事的残忍度，契嵩悄悄地将此前慧可在达摩面前自断臂膀的行为，改为独自偷偷地断臂，所谓“潜以刃自断”[1]，通过这种更改，也悄悄修饰了菩提达摩的慈悲形象。

基于关涉皇权的考虑，契嵩对菩提达摩的在家情况，及其与中国皇帝的关系做了大量修改。在菩提达摩出生种姓上，唐代的记载大多是婆罗门种姓，从《景德传灯录》开始，菩提达摩被改为刹帝利种姓[2]，《传法正宗记》也遵循了《景德传灯录》这一改动。从伦理角度考虑，把菩提达摩的出家改为父皇去世后才出家（“及父厌代”[3]）。再者，唐代以来的禅门都津津乐道于梁武帝与菩提达摩见面发生的言辞冲突，它甚至成为“禅门第一公案”。然而，契嵩千方百计降低冲突的严重性，他的记载展示了梁武帝后悔莫及，及其后的各种补救措施。此外，《传法正宗记》还杜撰出北孝文帝礼遇菩提达摩的事迹，所谓“尝三诏而不动”[4]。尤其在对达摩去世后的描述上，主人公更是受到来自南北皇室极高的礼遇：“是岁乃当梁大通之二年也，以其年葬于熊耳山。魏遂以其丧告梁，梁之武帝即赗宝帛，悉诏宗子诸王以祭礼而供养之，太子为之文，其略曰……”[5] 我们有理由推测，契嵩这些文字的目标读者是北宋皇室和政府官员。

附带讨论一下梁武帝为菩提达摩撰的碑文。在一直以来严肃的学术讨论中，该碑文都被视为伪作。然而撰者是谁，撰写于什么时间，并无一致看法。代表性观点来自陈垣，他认为此碑文“文体亦

---

① （宋）契嵩：《传法正宗记》卷五，《大正藏》，第51册，第742页下。
② （宋）道原：《景德传灯录》卷三〇，《大正藏》，第51册，第458页中。
③ （宋）契嵩：《传法正宗记》卷五，《大正藏》，第51册，第739页下。
④ （宋）契嵩：《传法正宗记》卷五，《大正藏》，第51册，第742页下。
⑤ （宋）契嵩：《传法正宗记》卷五，《大正藏》，第51册，第743页中。

不类梁时风格”，应系“中唐人假托”。[①] 日本学者石井公成对碑文做了系统详尽的分析，指出该碑文其实反映了8世纪初的北宗思想。[②] 其后，国内有学者进而将此碑文归于净觉所撰，但所列理据似未为充分。[③] 从学术研究的角度看，关于菩提达摩碑文的作者和创作因缘，还可以继续讨论下去。此外，菩提达摩形象里其他元素的前后变化，涉及面颇广，甚至可以进行非常细腻（或琐碎）的研究（例如慧可雪中所自斫的是左臂还是右臂），此亦非本文旨趣，笔者亦不拟沉浸于此。[④]

由上可见，在北宋初期对菩提达摩的阐释被政治化、伦理化了，菩提达摩成为一位模范出家人：他来自皇室而又悲悯众生，他喻示中国皇帝佛法大义，他有远离政治又关怀政治的隐士情怀，他教育弟子为人师表，他的去世备极哀荣。这正是北宋僧人（契嵩）理想中的菩提达摩形象。他们创造出这一形象，又借此形象推动宋代佛教的政治化、伦理化趋势。

五　祖师西来意

让我们回到菩提达摩露面的第一个文献《洛阳伽蓝记》。很显然，作者叙述菩提达摩来华历程时仅八个字：“起自荒裔，来游中土。”[⑤] 该文本并没有告知他来华的原因，接下来的第二个文献《续高僧传》也没有给出原因。菩提达摩为什么来到中国？这个问题只是到了编纂祖师系谱时方才显得不可回避，最终也被提了出来。然而一开始的回答往往是“套路化”的，例如《历代法宝记》

---

① 陈垣：《释氏疑年录》卷二，中华书局1988年版，第38页。

② 参见［日］石井公成《梁武帝撰〈菩提达摩碑文〉再检讨》，《驹泽短期大学研究纪要》2000年第28号。

③ 参见纪华传《菩提达摩碑文考释》，《世界宗教研究》2002年第4期。

④ 菩提达摩传记元素的变化，参见关口真大《达磨の研究》，东京：岩波书店1967年版。

⑤ （北魏）杨衒之：《洛阳伽蓝记》卷一，《大正藏》，第51册，第1000页中。

言菩提达摩（误作菩提达摩多罗）“见汉地众生有大禅性”①。《敦煌本坛经》里则为达摩作了首《颂》：“吾本来唐国，传教救迷情。一花开五叶，结果自然成。”② 到了中唐以后，禅僧们的开放性讨论愈加自由和口头化，禅宗口语化的语录也大量出现，这显示出中唐以后文化的大众化倾向。③ 在此类口头交流场合，机锋盛行，他们不禁开始思考：菩提达摩来华肯定有无法用平常语言表述的内涵，这就是古典禅里盛行的“祖师西来意”。

在禅僧的后期传记里，柯嘉豪洞察到“机缘问答”（encounter-dialogue）这种“本根性范式”（root-paradigm）的产生与发展。④ 他认为在此类《圣徒传》里，禅师与其弟子之间的交流并非如早期“圣徒传”里描述的“辩论”和“指导”式的。我们知道，围绕着菩提达摩事迹转换成的机缘语并非只有“祖师西来意”，至少还要添加上另外两例：菩提达摩与梁武帝关于“第一义”的交锋，以及菩提达摩与慧可师徒间关于“安心”的问答。然而这两则例子在严格意义上还不能算作机缘问答，还属于传统所谓“辩论”和“指导”式的师徒交流。

而“机缘问答”的规则更为深奥，“参变量”（parameter）经常发生变化。这是极为自我意识类型的《圣徒传》。它需要我们紧紧跟随师徒交流的基本结构，但同时又需要我们的理解在这个结构里持续不断地更新。在唐代末期以后的语录、灯录文献里，菩提达摩就被不断投入这种师徒对话的过程里。当禅僧们不停追问“祖师西来意”时，他们为菩提达摩增添了新的形象和新的观念，这说明“理想化僧人的概念”也在随时代变迁而不断变化着。其在思想史

---

① 本段《历代法宝纪》文字整理部分，参考 Wendi L. Adamek, *The Mystique of Transmission: On an Early Chan History and Its Contexts*, New York: Columbia University Press, 2009, p. 310。

② 杨曾文：《敦煌新本六祖坛经》，宗教文化出版社 2011 年版，第 56 页。

③ 参见［日］内藤湖南《中国史通论》，夏应元、钱婉约等译，九州出版社 2018 年版。

④ John Kieschnick, *The Eminent Monk: Buddhist Ideals in Medieval Chinese Hagiography*, Honolulu: University of Hawai'i Press, 1997, p. 143.

上的效应是："祖师西来意"的反复讨论，将唐代禅思想史推向了其最后的，也是最高峰的阶段。

"祖师西来意"这个问题的表达式又互文或衍生出其他一些命题，唐末禅僧还经常讨论"如何是西来意""祖意若何""什么是佛法大意"等。[①] 这些表达都属于同类性质的疑问，然而当我们把目光投向"祖意"和"佛法大意"这两个表达时，不禁讶然于下面的事实，在机缘问答占主导性的古典禅里，"释迦"和"达磨"的意义竟然毫无分别了。

从表面上看，"佛法大意"与"祖意"的混同，几乎是在意义层面将释迦和菩提达摩混为一人。它一方面说明在禅门内部，达摩所传即等于佛法；另一方面，无论佛陀还是菩提达摩，人物的具体特征消失了，成为佛理的代名词。这不由令我们联想到古典禅里的"超佛越祖"的常谈，例如临济义玄的名句："'道流！尔欲得如法见解，但莫受人惑，向里向外逢着便杀，逢佛杀佛，逢祖杀祖，逢罗汉杀罗汉，逢父母杀父母，逢亲眷杀亲眷，始得解脱，不与物拘，透脱自在。"[②] 我们理解临济此处所欲表达的是"消解"权威的"反偶像立场"（iconoclasm），然而在实际行动中，却也导致了消解达摩这位历史人物确定性的后果。

其实在汉语佛教的历史上，很早就产生了对佛法大意的追问。因为自汉末佛教翻译活动展开后，各种思想派别的佛典均被翻译过来，自然需要有某种具有统一性和涵括性的命题来笼罩佛典大义。这种需求在佛教渐渐趋向"会通"的隋代表现得很明显，当时的三位著名佛学家都对"佛意"有所阐述，他们是智顗大师与净影寺慧远、嘉祥吉藏。智顗曾言："今时人弘法，或一向用大，或一向用小，皆不得佛意。"[③] 智顗所指的佛意，应该是开佛知见的《法华经》所表达的精神。吉藏也说道："《大智论·解信毁品》文云，佛灭度后五百岁后有五百部，皆执佛语不知佛意为解脱，故闻毕竟

① ［日］秋月龙珉：《临济录》，长野：筑摩书房 1972 年版，第 131—132 页。
② （唐）慧然集《镇州临济慧照禅师语录》，《大正藏》，第 47 册，第 500 页中。
③ （隋）智顗：《妙法莲华经玄义》卷七，《大正藏》，第 33 册，第 763 页上。

空如刀伤心，故知未来能信人少。”[①] 虽然他们在不少地方谈论“佛意”，但是我们必须明白的是，他们其实在用“理论阐述”的方式来表达这个观点。这与古典禅里用“机缘语”来回答“什么是佛法大意”性质是完全两样的。

宋以后禅门里常有师父令弟子看“父母未生前是何面目”的话头，与后代这种“扫荡”知解、杜塞“思量分别之用”类似的是，唐代禅僧在很早以前就在讨论“达摩未至/未来时如何”。《祖堂集》卷六《投子和尚章》有这样的对话：

> 问：“达摩未来时如何？”师曰：“遍天遍地。”僧曰：“来后如何？”师曰：“盖覆不得。”[②]

我们看到《祖堂集》卷五《云岩和尚章》也有如下对话：

> 道吾问：“初祖未到此土时，还有祖师意不？”师曰：“有。”吾云：“既有，更用来作什摩？”师曰：“只为有，所以来。”[③]

相近的表达还可以在《祖堂集》卷八《云居和尚章》里找到：

> 问曰：“达摩未来时在什摩处？”师答曰：“只在这里。”进曰：“为什摩不见？”师曰：“过西天去。”[④]

类似的虚拟情境还包括假设的与达摩碰面，所谓“逢达摩”。雪峰

---

① （隋）吉藏：《金刚般若经义疏》卷三，《大正藏》，第33册，第105页中。

② （南唐）静、筠二禅师：《祖堂集》，孙昌武、［日］衣川贤次、［日］西口芳男点校，中华书局2007年版，第282页。

③ （南唐）静、筠二禅师：《祖堂集》，孙昌武、［日］衣川贤次、［日］西口芳男点校，第250页。

④ （南唐）静、筠二禅师：《祖堂集》，孙昌武、［日］衣川贤次、［日］西口芳男点校，第367页。

义存禅师擅长用此虚拟情境开导学者。《祖堂集》卷七《雪峰和尚章》载雪峰义存的一则问答，文如下：

> 师曰："什摩处逢达摩？"对云："非但达摩，更有亦不逢？"师云："有摩摩不逢，无达摩不逢。"对曰："不逢说什摩有无！"①

《祖堂集》卷一〇《安国和尚章》也有此语：

> 峰云："什摩处逢见达摩？"师云："分明向和尚道。"峰云："道什摩？"师云："什摩处去来。"②

至于被讨论最多的"祖师西来意"，其回答五花八门，如"问取露柱去"，"老僧面前一踏草，三十年来不曾锄"，"待洞水逆流则与汝说"，"待石乌龟解语即向汝道"，"不会"，"待我死即向汝道"。该问题的"反应"最为著名的贡献来自赵州和尚，《祖堂集》卷一八《赵州和尚章》言：

> 问："如何是祖师西来意？"师云："亭前柏树子。"③

小川隆提醒道："提问者所要求的，并不是对祖师西来意这一设问的一个正确的解释；他们为了体悟'即心是佛'这个事实，一直继续着行脚之旅，以求得切身激发的契机。"④ 他还注意到对"祖师

---

① （南唐）静、筠二禅师：《祖堂集》，孙昌武、［日］衣川贤次、［日］西口芳男点校，第359页。

② （南唐）静、筠二禅师：《祖堂集》，孙昌武、［日］衣川贤次、［日］西口芳男点校，第485页。

③ （南唐）静、筠二禅师：《祖堂集》，孙昌武、［日］衣川贤次、［日］西口芳男点校，第789页。

④ ［日］小川隆：《语录的思想史——解析中国禅》，何燕生译，复旦大学出版社2015年版，第9页。

西来意”的另一种较早的解释在《祖堂集》卷三《老安章》“何不问自家意旨?”[①]，也就是问“自己意”，而且，能够回答“自己意”的，除了自己之外，别无他人。这种表述也反映在早期语录里，例如马祖的“即今是什么意”[②]、牛头禅脉的天柱山崇慧的“即今事作么生”和“在汝分上一切自看”[③] 等言说。这些禅语的正确理解是“一切应该从你本人出发，通过本人去自我发现”。在此，我们又获得了对祖师西来意的另一个内容——“自己分上”“汝分上”“自己本分事”。对于“祖师西来意”的解释，其实在语录的早期象征人物马祖道一那里，其内涵是要弟子各信“自心是佛，此心即是佛”。如《祖堂集》卷一四《江西马祖章》所言：

> 每谓众曰：“汝今各信自心是佛，此心即是佛心。是故达摩大师从南天竺国来，传上乘一心之法，令汝开悟。又数引《楞伽经》文以印众生心地，恐汝颠倒不自信。此一心之法，各各有之，故《楞伽经》云：‘佛语心为宗，无门为法门。’”[④]

我们注意到，“本分事”这个关键词在赵州上述庭前柏子树的问答里也出现了，这就是“须以本分事接人始得”。此外，在《赵州录》里还有如下对话：“问：如何是学人自己？师云：还见庭前柏树子么?”[⑤] 在经历了这些复杂的推理后，作者总结道，庭前柏树子“其实就是直指当下看见‘庭前柏树子’的即今你本人的本分事的一句禅语”[⑥]。

---

① （南唐）静、筠二禅师：《祖堂集》，孙昌武、［日］衣川贤次、［日］西口芳男点校，第153页。

② （宋）道原：《景德传灯录》卷六，《大正藏》，第51册，第246页上。

③ （宋）道原：《景德传灯录》卷四，《大正藏》，第51册，第229页下。

④ （南唐）静、筠二禅师：《祖堂集》，孙昌武、［日］衣川贤次、［日］西口芳男点校，第610页。

⑤ （唐）文远录：《赵州录》，张子开校，中州古籍出版社2001年版，第38页。

⑥ ［日］小川隆：《语录的思想史——解析中国禅》，何燕生译，复旦大学出版社2015年版，第15页。

笔者也注意到，马祖著名的“即心即佛”“非心非佛”的话，其实是在回答“祖意”“祖师西来意”的情境中提出来的。其根据是《祖堂集》卷一五《大梅和尚章》里的对话：

> 又问：“如何是祖意?”马师云：“即汝心是。”师进云：“祖无意耶?”马师云：“汝但识取汝心，无法不备。”师于言下顿领玄旨……其僧归到盐官处，具陈上事。盐官云：“吾忆在江西时，曾见一僧问马大师佛法祖意，马大师皆言‘即汝心是。’自三十余年，更不知其僧所在。莫是此人不?”遂令数人教依旧路，斫山寻觅。如见，云：“马师近日道：‘非心非佛。’”其数人依盐官教问，师云：“任你非心非佛，我只管即心即佛。”盐官闻而叹曰：“西山梅子熟也。”①

该章下面还有一则机缘语，论及何谓“本色禅师”。当赵州问沩山灵佑“如何是祖师意”时，沩山唤侍者将床子来。床子，是一种存放杂物的货架。赵州见沩山如此，遂道：“自住已来，未曾遇着一个本色禅师。”② 当然，我们在此无法推测赵州为何不满沩山，重点是下面这句话“自住已来，未曾遇着一个本色禅师”所谓“本色禅师”，就是那种将参究当作“学人自己事”的禅僧。

唐末机缘问答场合，菩提达摩的西来意（祖师西来意）往往被转换为“如何是佛法大意”这个提问。二者实质上是等同的，此如《祖堂集》卷一八《仰山和尚章》：“问：‘如何是祖师意?’师以手作圆相，圆相书‘佛’字对。”③ 自然，关于“佛法大意”，禅师的回答也与对“祖师西来意”的回答类似，此诸如：“庐陵米作摩

① （南唐）静、筠二禅师：《祖堂集》，孙昌武、［日］衣川贤次、［日］西口芳男点校，第674页。

② （南唐）静、筠二禅师：《祖堂集》，孙昌武、［日］衣川贤次、［日］西口芳男点校，第790页。

③ （南唐）静、筠二禅师：《祖堂集》，孙昌武、［日］衣川贤次、［日］西口芳男点校，第807页。

价”（卷三《靖居和尚章》），“文殊堂里一万菩萨”（卷三《慧忠国师章》），“小鱼吞大鱼”（卷七《岩头和尚章》），“为知己者丧身”（卷一二《禾山和尚章》），“七颠八倒”（卷一三《招庆和尚章》），“扰扰匆匆，晨鸡暮钟”（卷一三《福先招庆和尚章》），“碓捣磨磨”（卷一三《山谷和尚章》）。①

《祖堂集》里关于菩提达摩西来意的讨论另一个值得注意的地方是将“祖意”和“教意”联系起来。此类讨论的动机当与禅门在唐末五代时期“禅教一致”的思潮有关。对此问题较为直接的回答见于《祖堂集》卷一七《岑和尚章》：

> 问：“如何是教?”师云：“五千四十八卷。”“如何是教意?”师曰：“祖意即是。”问：“如何是祖师意?”师云：“教意即是。”学云：“与摩即教意与祖意无二去也。”师云：“十方佛土中，唯有一乘法。无二亦无三。”大德便礼拜，师偈曰：祖心即教意，教意即祖意。欲识祖师意，祖师传佛心。祖意与教意，一性一真心。②

在其他一些地方，当禅僧们回答“祖意与教意同别”时，他们也更多地采用“机缘语句”，例如：“不入龙宫藏，众义岂能诠”（卷八《华严和尚章》），“出群不戴角，三韵况难同”（卷九《落浦和尚章》），“日晓昏韶山，不借其中事”（卷九《韶山和尚章》）③。

当我们面对“机缘问答”的方式去处理的“祖意与教意同别”时，也应该从“学人本分事”立场来读解，此如《祖堂集》卷一

---

① （南唐）静、筠二禅师：《祖堂集》，孙昌武、［日］衣川贤次、［日］西口芳男点校，第156、163、342、560、586、603、608页。

② （南唐）静、筠二禅师：《祖堂集》，孙昌武、［日］衣川贤次、［日］西口芳男点校，第775页。

③ （南唐）静、筠二禅师：《祖堂集》，孙昌武、［日］衣川贤次、［日］西口芳男点校，第392、416、426页。

九《陈和尚章》：

> 问："祖意与教意，还同别？"师云："教意是教意，祖意是祖意。"①

经过上述一系列对于"祖师西来意""如何是佛法大意""即心即佛"与"非心非佛""祖意与教意同别"的辨析，我们就足以阐明如下情况：在中唐以后的"古典禅"时代，菩提达摩依旧是禅思想的中心人物，这种地位是无人取代的。然而有趣的是，这位人物的意义却更多地存在于"象征"的方面。禅僧们的兴趣不是那个"历史的菩提达摩"，他的印度家族状况、他自印度至长江南北游历的过程，他创作过哪些经典，甚至他的去世——这些内容在禅修生活里已经不属于重要内容。

可见在机缘问答盛行的古典禅时代，禅修中那种把菩提达摩当作过去的历史人物、当作他者的态度被认为是"不合格"的，应该被舍弃。禅师们要求弟子持行不懈地参寻"佛祖之心印"，在意识中打破自我与菩提达摩的对立，消除距离感和历史断裂感，直至与菩提达摩合一。这种立场将引导弟子臻于"达摩即我""我即达摩"的修道生活状态，让菩提达摩进入每一位禅僧的当下生活中。借由此种"想象菩提达摩"的方式，那位数百年前的历史人物"复活"了，并更为强烈地塑造了唐代禅思想的发展。而当各类宋代"颂古"和"评唱"文本将"梁武帝问达摩"作为"第一公案"，如《碧岩录》中，菩提达摩也成了他们精神上的"祖师"。②

六　简短的论断

向壁虚构自有其生命力。当想象成为思想史的动源，作为"虚

① （南唐）静、筠二禅师：《祖堂集》，孙昌武、［日］衣川贤次、［日］西口芳男点校，第864页。

② （宋）克勤：《佛果圆悟禅师碧岩录》卷一，《大正藏》，第48册，第140页上。

像”“虚影”“理念”的菩提达摩也走过了漫长的唐代历史，他是被不断追溯的，同时又是不断被开创新局面、新思想的。在上文中，我们讨论了菩提达摩的四种显现方式：游僧、作家、祖师和心灵。

在故事的早期阶段，他作为来自“异国”（“天竺”这个词对于汉地修行僧而言有不可抵挡的魅力）的“佛教流浪者”，被许多分散在中原地区的禅修者选为共同的领袖。来自弟子或其他门裔的追忆及禅法讨论为后世留下了一个经典文本（《二入四行论》），此后不久，唐代最著名的佛教史家道宣根据信疑参半的材料对他进行描述，也为后世留下了他的形象里最重要的几种元素。我们所知的“初期禅”就这样面对着如此简陋的思想条件，为了解决理论资源不足的问题，具有各种不同禅法倾向的僧众“替他”创造出各种禅思想的文本，这些文本的流传和讨论也进一步推动了唐代禅思想的演变。自唐至宋，当禅僧觉得需要具有何种理想形象的领袖时，他们就如何塑造他，正是在“回应”此类需求的情况下，他被升格为东土初祖和西天第二十八祖，以至于成为中国政治和儒家伦理语境里的典范圣僧。然而，他的精神并未在这种逐渐远离“肉身本体”的塑造中远离，反而在禅僧的不断追问中，与禅修者合二为一了。

最终，此现场情境里，作为历史的达摩，他的容貌、家世、师承、游化事迹对于禅的修行而言已经不重要了，真正切己的是他的“西来意”（精神），亦即“祖意”。根本是说，这就是释迦牟尼流传下来的“佛法大意”。对“西来意”的体证，不是去追寻那位历史的达摩的所思所想，而是追问自己的内心。对自己内心的追问，才是真正的追问。当这种追问落实于“当下的自己”时，修行者之“心”就会与达摩之“心”合一。这种“合一”是精神性的统一，是“身与心”“物与我”“历史与现实”的统合，是“祖师”与“主人公”的相逢。“想象菩提达摩”也使得他最终来到了每一位禅僧的心里——以恰如其分地满足禅宗“以心传心”宗旨的方式。

云居山真如禅寺与圆悟克勤

夏广兴

摘　要：云居山真如禅寺，作为江西著名丛林之一，历史悠久，自开山以来，名僧辈出，圆悟克勤就是其中重要的一位。圆悟克勤在云居真如寺住持开法期间，大力弘扬禅学思想，设坛纳士，培养了众多佛教龙象人物，在宋代禅宗发展史上发挥了重要的作用。圆悟克勤虽为蜀僧，却在川外声名远播，在中国禅宗发展史上占据重要地位。

关键词：云居真如寺；宋代；圆悟克勤

作者简介：夏广兴，上海师范大学对外汉语学院教授（上海 201418）。

云居山，原名“欧山”，位于江西永修县西南，因“山常出云，遂名云居”[①]。这里常年云雾笼罩，群峰环抱，层峦叠嶂；古木峥嵘，翠竹参天，景色旖旎，有“冠世绝境，大士所庐”[②]，“四

① 岑学吕编：《云居山志》卷一，《中国佛寺史志汇刊》第二辑，台北：明文书局 1980 年版，第 15 册，第 46 页。

② （宋）苏轼：《与佛印十二首》，载张志烈、马德富、周裕锴主编《苏轼全集校注》，河北人民出版社 2010 年版，第 18 册，第 6728 页。

百州天上云居”[1] 的赞誉。佛教曹洞宗祖廷道场真如禅寺，就坐落在这“冠世绝境，天上云居”之中，又因列峰环绕，宛如莲花瓣，山中庙宇，形似莲蕊，故真如禅寺所在地又有“莲花城”之谓。有诗赞曰：“莲峰簇簇绕华台，一钵中央倚镜开。对寺面看云捧出，当湖直逼海浮来。”[2] 云居真如寺在江西丛林，乃至中国禅宗史上占据重要地位，其中圆悟克勤住持开山期间为其增誉不少，功不可没。

一 云居山真如禅寺与江西丛林

据南宋张大猷撰《云居开山缘起记》[3] 所述，真如禅寺始建于唐宪宗元和年间，初由宪宗李纯亲赐寺名“云居禅院”，并由道容禅师首任住持；唐僖宗中和三年（883），“南宗伟人”洞山良价高徒道膺登山住持开法后，改革禅规，依法修持，农禅并重，实行“一日不作，一日不食”之农禅寺风，前后达二十多年，僧徒慕名而来者众，极盛时多达千余人，遂使云居真如禅寺成为长江中下游地区的禅宗要地，声名远播。鉴于真如禅寺在当时的影响及道膺禅师的杰出贡献，僖宗特赐匾额将“云居禅院”更名为“龙昌禅院”，同时下诏赐道膺禅师谥号为“弘觉大师”，以资表彰。入宋以降，于大中祥符年间（1008—1016 年），宋真宗登云居山游览，又亲笔题写匾额，改“龙昌禅院”为“真如禅寺”，并一直相沿至今。[4]

真如禅寺之后历奉敕建，唐宋最盛。有宋一代，曾多次对真如禅寺进行大规模的修建，当时僧众 500 余名。真如禅寺自唐及宋，

---

① （宋）绍隆等编：《圆悟佛果禅师语录》卷七，《大正藏》，第 47 册，第 743 页上。

② 岑学吕编：《云居山志》卷一七，《中国佛寺史志汇刊》第二辑，第 15 册，第 240 页。

③ 岑学吕编：《云居山志》卷七，《中国佛寺史志汇刊》第二辑，第 15 册，第 115 页。

④ 岑学吕编：《云居山志》卷六，《中国佛寺史志汇刊》第二辑，第 15 册，第 112 页。

一直长盛不衰，为历代祖师最胜道场。自道容开山，道膺继之，其后齐禅师、融禅师、老夫舜、佛印了元、圆悟克勤、大慧宗杲等，皆曾任该寺住持。以佛印了元为分界，先倡导法眼宗和云门宗，之后则为临济宗一脉独胜。自古以来，文人雅士慕名前来参禅修道者亦络绎不绝，唐时的白居易、皮日休，宋时的苏轼、黄庭坚、秦观、陆游、吕居仁等，这些文人雅士在此题咏诗词、曲赋，作品多达数百余篇。其中，白居易被贬任江州司马后，曾登临真如禅寺，有感而发，写下了脍炙人口的七言绝句《游云居山寺赠穆三十六地主》："乱峰深处云居路，共踏花行独惜春。胜地本来无定主，大都山属爱山人。"① 表达了对云居胜境的偏爱。

江西原为南唐属地，多信奉佛教，这为唐五代江西佛教的发展奠定了良好的基础。江西作为佛教圣地，又是六祖惠能创办南宗禅的重要据点，尤为禅宗所重，且南宗禅的"五家七宗"，大多直接或间接根植于江西，与江西的关系源远流长。唐末五代，禅宗一花五叶，竞繁于江西境内。入宋以后，江西成为禅宗传播的要地，高僧大德，层出不穷。曹洞、云门、法眼三宗各有传承，禅师数以千百计。曹洞宗，法席颇盛，自云居道膺禅师开法以来，法脉绵延不断。洪州（今江西南昌）惟照于庐山圆通寺授徒弘法，此外，庐山东林寺通理、樟树慧力寺僧悟，都是力弘曹洞宗的禅师。云门宗，有宗门巨匠鼎力弘传，亦极盛一时。著名高僧有大觉怀琏、圆通居讷和佛印了元等，为朝野上下所重。庐山僧大觉怀琏，宋仁宗时，奉诏入京师主持新建之十方净因禅院，为北宋大禅德之一，是苏轼在《祭龙井辨才》文中之"五公"，与契嵩齐名合称的"禅有琏嵩"的"琏"，即大觉怀琏。怀琏于英宗治平中，乞老归山，入四明之阿育王山广利寺。圆通居讷，"十一出家，十七试法华得度"②，后由庐山归宗寺而迁圆通寺。归宗寺于江西丛林规模可观，

① 岑学吕编：《云居山志》卷一四，《中国佛寺史志汇刊》第二辑，第15册，第191页。

② （宋）普济：《五灯会元》卷一六，《卍新纂续藏经》，东京：株式会社国书刊行会1975—1989年版，第80册，第329页下。

“栋干之隆，几及千间”[①]。佛印了元，住江州（今江西九江）承天寺，庐山开先寺、归宗寺等。这些云门禅师，弘法布道，禅法传布甚广。法眼宗亦盛于江西。云居道齐，“本州（洪州）金氏子，遍历禅会，学心未息，后于上蓝院主藏经”[②]。道齐住高安大愚山、幽谷山双林禅院、云居山等处共30年。其中主持永修云居山真如寺20余年。传法弟子有南康云居契环等，亦大弘云门宗风。

有宋一代，禅宗之沩仰宗、临济宗、曹洞宗、云门宗、法眼宗五宗并盛，直接以江西为自己开宗立派的滋生基地，但终两宋之世兴盛不衰的则是临济、云门二宗。仁宗年间，临济宗又分化为黄龙、杨岐两派，宗风尤盛，法系绵绵不绝。两派均兴盛于江西境内，禅宗呈现“五家七宗”的盛况。黄龙派的开山祖师慧南，主持庐山归宗寺。其后继宗匠有庐山东林寺东林常总、云居真如寺元佑等。杨岐宗开山方会，主持杨岐山普通寺，门风大盛。后继宗匠有江州（今九江）承天寺云守端禅师、云居真如禅寺圆悟克勤禅师等。禅宗诸宗大多直接或间接开宗于江西，并弘扬禅法于全境。可以说，江西是禅宗五家七宗的策源地，境内禅宗道场耸立林间，高僧辈出，这是唐宋时期禅宗兴盛的一个重要标志。在这为数众多的禅宗寺院中，多为禅宗各宗、各派的开山祖庭或是重要道场，因而江西禅宗在中国禅宗史上具有举足轻重的地位。

二　圆悟克勤在云居山真如寺的弘法

圆悟克勤（1063—1135年），四川崇宁人。据《释氏稽古略》[③]等记载，克勤曾经跟随许多高僧参学修行。幼时即于妙寂院依止于自省法师，受具足戒之后，于成都随圆明法师学习经论，后又参礼敏行和尚，研读《楞严经》；不久游真觉寺，参学于惟胜禅

① （宋）余靖：《武溪集》卷七《庐山承天归宗禅寺重修寺记》，载《北京图书馆古籍珍本丛刊》，第85册，书目文献出版社1998年版，第90页。

② （宋）普济：《五灯会元》卷一〇，《卍新纂续藏经》，第80册，第215页下。

③ （元）觉岸：《释氏稽古略》卷四，《大正藏》，第49册，第882页上—中。

师。约在宋哲宗赵煦元祐元年（1086），出蜀东下，行脚四方，遍参各地禅门高僧。他先后礼谒玉泉承皓、金銮信、真如慕哲、黄龙祖心、东林常总、白云守端等大德，都受到他们的重视，呵护有加。晦堂祖心禅师更是看好他，曾与之言："他日临济一派属子矣。"至五祖山舒州太平寺，参谒法演禅师，于其门下潜心领悟禅理，前后数十年，终得法演真髓，开悟得法，并蒙其印证。法演弟子中有"三杰"，即"佛果"克勤、"佛鉴"慧勤、"佛眼"清远，时称"演门二勤一远"①，誉为"丛林三杰"。克勤先后住持成都昭觉寺、澧州灵泉院、湘西道林寺，除此之外，他还担任过建康蒋山（今江苏省南京市钟山）蒋山寺、汴京（今河南省开封市）天宁万寿寺、江苏省镇江市金山寺、江西省永修县云居寺等国内七大丛林的住持。在这些开法寺院中，江西的云居真如寺无疑是其重要之地。建炎三年（1129），67 岁的圆悟禅师返蜀，仍住昭觉寺，开堂传戒，讲经说法。克勤一生辗转南北，久历丛席，遍参知识，大振法道，在禅林影响极大。北宋政和年间（1111—1118 年），获宋徽宗赐紫衣，并赐"佛果禅师"之号。南宋绍兴五年（1135）八月五日，这位佛学大师圆寂于寺内，年 73，高宗赵构赐谥"真觉禅师"。

（一）圆悟克勤驻锡云居山真如禅寺

据《云居山志》卷六《敕翰》："佛果克勤禅师，奉天下名山，惟师择住之，诏敕住持云居，锡号圆悟。师捧起敕曰：'龙床角头亲赐得，天上云居古道场，安乐树边藏拙讷，更无佛法可商量。'"② 所记事迹即在南宋宋高宗建炎元年（1127），经宰相李纲奏请，克勤住持金山（今江苏省镇江市）龙游寺。十一月，高宗召见克勤，问"西竺道要"。克勤回复如下："陛下以孝心理天下，西竺法以一心统万殊。真俗虽异，一心初无间然。"③ 高宗大为所

① （元）念常：《佛祖历代通载》卷二〇，《大正藏》，第 49 册，第 685 页下。

② 岑学吕编：《云居山志》卷六，《中国佛寺史志汇刊》第二辑，第 15 册，第 112 页。

③ （元）念常：《佛祖历代通载》卷二〇，《大正藏》，第 49 册，第 686 页中。

动，赐以“圆悟禅师”之号。克勤借机“乞云居山归老”，提出希望移住云居山真如禅寺，得到朝廷恩准，允诺“天下名山，惟师择住”，并“厚贶其行”。[①] 圆悟克勤于是奉诏来到云居山，执掌法席。圆悟克勤之所以最终选择云居山驻锡，当是看重云居山的声名在外。有《圆悟佛果禅师语录》为证：上堂云：“耳闻不如眼见，明辨不如手亲，四百州天上云居，今日竹舆亲到。岩峦回合，林岭崔巍。白云深处现楼台，恍如别造一世界。”复云：“赐得云居养病身，半千衲子倍相亲。攀萝直上青天上，投老依栖安乐神。”[②] 表明他极其希望在江西禅宗胜地云居山终了一生。一时，衲子闻风云集于云居山参禅求法。克勤住持云居时，真如禅寺住僧500余众。时有蒋运使，寄来所书“云居山”三字，悟颂之云：“众峰盘曲屋耽耽，天上泓澄雨碧潭。渴骥怒猊三大字，高踪千古振名蓝。”[③] 可见当时云居亦是佛寺繁盛之地，人才辈出之所，禅风之盛，甲于江左。因此，克勤来此并非没有原因。一方面，是感到弘法的责任。另一方面，也有云居山方面有意祈请名声在外的圆悟克勤住持法席的需求在内。

真如禅寺的宗脉以佛印了元禅师住持为界，之前所倡导的是法眼宗、云门宗一脉，到了克勤住持法席，已转介临济宗一脉。禅宗临济一脉，自晚唐义玄大师创立后，六传至北宋石霜楚圆，分为杨岐方会和黄龙慧南两派。其中杨岐方会一派，后成为临济正宗。杨岐方会再传至五祖法演，法演门下又出了一位名重大江南北的高僧，这就是被当时人誉为“僧中管仲”的圆悟克勤大师。克勤禅师悟门广大，说法辩博，纵横上下，出入无碍，观听者无不为之而感动泣下。据《补续高僧传》说：

> 师清净无作，不入诸相，示方便门。提引未悟，一听其语，莫不愀然感动，有泣下者。故住天宁时，一时王公贵人，

---

① （元）念常：《佛祖历代通载》卷二〇，《大正藏》，第49册，第686页中。

② （宋）绍隆等编：《圆悟佛果禅师语录》卷七，《大正藏》，第47册，第743页上。

③ （宋）圆悟克勤：《圆悟佛果禅师语录》卷八，《大正藏》，第47册，第748页下。

> 道德材智，文学之士，日造其室，车辙满户外。虽毗耶听法，不能过也。度弟子五百人，嗣法得眼，领袖诸方者，百余人。方据大丛林，匡众说法，为后学标表，可谓盛矣。师自得法后，声名藉甚，繇岳麓，徙蒋山，行成德备，每得天神诃护。①

圆悟克勤的贡献，如陈金凤所说：

> 在云居山开法虽只有大约二年时间，却为包括江西在内的南方丛林培育了诸多僧才，在相当程度上光大了云居真如寺，对江西禅宗的发展与进步作出了贡献。圆悟克勤通过传法扩大了南方禅法在四川的影响。并且把最正宗的临济杨岐宗宗风带回了四川。圆悟克勤的住持昭觉寺的行为使昭觉寺成为天下学者向往的中心，使昭觉寺后来享有“祖庭”的荣耀。②

圆悟克勤是北宋时期临济宗杨岐派下杰出的禅僧，在中国禅宗史上占有重要的地位。

（二）圆悟克勤于云居山真如禅寺所弘化的杰出弟子

圆悟克勤晚年奉诏住持云居山真如禅寺，之前经过遍参丛林大德及住持各大禅院，使其禅法日臻成熟、声望显赫，因此慕名前来求法者络绎不绝，弘法的收获空前绝后。据孙觌《圆悟禅师传》称：“（克勤）度弟子五百人，嗣法得眼领袖诸方百余人，方据大丛林，领众说法，为后学标表，可谓盛矣！”③ 克勤的禅法荟萃各家之精华，超越宗格，弟子满天下。在众多弟子中，最著名者为大慧宗杲、虎丘绍隆，并称为圆悟克勤门下的“二甘露门”，他们二

---

① （明）明河：《补续高僧传》卷九，《卍新纂续藏经》，第 77 册，第 429 页下—430 页上。

② 陈金凤：《圆悟克勤与江西禅宗》，《宜春学院学报》2012 年第 5 期。

③ （宋）孙觌：《鸿庆居士集》卷四二，文渊阁《四库全书》影印本，台北：商务印书馆 1983 年版，第 1135 册，第 465 页。

人的法系分别形成临济宗大慧派和虎丘派。南宋时南方著名临济宗禅师大多出此两家门。除了宗杲、绍隆外，克勤在云居山时培养的龙象还有不少，如昭觉道元、宗振首座、郡王赵令衿居士、袁觉禅师（象耳袁觉）、弘光禅师、应庵昙华，等等。这些禅林僧俗弟子，也颇有作为，在一定程度上改造了当时南方禅林之生态。①

众弟子中宗杲大师值得一提，他是“看话禅”的创始人。17岁时即出家为僧，初学曹洞宗，后非之。宋徽宗宣和七年（1125）四月，宗杲辗转至东京（汴梁、开封府）天宁寺，拜谒了时任该寺住持的克勤。一个月后，大彻大悟，克勤“著《临济正宗记》以付之，俾掌记室，分座训徒”，宗杲“乃握竹篦为应机之器，于是声誉蔼著，丛林咸归重之”；宗杲在东京很快就声名鹊起，“士大夫争与之游”，钦宗赐号曰“佛日”。② 由于其聪颖过人，被克勤纳为入室弟子，为丛林所重，名振京城。开封城陷落之际，克勤携弟子大慧宗杲等人移至高邮（今江苏省高邮市）暂住干明寺。建炎年间，宗杲“闻圆悟诏住云居，诣之。复为第一座，为众授道，誉望益尊”③。克勤住持云居时，常与宗杲切磋佛法。《大慧普觉禅师语录》记载：

圆悟先师常说：“近来诸方，尽成窠窟。五祖下我与佛鉴、佛眼三人，结社参禅，如今早见漏逗出来也。佛鉴下有一种作狗子、叫鹁鸠鸣取笑人，佛眼下有一种觑灯笼露柱，指东画西，如眼见鬼一般。我这里且无这般病痛。”山僧（宗杲）曰：“大好无病痛。”先师曰：“何谓？”山僧曰：“击石火闪电光，引得无限人弄业识。举了便会了，岂不是佛法大窠窟？”先师不觉吐舌，乃曰：“莫管他，我只以契证为期。若不契证，断定不放过。”山僧曰：“说契证即得，第恐后来只恁么传将去，举了便会了，硬主张击石火闪电光，业识茫茫未有了日。”

① 参见陈金凤《圆悟克勤与江西禅宗》，《宜春学院学报》2012年第5期。
② （宋）普济：《五灯会元》卷一九，《卍新纂续藏经》，第80册，第403页上。
③ （宋）正受：《嘉泰普灯录》卷一五，《卍新纂续藏经》，第79册，第382页上。

> 先师深以为然。①

据《大慧普觉禅师年谱》，建炎四年（1130），“妙喜（宗杲）庵于云门，方成法席”。绍兴八年（1138），住持杭州径山能仁禅院，聚集僧众多达1700多余人，“宗风大振，号临济再兴”。② 这表明正是宗杲在江西云居山期间，作为圆悟克勤的入室弟子，耳濡目染，精勤锤炼与大力护持，才得以名声大振。

克勤晚年在成都昭觉寺时，曾对川陕宣抚处置使、右丞张魏公浚说：“杲首座真得法髓，苟不出，无支临济法道者。”③ 不久，魏公张浚还朝至杭州，任同平章事兼枢密使（宰相），即延请宗杲禅师驻锡浙江余杭径山寺。《大慧普觉禅师语录》记载：

> 有一僧搀前便问：“人天普集，选佛场开。祖令当行，如何举唱?”师云：“钝鸟逆风飞。”进云：“遍界且无寻觅处，分明一点座中圆。”师曰：“人间无水不朝东。”④
>
> 复有数僧竞出，师乃约住云：“假使大地尽末为尘，一一尘有一一口，一一口具无碍广长舌相，一一舌相出无量差别音声，一一音声发无量差别言词，一一言词有无量差别妙义，如上尘数，衲僧各各具如是口，如是舌，如是音声，如是言词，如是妙义，同时致百千问难，问问各别，不消径山长老咳嗽一声，一时答了。”⑤

宗杲妙语连珠，方显大师风范，令众僧折服。道法之盛，冠于一时。

克勤与弟子大慧宗杲等在真如寺约有两年时间。宗杲得法后，

---

① （宋）蕴闻编：《大慧普觉禅师语录》卷一八，《大正藏》，第47册，第887页上—中。

② （宋）祖咏编：《大慧普觉禅师年谱》，《明版嘉兴大藏经》，台北：新文丰出版公司1987年版，第1册，第798页中、第801页上。

③ （宋）正受：《嘉泰普灯录》卷一五，《卍新纂续藏经》，第79册，第382页上。

④ （宋）蕴闻编：《大慧普觉禅师语录》卷一，《大正藏》，第47册，第811页下。

⑤ （宋）蕴闻编：《大慧普觉禅师语录》卷一，《大正藏》，第47册，第811页下。

名震京师，望重丛林，先后住持江西省永修县云居寺、福建省福州市长乐洋屿、泉州市海昏云门阉等地。所至之处，四方学者云集，遂大阐“看话禅”宗风。所谓“看话禅”，简单地说，是指对“公案”（一种问题）加以考究，达到大彻大悟，从而求得真理。与他同时的曹洞宗高僧宏智正觉所倡导的“默照禅”（即只顾坐禅静心，从内心体会绝对自由的境界，不需要“公案”）相对立。宗杲大师生性淡泊，无应世之意。宗杲很注重与士大夫的交流交往，正如潘桂明先生所说：

> 现存《大慧普觉禅师语录》三十卷，其主体部分属于对士大夫禅学的评论和指导。宗杲一生的佛教活动，与士大夫禅学及其命运联系在一起。三十卷语录中，其中第十三至十八卷“普说”，大部分为士大夫禅者所说（受士大夫之请而说法）；第十九至二十四卷“法语”，全部为士大夫所说（向士大夫开示机要语句）；第二十五至三十卷“书信”，几乎也全是为士大夫所写（多系答士大夫有关禅学疑问）。①

宗杲与当朝官僚士大夫的交往，无论是范围还是密切程度，都超过了前代禅师，并且形成了以学佛士大夫为核心的交往圈子。

大慧宗杲门下极盛，后世称大慧派，明代《补续高僧传》作者明河评曰：

> 南渡后宗师，唯妙喜老子（即大慧宗杲）得人为多。开堂说法，显然为天人师者，不下数十人，然皆不数传。寂寂矣，能使道脉长永，枝叶繁茂，不忝师门传受，唯师一人而已。古称妙喜能大圆悟（克勤）之门，愚谓：妙喜之得师，犹圆悟之得妙喜。②

---

① 潘桂明：《中国居士佛教史》，中国社会科学出版社 2000 年版，第 543 页。

② （明）明河：《补续高僧传》卷一〇，《卍新纂续藏经》，第 77 册，第 442 页上。

临济宗杨岐派大慧宗杲，提倡“看话禅”，影响深远。他两度住持径山能仁禅院，使径山声誉鹊起。南宋隆兴元年（1163），大师圆寂于径山寺，世寿75岁，孝宗赵克赐号“大慧禅师”。法嗣九十余人，后分为灵隐、北涧两派。其谱系为：“宗觉妙道，明了本真，恢宏祖印，联广慧灯，性空法界，绍继续荣，圆通果满，福德转轮。”① 此后禅流无不以“看话头”为入门，自宋元以迄于明清，700多年，其风未衰。

圆悟克勤的另一位得道弟子绍隆（1077—1136年），南宋初年江苏平江虎丘寺僧，字号俗姓不详，和州含山（今安徽省含山县）人。绍隆9岁出家，居本邑佛慧院，15岁受戒。年20以后，出外参学，先后拜谒长芦崇信禅师、宝峰湛堂禅师、黄龙死心禅师，次诣云居山真如禅寺依止圆悟克勤，得印可，为其嫡嗣，亦深得克勤教导。《五灯会元》卷一九《虎丘绍隆禅师》载：

> （绍隆）次谒圆悟。一日入室，悟问曰：“见见之时，见非是见。见犹离见，见不能及。”举拳曰：“还见么？”师曰：“见。”悟曰：“头上安头。”师闻脱然契证。悟叱曰：“见个甚么？”师曰：“竹密不妨流水过。”悟肯之。寻俾掌藏教。有问悟曰：“隆藏主柔易若此，何能为哉！”悟曰：“瞌睡虎耳。”②

南宋高宗绍兴初期，绍隆奉克勤之命东归，先住开圣寺，继主彰教寺，其后担任虎丘寺的住持。所至之处，大张法筵，传灯弘教，僧俗钦从，英衲云集。

绍隆随圆悟克勤习禅20年，晚年常住苏州虎丘，禅风孤峻，道声远播，得法弟子应庵昙华、法孙密庵咸杰，都能继承师门，怀广宗风，遂使虎丘一派大为兴盛，影响甚至凌驾于大慧派之上。虎丘绍隆一系，后亦分为松源、破庵两派。该系僧人在南宋灭亡后，

---

① （清）守一编：《宗教律诸家演派》，《卍新纂续藏经》，第88册，第559页中。

② （宋）普济：《五灯会元》卷一九，《卍新纂续藏经》，第80册，第405页上—中。

有的浮舟东海，去到日本，大盛法流，对日本禅宗很有影响。绍隆法系在宋元时期与日本临济宗的关系最为密切。绍隆传应庵昙华，昙华传密庵咸杰，咸杰有弟子松源崇岳、破庵祖先、曹源道生等，法脉绵延不绝。他的法脉历经宋、元、明、清时期，到日本传法的禅师玉溪道隆，无学祖元，无准师范等禅师都是他的法裔，都对日本传统文化产生过重大影响，如今日本的禅宗二十四派中，就有二十派出于杨岐派。

克勤传法注重教学方法，棒呵拳击并上。据《东京天宁佛果圆悟克勤禅师法嗣》载“眉州象耳山袁觉禅师”条：

圆悟再得旨住云居。师至，以所得白悟。悟呵云：“本是净地，屙屎作么?”师所疑顿释。①

“成都府昭觉彻庵道元禅师”条：

高宗皇帝驾幸维扬，召悟说法，赐号圆悟。又赐侍僧十人紫衣。师与焉，圆悟诏住云居。师从之，虽有信入，终以梗胸之物未去为疑。会悟问参徒：“生死到来时如何?”僧云：“香台子笑和尚。”次问师：“汝作么生?”云：“草贼大败。”悟曰：“有人问你时如何?”师拟答，悟凭陵曰：“草贼大败。”师即彻证，圆悟以拳击之，师拊掌大笑。悟曰：“汝见甚么便如此?”云：“毒拳未报，永劫不忘。”悟归照，亲命首众。悟将顺世，以师继席（机语未见）。②

“南康军云居宗振首座”条：

丹丘人也，依圆悟于云居。一日，因仰瞻钟阁，倏然契

① （宋）正受：《嘉泰普灯录》卷一四，《卍新纂续藏经》，第79册，第377页上。
② （宋）正受：《嘉泰普灯录》卷一四，《卍新纂续藏经》，第79册，第377页中。

> 证。有诘之者，振酬以三偈。其后曰："我有一机，直下示伊，晴天霹雳，电卷星驰，德山临济，棒喝徒施，不传之妙，于汝何亏。"悟见大悦，竟以节操自高，道望愈重。①

上述所记克勤与传法弟子之间忘情的机语互动，足以说明克勤独特的弘法妙道。

三　余论

圆悟克勤住持云居真如寺间，与江西禅僧、士大夫相往来，促进了江西禅宗文化的发展。凡士大夫请说法者，克勤均一一予以满足，或示以法语，或作书述解，未曾稍有懈怠。据《圆悟佛果禅师语录》所载统计，克勤与之交往的士大夫就有五六十人之多。宣和年间（1119—1125 年），他奉诏住持京城天宁寺，王公贵人、学者文士"日造其室，车辙满户外"②。由于圆悟克勤多与士大夫权贵相交，因此其禅法与现实社会政治紧密联系。圆悟克勤在住持云居真如禅寺期间及前后，与僧俗两界有着广泛的交流，相互切磋，谈经论道，为后世留下诸多宝贵财富。

圆悟禅师倾毕生之力，弘扬佛法，足迹遍历大江南北，宣说法音，栽培后进，春风化雨，桃李盈门，弟子遍及海内外，嗣法者达 75 人。圆悟克勤为临济杨岐派的发展，奠定了雄厚的基础，为中华文化抹上一笔浓墨重彩。圆悟克勤禅师上承五祖法演，下启大慧宗杲，完成了"文字禅"的终结；启开了"看话禅"的开端。在禅宗史留下了许多妙趣横生的话头，如"吃茶去"这一禅林公案，虽说成名于河北赵州，其渊源却应追溯至江西云居。可以说云居山是这一禅林机语的源头。圆悟克勤是禅宗史上一位划时代的人物，他的修行经历和禅法开示，对于启迪我们的人生智慧具有重大的意义。

---

① （宋）正受：《嘉泰普灯录》卷一五，《卍新纂续藏经》，第 79 册，第 386 页中—下。

② （明）明河：《补续高僧传》卷九，《卍新纂续藏经》，第 77 册，第 429 页下。

《新唯识论》（语体文本）“小一”说辨析

窦晨光

摘　要：“小一”是熊十力《新唯识论》（语体文本）中所提出的一个重要概念。依熊氏说，本体即翕辟之恒动，在其翕之势用中，本体显分殊状，遂成无量“小一”，任一“小一”皆举一翕一辟之全体而得见，“小一”与“小一”相互“摩荡”遂成大千世界。关于“小一”之“摩荡”，熊氏虽未多做说明，但其所论“根”与“心”之相互假借之关系以及随之而来的“境”“习”之生却可为此“小一”之“摩荡”说做一注脚。

关键词：新唯识论；本体翕辟；小一

作者简介：窦晨光，陕西师范大学哲学与政府管理学院讲师（陕西西安，710061）。

“小一”是20世纪著名学者熊十力在其《新唯识论》（语体文本）中所提出的一个重要概念，熊氏以为，正是在无量“小一”的相互“摩荡”中，方有万物之显现。那么，应如何理解“小一”及其“摩荡”呢？本文将尝试对此加以讨论。

一　本体及其“翕辟”之变

（一）“本体”与“实证相应”

欲明熊氏所谓“小一”，当先识其所理解之“本体”及其“翕辟之变”。在《新唯识论》中，熊氏开宗明义地指出其造论的目的即在于明“本体”，而其所理解的“本体”就是吾人的本心，熊氏称：“今造此论，为欲悟诸究玄学者，令知一切物的本体，非是离自心外在的境界，及非知识所行境界，唯是反求实证相应故。”①熊氏此所言之“玄学”，即指哲学，此论是说哲学研究当以探求一切物的本体为目的，此一探求当通过“实证相应”以求之。

关于这一点，熊氏对其高弟唐君毅所有专门之解说，熊氏称：“‘真理’一词在玄学上大概有如下之意义：一、是偏为万法实体。二、其为物也，法尔本然，不由想立，不依诠显。三、是为证相应，智与体冥，无有内外、物我等等相对之相，离分别故，离戏论故。”② 这里，熊氏指出以哲学的真理来探求“万法实体”，此所谓“万法实体”即《新唯识论》所谓“本体”，指宇宙万有的本来面貌。既然是宇宙万有的本来面貌，那就应“不由想立，不依诠显”，这是说此种“本来面貌”，此种“万法实体”不能由理智构建而来、不能由语言表达而显。既不依理智之建构，又不依语言之表达，则科学上的研究方法便可谓无效，那么宇宙万有的本来面貌又当如何得见呢？熊氏以为，此只有通过“证相应”，所谓“证相应”，即《新唯识论》所谓“实证相应”，是指一种没有主客相对、内外分别的认识，这种认识，只能是吾人自家心灵自己的自发之呈现。依熊氏言，此即“性智”，又可谓“本心”，《新唯识论》中称：“是实证相应者，名为性智……性智者，即是真的自己的觉悟。此中真的自己一词，即谓本体。”③

① 熊十力：《新唯识论》，中华书局 1985 年版，第 247 页。

② 熊十力：《十力语要》卷二《答唐君毅》，中华书局 1996 年版，第 135 页。

③ 熊十力：《新唯识论》，第 249 页。

由此可见，在熊氏的理解中宇宙万有真正的本体是吾人“真的自己”，此“真的自己”的自觉是“性智”，此种“性智”其实是本体自己的当体呈现，此可谓“智与体冥”，而只有在这种本体自己的当体呈现之中，本体才能被认识。

那么，以熊氏说，本体究竟是如何成为“性智”而表现为人的本心的呢？人的本心又如何能是“万法实体”呢？欲明此，当先明熊氏“翕辟”之说。

（二）摄聚、“形向”与“翕辟”

关于“本体”，熊氏还指出，“若说本体是不变易的，便已涵着变易了，若说本体是变易的，便已涵着不变易了”①。此意是说本体是恒动的，却又不显动静之相。此说正与周敦颐所论“神”之“动而无动，静而无境”相类，而就本体之恒动方面来讲，熊氏以为本体又可言“能变”，亦可言“恒转”。②

具体来说，能变、恒转便是相续不已之动，此相续不已之动亦有其动之效果，此效果便是一种收摄、凝聚的势用。熊氏指出：“每一动，恒有一种摄聚的，如果绝对没有摄聚的一方面，那就是浮游无据了。所以，动的势用起时，即有一种摄聚。”③ 熊氏又以为，此种摄聚的势用“是积极的收凝。因此，不期然而然，形成了无量的形向”④。

注意，此所言“形向”不同于“形象”，“形向”是一尚未成形象而能成形象的倾向，熊氏称：“形向者，形质之初凝而至微细者也。以其本非具有形质的东西，但有成为形质的倾向，故亦形向名之。”⑤ 这里，熊氏明言“形向”只是一种成具体形质的倾向，至于所谓“形质之初凝而至微细者”则只是一种比喻性的说法，

---

① 熊十力：《新唯识论》，第 314 页。
② 熊十力：《新唯识论》，第 315 页。
③ 熊十力：《新唯识论》，第 317 页。
④ 熊十力：《新唯识论》，第 317 页。
⑤ 熊十力：《新唯识论》，第 317 页。

“形向”尚未成形，更未成质，既无形，便无所谓“细微”，既无质，便无所谓“初凝”，可以说“形向”其实是形象未成之前的准备阶段。

依熊氏之说，在相续不已之动之中便会自然地产生一摄聚的势用，此势用之效果便是形成一成形质之倾向，此成形质之倾向是朝向着能变、恒转的对立面的。这是因为任何一种具体形象皆有其固定不变之性质，否则便不能自成其是，通常意义下所谓形象之变化，实际是不同形象间之接续，故一旦形成具体之形象，便也意味着固定化，意味着变化的停止，而所谓“形向”虽尚不是具体形象之形成，却毕竟是朝向着具体形象之形成，因此又可以说“形向”乃指向着能变、恒转的对立面。

“形向”指向着能变、恒转之对立面，同时“形向”又是能变、恒转之中所产生之摄聚之势用之效果，故此摄聚之势用，便可谓恒转所产生之反面之功效，如果恒转只有这一种功效的话，恒转将不能被称为恒转，恒转只能陷入停滞。但恒转却从未陷入停滞，这是因为在产生摄聚之势用的同时，恒转又有另一种势用与之具起，使恒转复归其自身，此种势用，即可谓恒转本身的显现。熊氏认为，恒转中所产生的摄聚的势用，便是“翕”，而与之俱起的使恒转复归其自身而为其自身之显现的势用，便是“辟”。此处，翕、辟二字本出自《系辞》“夫坤，其静也翕，其动也辟”一语，此语中翕、辟本无熊氏此说之义，熊氏此乃以其全新之创见化用《系辞》之旧说。

依熊氏此说而论，翕辟之势用是永恒的，亦是刹那生灭的。一方面，翕便是恒变所生之功效，亦是恒变本身之对反，辟则是恒变之复归于自身，是恒变之显现，亦是翕之对反，有恒变即有翕，有翕即有辟，有辟即又有翕，才有翕，便有辟，才有辟，便有翕，有翕即意味着辟之灭，同时又是辟之生，有辟，即意味着翕之灭，同时亦是翕之生，翕辟相反相成、相互转化，或者亦可以说，翕辟是一体之两面。另一方面，翕辟二者中，辟毕竟是本体的直接呈现，而翕则是本体自显其用所必须要凭借的反面。于此，熊氏有称：

> 所谓辟者，亦名为宇宙的心。我们又不妨把辟叫作宇宙精神。这个宇宙精神的发现，是不能无所凭借的。必须于一方面积极收凝，而成为物即所谓翕，以为发显精神即所谓辟之资具，而精神，则是运行乎翕之中，而为其主宰的。因此，应说翕以显辟，辟以运翕。盖翕的方面，唯主受，辟的方面，唯主施。①

此处熊氏指出，辟是本体恒转正面之效果，翕则为其反面之效果，此正反两面之效果相伴而生。关于正面之辟，熊氏将其称为“宇宙的心”或“宇宙精神”，那么，对于反面的“翕”，熊氏又有何具体论说呢？实际上，依熊氏之理解，正是在翕之势用中，本体摄聚为无量之“小一”。

二　“翕辟”与“小一”

（一）“翕辟”的浑一与分殊

如上所论，熊氏以为由本体之恒转而有之翕辟之变化。在翕辟之中，翕是一种“摄聚”之动势，所谓“摄聚”，是说本体在其恒转中有成形质之倾向，否则恒转将没有凭借、无法得到表现。不过，翕毕竟只是一种成形质的倾向，翕中并未真有形质之成，否则，若确有实在之形质之成，则变化成为固化，恒转将不复为恒转，而之所以恒变不会一直顺翕之动势而固化，是因为恒转并非只有翕之功效，同时亦有辟之功效，如果说翕是恒转之反面之功效的话，辟则是恒转正面之功效，恒转之所以显现出翕之功效，正是因为有辟，而其之所以能显现出辟之功效，则是因为有翕，翕辟恒相反相成，如熊氏有明言“申言之，翕的本身亦是辟”②。这也就是

① 熊十力：《新唯识论》，第 325 页。
② 熊十力：《新唯识论》，第 474 页。

说，翕辟作为本体之功能，是浑然一体的，故熊氏称："功能是浑一的全体，但不是一合相，而是有分殊的。"[①] 这里，说功能是一浑一之整体很好理解，可为什么熊氏又说功能是有分殊的呢？

这是因为熊氏认为在恒转所成之翕辟之动势中，翕作为一种"摄聚"或者说"凝"的动势，在此一动势中，必有"分化"，故浑一之恒转又可谓分殊的，如熊氏言"譬如水蒸气在空中，只是游气遍布而已，及其渐凝也，则分化而形成无量的点点滴滴"[②]。注意，此一水蒸气与水珠之例只是一比喻，此言"分化"，亦非通常意义下的分化，通常意义下的分化是指一整体分化为不同之个体，分化而得之诸个体间相互独立，而在熊氏所言之"分化"中，"分化"之结果间却一一相互含摄，你中有我，我中有一，且任一"分化"之结果皆是举恒转之全体而得见者。对此，熊氏称：

> 功能既有分殊，即不妨于全体中假析言之，而说为一个一个的，或许许多多的功能，换句话说，即是一为无量。亦复应知，无量功能互相即，互相涉，而为浑一的全体，非一一功能各各成独立而不相涉不相即之小粒子。应复言说，无量为一。[③]

由熊氏此言可知，其意是说恒转因势能而现分殊之相，此即相当于本体有无量之功能，而每一功能又皆是举恒变之全体而得见者，故又可谓每一分殊之功能皆是一恒变，皆具翕辟两面，于是又可说有无量之翕辟，而每一翕辟其实皆是统一的恒变之功能，此即可谓一即无量，无量即一。据熊氏之说，此一一分殊又一一互摄之一翕一辟即可被称为"小一"，又可被称为一"动圈"。注意，所谓"小一""动圈"皆乃假名，非翕辟真有大小，亦非一翕一辟真有一圆圈之状。

熊氏以为，一翕一辟乃刹那生灭，那么是否此一"小一"刹那

① 熊十力：《新唯识论》，第473页。
② 熊十力：《新唯识论》，第476页。
③ 熊十力：《新唯识论》，第474页。

生灭，然后又有彼一“小一”呢？并不是。吾人可想，如果此一“小一”刹那灭，彼一“小一”又刹那生，则“小一”便可量化，如此便不可谓有无量之“小一”，熊氏所谓有无量之“小一”是说任一“小一”皆才生即灭、才灭即生、生生灭灭、变化不已。于此，熊氏有称：“如甲一小一，刹那才生即灭。次刹那才起，亦复即灭。自此以往，刹刹那那，均是才生即灭。据此可知，甲小一虽复刹那刹那，没有丝微的物事留住。然其势用恒是前灭后生的，如此相续流传下去。”[①] 由熊氏此说可知，在其理论中，任一“小一”虽刹那生灭，但其动势恒在，故恒为一“小一”，由此而言，任一生灭灭生、相续不止之“小一”皆可谓一“等流”。

（二）“小一”之“摩荡”

依熊之说，所谓“小一”，其实就是本体之恒转之功用的无限表现，那么，此诸表现究竟是如何最终形成吾人日常经验中所见之大千世界的呢？于此，熊氏以为无量“小一”相互“摩荡”而成各个“系”，系与系相互“摩荡”而成“系群”，于是显为万物。[②] 必须承认，这一说法实在太过简略，试问，究竟“小一”之“摩荡”、“小一”之“系”与“系群”是指什么？吾人当如何理解之？熊氏显然未做清楚说明。

此外，熊氏还指出“物”之世界亦有其定然之则，中为基本者有五，此即可谓“范畴”，范畴有五，为时空、为有无、为数量、为同异、为因果，此五大范畴皆兼主客两面而言，对由本体在翕辟中所变现之全部之“物”之世界皆有效。[③] 但其中只有数量、有无、同异三者可用来说明本体。[④] 关于熊氏的此组范畴论，当代学者常有较高评价，如张庆熊在介绍熊氏的范畴论时就曾提到西方哲

① 熊十力：《新唯识论》，第 478 页。
② 熊十力：《新唯识论》，第 492 页。
③ 熊十力：《新唯识论》，第 495—497 页。
④ 熊十力：《新唯识论》，第 511 页。

学家对其观点和相关论证评价很高[1]，景海峰更认为熊氏的范畴论“无论在内容方面，还是在形式上，都可以看作中西印三方学术相互交融的产物”[2]。笔者亦高度肯定熊氏此论之价值，但从本体角度来说，熊氏此论仍在理论上仍留有较多空白之处：试问所谓“范畴”，由何而来？所谓“主客”又由何而来？其本质又为何？于此，熊氏终有欠说明。

实际上，熊氏一直有计划在今见《新唯识论》之外再写一部《量论》以系统阐述认识论的相关问题，可以想象，在这部著作中，吾人是很有可能找到上述问题的答案的。然而，由于种种原因，熊氏这一计划始终未能付诸实现。

既然计划中的《量论》不可见，那么，在《新唯识论》之中是否留有解答此问题的线索呢？笔者认为，是有的。在《新唯识论》（语体文本）中，熊氏虽未直接说明所谓“小一”间之“摩荡”究竟当如何理解，但吾人实可找到理解这一问题的锁钥。

三　由“成习”见“小一”之“摩荡”

《新唯识论》之中，熊氏虽未直接就“小一”如何“摩荡”而生万物做详细之说明，但却充分讨论了本心如何为“根”所蔽从而构“境”并“成习”的，此组讨论，其实是熊氏对“小一”之“摩荡”的注解。于此，可先看熊氏论“根”。

（一）“根”与“翕辟”

熊氏指出，传统上，在佛教思想中将见闻知觉通名为“作用”，并以为“作用”之发生必借乎“根”，“作用”可以说是人之本心依“根”取境或者说“根”假借心之力用而幻现的一种灵明。

此所谓“根”当做何解呢？熊氏指出，所谓“根”是佛教典

---

① 参见张庆熊《熊十力的新唯识论与胡塞尔的现象学》，上海人民出版社1995年版。

② 景海峰：《熊十力哲学研究》，北京大学出版社2010年版，第193页。

籍中提到的一个概念，传统佛学中以为人有眼根、耳根、鼻根、舌根、身根等，熊氏自己则认为“根”可指“有机物所特有之最微妙的生活机能。其发现于眼处，谓之眼根；发现于耳处，谓之耳根，乃至发现于身处，谓之身根”[①]。由此而言，“根”亦可以说是使感官能力，即前所谓“官能”成为可能者。

此“根”可以被看作现代医学中所言之神经系统吗？据熊氏之说来看，并不可以。首先，依熊氏解，“根”非心非物，熊氏称“此本非心，亦复非物，却是介乎心和物之间的一种东西”[②]。“根”既“非心非物”，便不可以神经系统来理解。再者，从义理上来说，死人亦非无眼、耳等器官及相应之神经系统，但死人却没有任何见闻知觉，也即无“根”，此亦可见不可将“根”视为神经系统。或有以为死人无见闻知觉是因为死人无心，此亦不应理，如前所论，熊氏所理解的人之本心是天地万有的本体，是无所不在的。如熊氏称：“如在无机物中，生命力犹未显发，即所谓根者，尚未形成。这时便难见心了。”[③] 注意此言，无机物中难见心，难见并不是没有，而其难见心的原因则是由于没有“根”。无机物中尚非无心，死人又能无心？只是人死之后，心不可见，而其原因就因为人死之后便无“根”所致。

那么，究竟应如何理解传统佛学所说的“根”呢？依理而论，见闻知觉之产生必借乎“根”，而见闻知觉又是心之发现处，因此，正如熊氏所言，“原夫本心之发现，既不能不依借乎根”[④]，可以说，“根”是本心所以发现的资据。既以“根”为本心借以发现之资具，则很难不使人联想到前所言之翕之势能。如前所论，熊氏以为翕是本体之恒转之功用所以彰显之资具，而辟是本心，由此而论，则“根”既为本心所以发现之资具，则当为翕之作用中所产生者。又如前所论，熊氏以为翕之势能之中不期而然地形成了无量的

---

① 熊十力：《新唯识论》，第549页。
② 熊十力：《新唯识论》，第558页。
③ 熊十力：《新唯识论》，第559页。
④ 熊十力：《新唯识论》，第549页。

"形向","形向"是成形质的倾向而尚未成任何形质，既未成形质，便不可以物言，同时，"形向"亦不可以心言，故"形向"亦可谓非心非物的，而如熊氏所说，"根"正是非心非物的，由此推论，完全可以说非心非物的"根"是非心非物的"形向"中所不期然而有的一种可使本心得到发现的资具。

注意此所谓不期而然，是说无量"小一"之中，此"小一"之翕势所成之"形向"中或有"根"，彼"小一"之翕势所成之"形向"中或无"根"，实无定则、规律可言；并且，同一"小一"之"等流"之中，此一刹那之翕势所成之"形向"中有"根"而下一刹那中无"根"，亦无定则、规律可言。但这并不是说"根"之出现为偶然，实际上，依熊氏之说，生命之出现乃必然，相应地，"根"之出现亦有必然性，无量"小一"生灭不已之流行中，必当有"根"，必当有生命之显现。熊氏称："今所谓根者，乃生命力所自构之资具，而借之以发现自力。故可以机栝喻之。也可以说生命力之健进，隐然具有目的，遂形成了这种机栝。根的意义，约略来说，只如此。"①

（二）"根"与"境"之现起

既已明"根"当见于翕势所生之"形向"之中，则可借助熊氏所论"根"与见闻知觉之产生而推知天地万象何以由一翕一辟之一"小一"变化而来。

详细言之，本体之恒转中显现无量"小一"，任一"小一"中的翕所成的"形向"之中若有"根"，与其相伴的辟便可凭借之而得到彰显、发现，此即可说是生命力之彰显，此"小一"即可谓为一生命，此辟之势用即可谓此生命之本心，而在此"小一"之翕辟之"等流"之中，"根"能持续多久，则通常所言此一生命之"长度"即可谓有多久。

需要注意的是，此所谓生命之"长度"，实只是生命得以彰显

① 熊十力：《新唯识论》，第558页。

的“长度”，不是生命本身的长度。依熊氏之说，生命之本质是本心，而本心是宇宙心，是无始无终的，亦是无所不在的。据此而论，又可以说在熊氏的哲学中，其实没有真正的“死”，只有暂时的“幽”与“明”，凡与辟相伴的翕所成的“形向”中有“根”，则本心在此一“小一”中便可得以彰显而成一生命；而若与辟相伴的翕所成之“形向”之中无“根”，亦不可说此一“小一”中无本心、无生命，只可说本心在此一“小一”中幽暗而不得彰明，生命亦未得到彰显。

又据熊氏之说，本心既借助“根”而得以发现，便不能不流乎根门而向外追逐构画，于是便有了与心相对之境，而此与境相对之心若不能自觉，便不可谓本心，只可谓习心。于此，熊氏称：

> 此心必凭借乎根而始发现，故云依根。取者，追求与构画等义。境者，具云境界。凡为心之所追求与所思构者，通名为境。原夫本心之发现，既不能不依借乎根，则根便自有其权能，即假心之力用，而自逞以迷逐于物。故本心之流行乎根门，每失其本然之明。①

此中，熊氏即明言本心须借助“根”而得以发现，一方面，本心须借助“根”得以彰显，思构其他“小一”中翕之势能所成之“形向”，将彼诸“形向”构画成有形之诸相，于是便有了吾人日常经验所见种种之境及其中所现之天地万象。另一方面，心既然流行乎根门，则“根”也可假借心之力而有其“权能”，于是“根”便可以向外追求、构画，心所思构的天地万象本是刹那生灭的，但“根”假借心之力用而迷逐于物，不断追攀前境，最终构造出了具体之物及其所组成之世界，此即通常所言之物与物之世界。而此时本心若为“根”所蒙蔽，亦追逐外境，甚至自视为一物，便堕落为习心，此即可谓“习于物化”。如此一来，便有了吾人日常经验中

① 熊十力：《新唯识论》，第549页。

所见“自我”与外境之对反。此一过程，即可谓“成习”。

必须承认，熊氏的这一论述只是初步的、粗线条的，其中许多细节问题都有待进一步澄清，例如，关于心借助“根”以思构境和“根”假借心之力以向外追逐、构画之间的微妙差别究竟应当如何具体区分，仅从熊氏此论来看，吾人实难知其详。不过，熊氏此论至少已向吾人指明了其理论的思路所在，通过此论，吾人已可对其“小一”之摩荡说做出初步之诠释。

（三）量智与习心的区别

在讨论熊氏此一“心—根”之辨与“小一”之“摩荡”说之关系之前，还有必要对此“心—根”之辨中的一些细节问题再加以辨析。可注意的是，熊氏有言“本心流乎根门，没失其本然之明”，似乎“根”于本心，多见消极意义，其实不然。以“范畴”为代表的量智，便是本心对“根”的一种积极的利用。

这里，首先需要明确“范畴”之确立，当归功于本心，而非归功于“根”。依熊氏说而论，物之世界中的五大范畴，应是本心中所有者，只是借助了“根”所构之境中而显现而已。之所以如此推论，原因如下：如前所述，熊氏以为范畴兼主客两面而言，此所谓“主客”，即当分别是说借助“根”的本心及其所见之境，其中，境则当包括一切“小一”之翕之势用中所成之“形向”；由此推论，应当说范畴所以得立之根据，不独只在某一翕一辟之中，而是遍在于无量“小一”之中，只有如此说，才能解释为何“范畴”兼具主客观两面之意义；又如前所论，熊氏以为本体之功能既浑一又分殊，其分殊见于翕势之中，浑一则只能有辟势见，而辟势是本心，因此，依熊氏说而论，“范畴”只有内在于本心之中才合适。

在熊氏的论述中，“范畴”是“物之世界”中的定然之则，吾人欲建立知识之大厦，不能不依赖范畴，而吾人这种运用范畴的能力，便是量智。这里所谓量智即通常所言的理智，是与性智相对者。依熊氏说而论，量智之功甚大，吾人的经验知识之建立全赖量智之力。不仅如此，如前所论，其有谓范畴中有无、同异、数量三者亦可用来说明本体之恒转之功，这说明在其理解中，本心借助“根”而有的构画之力非独可运用于建立经验世界，甚至可用来推论恒转之本体。①

然而，量智之功虽大，熊氏却常将量智与习心等而视之，这其实是不妥的，如有学者即已指出，熊氏所论习心完全是染污的，而量智则是价值中立的。② 实际上，与量智相反，习心的产生，可谓正是“根”对本心的消极影响所在。

具体来说，所谓“根”假借心之力而有权能，即人之见闻知觉之作用，亦即可谓传统佛学中所言之眼耳鼻舌身之识。依熊氏之论，此诸识或者说知觉作用本与本心不同，但本心常为其所蔽而失其自明，使得此向外追逐之心生灭灭生、相续不绝，遂成“习气”。熊氏认为，有“习气”便有习心，他指出，“即此无量习气而乘机现起者，乃明习心”。③ 此所谓习气、习心，是通常意义下之经验自我。依熊氏说，习心亦云量智，是一种依本心之力而有的东西。④ 其实习心与量智之间可谓差之毫厘、谬以千里。所谓习心、量智，都是与境相对的本心，如熊氏有称：“此见闻觉知等作用，实即心力之作用，发现于根门者。故此不即是心体。但心体亦非离见闻觉知而独在。”⑤ 如前所论，本心流乎根门，借助“根”而得以呈现为量智，同时亦为“根”所假借，向外构画而起境，既起境，便有心与境之相反相成，此时本心若不能由此一对反中超拔而出，便将困于境之中而自视为一物，此即习心。可以说，区别量智与习心的关键，是在心与境相对之时能否同时超拔与此种对反之

---

① 这里需要注意区分纯粹运用范畴来进行思维和日常经验思维的区别。熊氏曾指出“我们的思维作用是从日常的经验里发展来的，一向于经验的境，恒现似其相”，而“若思维本体时，不能泯然亡相，即无法亲得本体，只是缘虑自心所现之相而已”。（熊十力：《新唯识论》，第 313 页）熊氏此所言“从日常的经验里发展出来”的思维是指以感性直观为内容，即“恒现似经验的境之相”的思维，依其说，这种思维是不能把握本体的。与此不同，纯粹的运用范畴来进行思维，则是可以认识本体的。

② 参见郑家栋《本体与方法》，辽宁大学出版社 1992 年版。

③ 熊十力：《新唯识论》，第 550 页。

④ 熊十力：《新唯识论》，第 548 页。

⑤ 熊十力：《新唯识论》，第 561 页。

上，不追逐外物，更不自视为一物。①

（四）“小一”“摩荡”之图示

依熊氏此论，一翕一辟中，翕之势用所成之“形向”中若有根，本心便可借“根”而呈现为量智，思构外境，乃至熏染成习心。在这一过程中，便产生了通常意义下之世界和所谓“自我”。由此，一般经验意义下人所见之物与物之世界的形成便可得到说明。实际上，此论正可以被视为对熊氏所自言之“小一”之“摩荡”之说之诠释，依此说，“小一”之“摩荡”其实即可谓对此所言之辟之势用或者说本心流乎翕之势用中所形成之“形向”中之“根”而为“根”所假借以追逐、构画其他“形向”之概括。而此一“摩荡”正可以图1示之。

此图之中，最高者为本体，依熊氏说，本体乃天地万有真正的本来面貌，本体本身是一动而不动的恒转之功用，而此种恒转之功用是一翕一辟。在一翕一辟之中，由于翕之摄聚之势，翕辟显现为无量一翕一辟或者说无量“小一”，图中在恒转之下但以三“小一”代无量“小一”。任一“小一”之中，辟之动势是恒转之当体呈现，是为本心，本心无所不在，但必须借助“根”方可得彰显，“根”是翕之动势中所成之形质之倾向即“形向”中不期而然所具的彰显生命力的资具，若一“小一”之中翕势所成之“形向”中有“根”，其辟势所成之本心即可借之而得以彰显、思构外境，同时“根”亦可假借本心之力以向外追逐、构画，不断追攀前境，于

① 关于熊氏所论量智与习心的关系，学界亦有不同理解，不少学者认为，熊氏强调量智即习心，是有意贬低量智，其目的是否定由量智所见的现象界的真实性，肯定由性智所见的本体的真实性。郭美华即认为，熊氏贬低量智、片面推崇性智，“显然是受制于‘新唯识论’皈依于体的整体倾向的……‘性智’作为实证相应者，将‘新唯识论’摒弃经验现实而皈依于体的特征清晰显露出来”（见氏著《熊十力本体论哲学研究》，巴蜀书社2004年版，第193页）。李元更认为在熊氏的哲学中，只有本体才是真实的，而“心物只是无常的幻相乍现”。（见李元更《熊十力哲学中的真幻之辨》，四川大学出版社2019年版，第78页）然而，在熊氏理论中，量智亦非只有负面意义，郑家栋即曾指出，熊氏有明言，在一定条件下“理智即本心”，此中理智即量智，而其条件便必须用性智统辖量智。（郑家栋：《本体与方法》，第74页）。

是有了通常所谓“物”与“物”之世界。此时本心若不能自觉而反为“根”所蒙蔽，则堕落为习心，即通常所谓经验自我，如此一来，便有了物我之对立，此中即可见通常所谓经验世界。

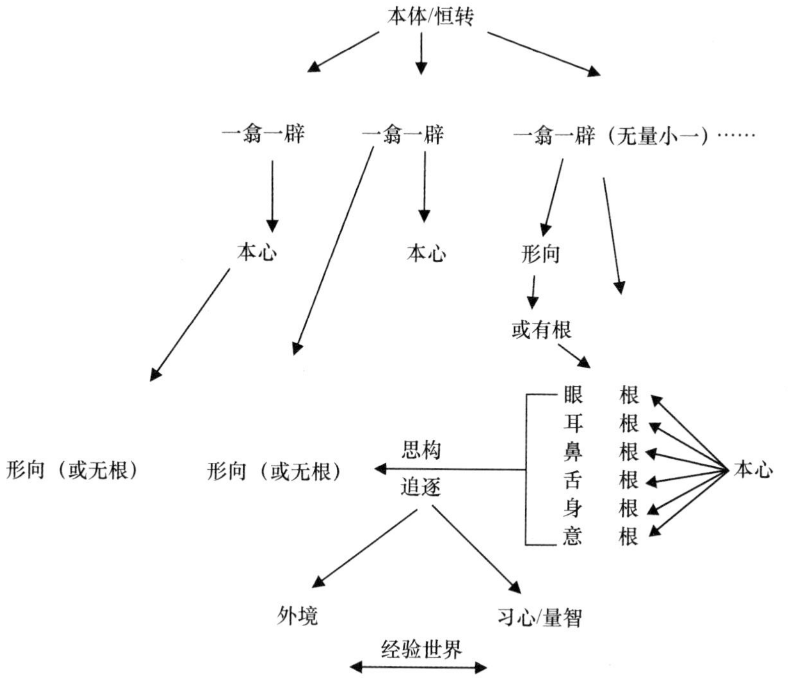

图1　“小一”之“摩荡”之说之诠释图

（五）“系”与“系群”

据熊氏此说而论，可以说一般意义下的经验世界无不在某一心与境之对立之中，无不是在一翕一辟或者说一“小一”之中，而不同“小一”亦各有各自之世界。详细言之，任一“小一”之翕势所成的“形向”中若有“根”，其辟势之“心”便可借助之而起用，同时“根”亦假借“心”之力以向外追逐，不同“小一”之翕势中所成之“形向”不同，“根”的表现亦不同，其假借“心”之力而构画所成的具体形象便不同，其所建之境亦各自不同。此即可谓一人有一人之世界，千万人有千万人之世界，甚至一花一叶，皆有其各自之世界，此人、物各自之世界，皆一“小一”与其他“小一”相互“摩荡”而来者。

另一方面，千万人虽各有各自之世界，但此万千世界却非彼此不通。如前所论，“小一”虽无量，却无不是举恒转之全体而现者，彼此无不相通，相应的，无量“小一”虽各有各自之“世界”，然诸世界中之范畴却无不是本于一翕一辟而彼此相通、普遍有效的，故不同“小一”之世界虽各不相同，但却无不相通，此即可说是一人有一人之世界，千万人有千万人之世界，但千万人之世界却非不相通，如一人之世界之中，即有其他人、物，其他人、物之世界亦相互含摄，而此种人我世界之相互含摄，即可谓熊氏所论之“系”与“系群”。具体而言，如前所论，熊氏有言“小一”与“小一”相“摩荡”而成一一之“系”，此一“系”即可被理解作某一“小一”中本心借其翕势所成之“形向”中之“根”所见之世界，故一“系”必有一核心之“小一”而含摄其他“小一”，如你有你之世界，我有我之世界，你之世界即以你为中心而又可有我在内，我之世界则以我为中心亦可有你在内；再者，若干“系”之间所形成之“系群”则可谓若干不同之“小一”及其所见之世界交互而成之群，此各可谓一“系群”，如你我之世界亦可有交集而成群，此即可谓“系群”。

四　结语

是为熊氏《新唯识论》（语体文本）“小一”与“小一”“摩荡”的相关诸论之辨析。熊氏认为，吾人日常经验中所见之天地万象并非吾人与宇宙真正的本体，真正的本体是不着相的，本体恒动不息，却不显动静之相。本体之恒动，即翕辟之变，一翕一辟即成一“小一”，“小一”即本体的分殊，而任一“小一”皆举完整的本体而得见的。在“小一”中，辟之势用可谓本体的当体呈现，而翕之势用则是本体的反动，辟必由翕得显，本体必由其反动得见。所谓本体的反动，是一种成形质的倾向，此中，不期然地便有

“根”的出现，“根”是生命的机能，是“心”所以发用的资具。“心”借助“根”以发用，而“根”亦假借流乎根门的本心之力而向外攀求以形成外境，“心”若蔽于“根”而失其明，则堕为习心，习心与外境相互追逐终成吾人日常所见之世界。而众人之世界相互含摄，即可谓“小一”之相互“摩荡”，由此“小一”之“摩荡”，便有丰富多彩的大千世界。

论晚明心学的智识化向度
——以焦竑为中心的考察

代玉民

摘　要：心学发展至晚明，出现了以智识化方法取代传统体认工夫的新趋势。这种对心学的智识化改造，主要由焦竑来完成。作为晚明泰州学派的传人，焦竑有着浓厚的考据兴趣与长期的考据实践，这种考据训练逐渐塑造了他智识化的思维方式。这样，在面对心学时，他并未沿用传统的体认工夫，而是将名实关系引入对心学诸范畴的诠释，同时强调对象化的“思”对于呈现心学真义的合理性与有效性。通过这两个内在环节，焦竑将“语言”维度纳入超言绝相的体认式心学，形成了晚明心学的智识化转向。虽然智识化方法不能如体认工夫那般可以完全呈现心学真义，但却能够为泛滥的晚明心学提供一种智识化的规约，同时为社会大众理解心学提供一条客观的、公共的路径。

关键词：焦竑；晚明心学；考据；智识化方法；体认工夫

作者简介：代玉民，南京大学哲学系助理研究员（江苏南京，210023）。

明代中期以来，阳明弟子传习良知之学，遍布宇内，逐渐形成浙中、江右、南中、泰州、楚中、黔中、北方、闽粤等王门后学流派，涌现出王龙溪、钱绪山、邹东廓、聂双江、唐荆川、王心斋、罗近溪、蒋道林、孟我疆、薛中离等著名心学人物。阳明后学虽然流派众多、学说各异，但总体上似乎并未逸出王阳明开辟的心学范畴，即均从切身体认的角度切入心学。然而，阳明心学在晚明却悄然发生了变化。随着考据学的兴起成熟、科举考试的强化、印书业的兴盛、讲会的流行、西方科学技术的传播，及明朝内忧外患的加剧，实学在晚明成为一种不容忽视的社会思潮。实学，特别是考据学的发展对晚明心学产生了重要影响，在某种程度上促进了心学的智识化转向。

所谓“智识化转向”，主要是指通过概念、命题的分析、推理与论证，来诠释心学的内涵、工夫与境界的学术传统，这种智识化转向，是心学在传统体认进路发展至极，又恰逢实学兴起而出现一种新趋势，与借助切身体认切入心学的传统路径不同。在很大程度上，这一新趋势与泰州学派的焦竑关系密切。焦竑继承了王阳明以来的心学传统，对良知、心、性、情等均有阐发，不过从心学内容上看，他似乎并未提出异于前人的新颖观点，因此余英时先生断定其思想并无原创性。[①] 其实，焦竑并非没有创新之处，但其创新不在于心学的内容，而在于心学的方法。也就是说，作为心学传人的焦竑，基本上舍弃了体认式的心学进路，而选取了以语言进行客观诠释的智识化心学进路，推动了晚明心学的智识化转向。

一　智识化心学的内在环节

焦竑，字弱侯，南京应天府旗手卫人，生于明世宗嘉靖十九年（1540），卒于明神宗万历四十八年（1620），万历十七年（1589）状元，师从耿定向，为泰州学派后期代表人物。作为泰州学派传

① 参见 Ying-shih Yu，“The Intellectual world of Chiao Hung Revisited：A Review Article”，*Ming Studies*，Issue. 1，1988。

人，焦竑无疑是肯定心学的价值的，但与前辈不同的是，他将智识化方法引入心学，推动了心学的智识化。那么，这种心学的智识化主要体现在哪些方面呢?

第一，名实关系的引入。心学的智识化，首先体现于焦竑对心学内容的智识化诠释，而这种智识化诠释关键在于名实关系视角的引入。以“良知”诠释为例，当友人提出“佛书虽奥妙，岂能精于孔孟之学？阳明必由佛书而后悟，何也”的问题时，焦竑表示：

> 夫良知即前之所谓觉与仁也，今人乍见孺子入井，皆有怵惕恻隐之心，是人人有此良知也；呼而与之不受，是行道有此良知也；蹴而与之不屑，是乞人亦有此良知也。此岂待于外索哉？故曰：“人皆可以为尧舜。”夫“人皆可以为尧舜”在孝弟，而孝弟在徐行后长。天下有不能徐行后长者乎？则无不能为尧舜可知已。即孝弟，即尧舜，与即心即佛，本非二说。盖人心一物，而仁也，良知也，孝弟也，则皆其名耳。诚因其名以造其实，则知所谓良知，则知舍人伦物理，无复有所谓良知。即欲摒而绝之，岂可得哉？此理儒书具之，特学者为注疏所惑溺，不得其真，而释氏直指人心，无儒者支离缠绕之病。故阳明偶于此得力，推之儒书，始知其理断断乎非后儒之所讲解者。①

引文中“盖人心一物，而仁也，良知也，孝弟也，则皆其名耳”，这一说法较为特别。这表明，焦竑并未将阳明心学的“良知”视为一种本体性的存在，而是将其置于名实关系中，使其转变为一个指称性的名词，以名词性的“良知”取代了阳明心学一直以来的本体性“良知”。那么，名词性“良知”在名实关系中所指称的对象是什么呢？按焦竑的说法，“人心”即名实关系中的“实”，而此“人心”并非常识意义上的生理之心，或是认知之心，而是一种形

① （明）焦竑：《澹园集》，李剑雄点校，中华书局 1999 年版，第 87 页。

而上的本体之心。因为焦竑已经肯定，怵惕恻隐之心、孝悌伦理等均与佛教之“即心即佛”相同。“即心即佛”思想出自惠能一系的南禅宗，南禅宗主张“人心本来一切具足，人性本来明朗清净”①，其特点正是以现实人心为内在超越的本体之心。这样看来，焦竑所谓“人心”，是一种本体之心。

通过名实关系的新模式，焦竑将阳明心学的本体性良知转变为名词性良知，此名词性良知指向本体维度的人心。在很大程度上，“人心”与阳明心学传统意义上的本体性“良知”类似。也就是说，焦竑在传统心学的本体性“良知”之外，分剥出了“良知”的名词性向度。这种引入名实关系的做法，一方面在某种程度上打破了王阳明以来“良知”只能体认不能言传的神秘性，即名词性“良知”的出现，使语言成为人们了解良知的客观介质；另一方面，名词化使“良知”具有了循名责实的实践意义，这一意义可以延伸到伦理实践层面。因为当人“因其名以造其实”时，按焦竑的说法，“则知所谓良知，则知舍人伦物理，无复有所谓良知”。

从名实关系的角度看待“良知”，是焦竑开启心学智识化向度的关键。其实，焦竑对心学的智识化改造，不仅局限于“良知”，对于心、性、三教关系等，他都有相关的智识化解读。②

第二，对“思”的强调。当论及如何使人通达性时，在举出“信得及”的传统方法后，焦竑特别提到了“思”的方法的重要性。对于“思”，他表示：

① 赖永海：《佛学与儒学》，浙江人民出版社1992年版，第85—86页。

② 例如，对于性，焦竑表示：“性者，亡也，虚也，约也。性非亡、虚、约所可名，而舍之无以明性，则曰亡、虚、约云尔。世不知妙其亡，而实之以为有；不知妙其虚，而增之以为盈；不知妙其约，而炫之以为泰，此其所以离于性也。离于性而欲以之圣，难已。虽然，彼虽离于性，而性之亡、虚、约自若也，彼自不知耳。”［（明）焦竑：《焦氏笔乘》，李剑雄点校，上海古籍出版社1986年版，第194—195页］可见，焦竑仍从名实关系的角度阐释性，他将性视为一种不可言说的本体性的存在，此为名实关系之实；而“亡、虚、约”是描述、指称性的概念、范畴，此为“名”。名是独立于实的一种存在，但它可以向人揭示性之实，使人对性所有知，从而作为成圣之助力。不过，当人们不能以正确的方式循名责实，而是执名为实时，便不能真正把握性。

> 性无思为，而非思为不能致之。①
>
> 性未易知，不得不精思以求之，非随事体察之谓。②

在性论的语境中，焦竑所谓“思”及“精思”，是指一种在认知层面、以性为对象的对象化思维。实际上，“思”的方法与传统心学的体认方法存在质的差异，因为体认方法不以性为独立于人的外在对象，而“思”的方法则将性视为对象，从认知或知识的意义的角度对其进行客观了解。并且，在肯定“思”的同时，焦竑也消解了“思”原有的“随事体察”的维度，而“随事体察”代表的正是阳明心学切身体认的工夫路径。也就是说，焦竑对“思”的强调，使其在方法论上脱离了阳明心学代代相传的体认工夫，而转向了智识化的心学新方法。至此，我们可以说，焦竑在方法论上推动了阳明心学由非智识化向智识化的转向。

值得注意的是，焦竑把智识化的“思”视为通达性的入道门径，在某种程度上受到了程朱理学的影响。如在《崇正堂答问》中，焦竑表示：“程子言‘思之思之，又重思之。思之不通，鬼神将通之。循其言可以入道’。其实吾人契悟，无不由此入。《洪范》曰：‘思曰睿，睿作圣。’古人皆以思为作圣之路，其来久矣。”③程颐所说的“思”正是借助语言的对象化思考，焦竑作为心学的传人，将此“思”引入心学的诠释中，这无形中也是将理学的思维带入了心学。同时，焦竑还以儒家《洪范》之“思曰睿，睿作圣”为经典依据，力证“思”的方法对于入道成圣的合理性与有效性，即人可以“求之思为之表，以入乎无思无为之域”④。可见，无论是以“思”的方法取代传统的体认工夫，还是对“思”的合理性与有效性的证明，焦竑都采取了一种智识化的态度。可以说，焦竑的心学几乎完全处于智识化的思维模式之下。

---

① （明）焦竑：《澹园集》，第 18 页。

② （明）黄宗羲：《明儒学案》，沈芝盈点校，中华书局 1986 年版，第 87 页。

③ （明）焦竑：《澹园集》，第 721—722 页。

④ （明）焦竑：《澹园集》，第 18 页。

总之，焦竑对心学的智识化，一方面是从借助语言工具，从名实关系的角度切入阳明心学传统的体认性内容；另一方面是论证这种借助语言的“思”的方法的合理性与有效性。通过这两个内在环节，焦竑基本上对体认性的阳明心学进行了从内容到方法的智识化改造，形成了智识化的心学。

二　智识化心学的根本动力

通过引入名实关系与“思”，焦竑对阳明心学进行了从内容到方法的智识化改造。为什么焦竑能够对根深蒂固的心学体认传统进行新的改造呢？在很大程度上，这与焦竑个人的学术特点密切相关。与其他心学传人不同的是，焦竑对考据学具有浓厚、持久的兴趣，这种兴趣在很大程度上构成了他从智识化角度诠释心学的根本动力。具体言之，焦竑对考据学的兴趣，体现于他对小学工夫的重视。在谈及心学时，他特别强调了小学工夫的重要性。例如：

盖赤子之心，人所有也，而意见牿之，利欲贼之，非所自有也。葆其所自有而祛其所本无，则小学者固蒙养之正鹄，而圣功之先鞭也，其可忽诸！①

《诗》《书》六艺之文，朝焉夕焉，咏歌服习，凡以保其本心而已。后世为教者，出于勉强袭取之劳，而常患乎难行，为文者在乎支离骈驳之习，而常患乎难知。彼岂不自以为奇，而于天性已离矣。吾未见失其赤子之心，而可为大人者也。赤子之心失，则不知在我者之足贵，与在彼者之不足玩。②

余少侍先师耿恭简公于南都，尝语余曰：“先哲谓为学无小学一段工夫，故根基不立。朱子作《小学》以补之是也。顾‘入孝出弟’一章，幼学之大纲具矣。”……夫天下之道备于

① （明）焦竑：《澹园集》，第757页。

② （明）焦竑：《澹园集》，第758页。

人心，圣人能循而达之，非能夺其所有，而予以其所无也。[①]

前面提到，在论证“思”的方法时，焦竑曾以《洪范》为经典文本依据。其实，这并非焦竑偶然为之，对经典文本的重视，恰恰是焦竑重视小学工夫的体现。在焦竑之前，王阳明、王艮等人虽也重视儒家经典文本，但他们重视的文本多是《论语》《大学》等义理性较强的文本。心学发展到晚明，随着考据学的兴盛，焦竑对经典文本更加重视，并且进一步由义理性较强的“大学”文本，转向历史性较强的“小学”文本。焦竑认为，《诗》《书》等经典文本，是使人具有赤子之心、通达天下之道、实现成圣理想的根本依据，而小学则是保证人们正确理解并践行这些经典文本不可或缺的工夫。在某种程度上，这一转变预示着阳明心学在焦竑处，发生了由求“善”到求“真”的转向，也表明考据学影响波及了晚明心学。

那么，小学工夫如何具体影响晚明心学的智识化呢？前面引文中提及了焦竑对“赤子之心”的看法，“赤子之心”是泰州学派罗近溪的学说。此“赤子之心”既包含良知的本体维度，又具有融入日常伦物生活的渗透性，且能够较容易地引起大众的共鸣。相较于王阳明形而上学意义的“良知”，“赤子之心”更侧重于情感道德的日常生活实践。[②] 在某种程度上，“赤子之心”是阳明心学衍化出的一种“良知”的晚期形态。前面曾提及，焦竑的良知观亦涉及本体维度与伦理实践维度，这与罗近溪“赤子之心”的两个维度恰好相应。这样看来，可以说焦竑在心学上继承了罗近溪“赤子之心”说。

然而，焦竑对罗近溪“赤子之心”的继承，仅继承了“赤子之心”的内在精神，并不包括通达此心的方法或工夫。因为在罗近溪看来，“此身浑是赤子，赤子浑解知能，知能本非学虑，至是精神自是体贴，方寸顿觉虚明，天心道脉，信为洁净精微也已”[③]。

① （明）焦竑：《澹园集》，第757—758页。

② 参见 Yu-Yin Cheng, “The Taizhou School (Taizhou Xuepai) and the Popularization of Liangzhi (Innate Knowledge)”, *Ming Studies*, Issue. 60, 2009。

③ （明）黄宗羲：《明儒学案》，第764页。

他将“赤子”或“赤子之心”视为一种“浑解知能”的状态，虽肯定了知能的存在，但他并未从智识化的角度来理解知能。也就是说，罗近溪并未将“赤子之心”的知能视为一种对象化认知的“思”，而是当作一种需要顿悟、澄明与自然体贴的“知能”。实际上，这种“知能”即倪培民所言的“工夫认知”，即基于身体体验的了悟式认知。①

反观焦竑，他虽接受了罗近溪的“赤子之心”，却并未沿用其切身体认的工夫。经过长期、深入的考据实践后，焦竑思维模式的智识化程度已根深蒂固。这样，当体认式的“赤子之心”与焦竑相遇时，这种本有的智识化的思维方式便发挥作用，在消解了对罗近溪心学的体认工夫的同时，将此“赤子之心”置于智识化的认知视阈中，借助语言进行分析解读。焦竑在谈及“赤子之心”时，颇为强调经典文本与小学工夫，恰是明证。也就是说，焦竑在智识化方法与体认式心学之间做了一种扬弃式的融合。一方面，他接受了罗近溪“赤子之心”的形上本体与伦理实践两个维度；另一方面，他以由考据而来的智识化方法取代了传统的切身体认工夫。作为结果，传统意义上的“赤子之心”便被嫁接到了智识化的思维方式中。

总体来看，作为心学传人，焦竑通过引入名实关系、推崇“思”的方法的方式，从内部发起了对心学的智识化改造。不过，名实关系与“思”虽是心学智识化的直接环节，但这一智识化心学体系的形成，却不能仅仅来自对这两个环节的直接运用。实际上，焦竑能完成智识化心学的尝试，根本上得益于其贯彻终生的考据学兴趣与实践。长期的读书以及参加科举的经历，使考据逐渐成为焦竑生命中根深蒂固的方法论，并逐渐养成其智识化的思维方式。这种思维方式使焦竑在消解了对心学体认工夫的肯认的同时，也开始了对体认性的心学内容的智识化的诠释与解读。最终形成了智识化的心学，为晚明泛滥的体认式心学开辟了一条新径。这样看来，考

① 参见倪培民《知“道”——中国哲学中的功夫认识论》，钱爽译，《文史哲》2019 年第 4 期。

据可视为推动焦竑智识化心学形成的根本动力。①

三　智识化方法能否呈现心学真义

取代了传统的体认工夫，焦竑将智识化方法纳入心学，为晚明心学的发展开辟了智识化的新径。在此，需要继续追问的是，智识化方法能否完全呈现由切身体认所揭示的心学真义呢?

所谓心学真义，是一种人境不分、主客消弭、圆融究竟的本体状态或境界。冯友兰先生认为这是一种“万物一体”的境界，是中国哲学中的神秘主义。② 当然，心学的这种神秘主义境界本身是超越语言的。因为语言作为人类思考、表达的工具，是以人境对立、主客分离为背景的，借助语言的思维因而是对象化的、智识化的思维，所以语言及智识化思维不能从真正意义上完全呈现心学的终极境界。相反，不借助语言的体认工夫不以人境对立、主客分离为前提，它与心学境界的圆融特质相通，因此，切身体认便成为揭示心学真义的代代相传的根本工夫。简言之，体认工夫可以完全呈现心学真义，而智识化方法却不能。

既然智识化方法不能完全呈现心学真义，那么焦竑为何对心学进行智识化改造呢? 其实，智识化方法虽不能完全呈现心学的

---

① 对此，钱新祖教授有不同的看法，他认为焦竑的心学开出了考据学，而不是考据学影响了心学。他归纳了焦竑的学术逻辑：借助佛道之学阐释“道”，同时在思想上建立了一种多元论，强调了个体的独立与心灵的自主，这样的逻辑结果有两个，一是对程朱正统的批判，一是提倡对经典的语言分析。这样看来，他认为焦竑的考据是在借助佛道之学阐释心学的过程中开出的。(Edward T. Ch'ien，“Chiao Hung and the Revolt against Ch'eng-Chu Orthodoxy：The Left-Wing Wang Yang-ming School As a Source of the Han Learning in the Early Ch'ing”，in Wm. Theodore de Bary and The Conference on Seventeenth-Century Chinese Thought，eds.，*The Unfolding of Neo-Confucianism*，New York：Columbia University Press，1975，p. 296.) 实际上恰恰相反，明代考据学前辈杨慎的影响及焦竑的个人特点，导致他对考据有极大的兴趣，长期的考据训练使其形成了智识化的思维方式，这种思维方式进而影响了他对心学的理解。也就是说，焦竑的智识化心学是考据学思维方式影响下的一种结果，而非导致其进行考据的原因。

② 参见冯友兰《中国哲学中之神秘主义》，《三松堂全集》第 11 卷，河南人民出版社 2001 年版。

真义，但它具有一个体认工夫所不具有的优势。使人彻底通达心学境界，获得心学真义，这是体认工夫的优势，但同时其劣势也来自于此。具体来说，体认工夫所通达的心学真义属于个人内在体验的范围，这种内在体验具有不可言说的神秘性，对于他人亦具有绝对的隔绝性，这样心学就缺乏一种客观的、公共的验证标准，以客观判断一个人是否真正地体悟到心学真义。在很大程度上，这正是体认工夫在心学发展过程中的一个潜在隐患。当心学发展至晚明泰州学派，体认工夫的优势已发挥至极，其弊端亦明显暴露，即因缺乏客观公共的验证标准而导致了心学的泛滥。对此，黄宗羲曾指出，“泰州之后，其人多能以赤手搏龙蛇，传至颜山农、何心隐一派，遂非复名教之所能羁络矣”①。这表明，体认工夫对于心学真义的呈现虽然最为有效，但却因其超越语言，仅依靠个人体悟，在无形中增加了切入心学的难度，抬高了对人资质天分及开悟机缘的要求。也就是说，从体认工夫的角度看，并非人人可以体认到心学真义，这种心学真义的体认既需要天资，亦需要长期的修持与机缘。在阳明心学师徒传授的发展初期，切身体认自然是最合适的工夫，但晚明时期大规模的讲学成为心学传播的主流形态②，这种心学的大众传播与心学初期精英式的师徒传播有质

---

① （明）黄宗羲：《明儒学案》，第703页。

② 实际上，讲学并非泰州学派所独有，王阳明时便已出现，在后学弟子的倡导下有了长足的发展。吕妙芬考察了江右吉安府（安福、庐陵、吉水、永丰、泰和）、南直隶宁国府（泾县、宣城县、太平县）、浙江地区（绍兴府、金华府、衢州府）等地的阳明学讲会，认为王阳明生前，其学问已由个人思想层次被建构为著名学派，但此学派继续发展为一学术运动，则在于王阳明去世后的嘉靖中晚期，其传播方式主要是各地的阳明学讲会，其中尤以江西、南直隶、浙中三地发展最为迅速。可见，讲会是阳明学迅速传播、阳明学派得以建立的关键因素。对此，张艺曦也有类似看法，她认为“讲学活动的流行，以及《传习录》与古本《大学》等书的刊刻流传二事，正是王学得以在正德、嘉靖年间迅速流传的重要助力”。（张艺曦：《明中晚期古本〈大学〉与〈传习录〉的流传及影响》，《汉学研究》2006年第1期）同时，吕妙芬认为泰州学派讲学的特色在于激励强调圣学简易自然、圣人与众人相同，并且注重在日用伦常的孝悌慈中讲圣学工夫。泰州学派特重在心体上谈道德修为但相对减弱了外在规范，这种学说反映在讲学上，虽不必然导致道德实践的松弛，但却更具包容性、开放性，从而使得晚明讲学呈现多元风貌。参见吕妙芬《阳明学士人社群——历史、思想与实践》，北京师范大学出版社2017年版。

的差别，以往的体认工夫自然也不适于在大众层面的传播进行大规模的运用与推广。① 因此，心学发展至晚明便在内在产生了变革的需求。

有见于此，焦竑对心学的智识化改造便应运而生。一方面，晚明心学的传播属于面向大众的讲学传播，心学的受众也不只是社会文化精英阶层。在讲学时，首先的问题便是如何向大众解释清楚心学的诸概念、范畴和内容，这种解释必须借助语言，对心学的概念、命题进行客观的分析、推理与论证。因此，在以讲会为心学主要传播形式的晚明时期，为便于公众理解，心学家需要对心学进行智识化解读。另一方面，传统的体认工夫发展至晚明，也因缺乏客观的验证标准而导致心学的泛滥。对此，董平教授指出，“把‘情识’混同于‘良知’，几乎不可避免地会导致借‘致良知’之名而行‘致私意’之实，甚至于以任情适意、肆情放纵为‘真性情’，从而落入‘狂禅’一路，走向‘致良知’的反面”②。因此，晚明心学内部有一种期待规范化、标准化的需求。这样，焦竑对心学的智识化改造，对于约束晚明心学的泛滥状况，探寻心学的本真意义亦具有很大价值。

相较于切身体认工夫，智识化方法虽不能完全透显心学真义，但可以将语言的分析论证引入心学。作为结果，阳明心学原本的“本体—实践”两个维度被扩展为“本体—语言—实践”三个维

① 从王阳明到晚明泰州学派，心学由精英哲学逐渐转变为大众哲学。因此，有学者不同意黄宗羲关于泰州学派逸出阳明心学的论断，而认为泰州学派是阳明心学的正传。例如，钱穆先生指出：“守仁的良知学，本来可说是一种社会大众的哲学。但真落到社会大众手里，自然和在士大夫阶层中不同。但从这一点讲，我们却该认为泰州一派为王学唯一的真传。”（钱穆：《宋明理学概述》，台北：台湾学生书局 1977 年版，第 327 页）同时，余英时也认为泰州学派完成了阳明学的转向：“儒学从政治取向转为社会取向，王阳明可以说是创始者。他的‘良知说’和‘满街都是圣人’说为后学开启了无限的诠释法门。但这一转向的完成则必须归功于王艮的泰州学派。”（余英时：《士商互动与儒学转向——明清社会史与思想史之一面向》，载《儒家伦理与商人精神》，广西师范大学出版社 1998 年版，第 192 页）

② 董平：《阳明心学的定性及良知的公共性与无善无恶》，《哲学研究》2018 年第 2 期。

度。这一“语言”维度的加入，在某种程度上可能会影响到对阳明心学的本真理解，但同时也打破了阳明心学不可言说、只可体认的神秘性，为晚明心学的传播开辟了一条公共的、理性的智识化路径。正如焦竑所说“圣人之道微，非言无以通之”①，这样，通过智识化的语言工具，社会大众便可以对心学境界有所知、有所理解。②

不可否认，焦竑智识化的心学并不能完全呈现神秘的心学真义，这是它相较于体认工夫的劣势。不过，它却可以借助语言使非文化精英的社会大众对心学有所了解，这是它的优势。在某种程度上，智识化方法对心学真义做了有限度的呈现。这样看来，从中明到晚明，心学方法从体认工夫转向了智识化方法，心学在方法论上做出的改变，使它打开了自身的受众限制，收获了社会各阶层的了解与践履，同时也使泛滥的体认式心学得到了一定程度的规范与制约。

四　结语

晚明时期，焦竑将智识化方法引入阳明心学，开启了心学的智识化转向这一新趋势。然而，智识化心学的形成，除焦竑个人因素

---

① （明）焦竑：《澹园集》，第893—894页。

② 焦竑从智识化的角度来理解良知问题，在某种程度上是将良知问题转变为一种知识问题。艾尔曼指出，从明清儒学转向角度看，由哲学性的新儒学转向考据学，反映了儒家从追求道德至善向对经验性的可证实的知识的实用性研究。焦竑智识化的良知学，在某种程度上可以视为这一转向过程背景下从良知学内部产生的一种探索。（Benjamin A. Elman, *The Unravelling of Neo-Confucianism: The Lower Yangtze Academic Community in Late Imperial China*, Doctoral Dissertation of University of Pennsylvania, 1980, p. 78.）同时，从西方知识论的角度看，知识得自人的感觉（senses），具有一种精确的、可定义的意义，人们虽不能知其全部内涵，但却能掌握其得出的程序以及验证的标准。（Philip Chapin Jones, *The Nature of Knowledge*, New York and London: The Scarecrow Press, Inc, 1964, pp. 180 - 181.）以此看来，焦竑将这种超言绝相的本体层面的良知落实到知识层面，从某种程度上为人们认识良知提供了一种现实的经验基础，为人们验证良知提供了一种相对客观的、公共性的标准。

外，体认式心学的泛滥、考据学的复兴、江南地区学者团体的形成、讲会的流行、西方科学技术的传入等亦提供了相应的时代思潮背景。同时，在经济下滑的晚明时期，水陆交通便利的江南地区富足稳定，成为人才文化荟萃之地，亦为智识化心学的出现提供了良好的社会文化基础。这样看来，智识化心学在晚明出现，看似偶然，实则必然。

既然智识化心学的出现并非偶然，那么它的影响如何呢？这一点可从焦竑与其弟子徐光启的学术关系中看出端倪。作为心学传人，焦竑虽提倡实学，但其实学主要是考据学。而以焦竑为师的徐光启，则广泛接触西方科学技术，特重农业、兵事、历法等方面，大力推广实学。这表明，焦竑开启了心学内部智识化的端绪，弟子徐光启则进一步将智识化扩展到更为广泛具体的实学领域。这样看来，从焦竑到徐光启，晚明心学的智识化程度得到了深化与推广。

同时，这里也涉及智识化重心由心学向实学的转移，即焦竑的智识化旨在诠释心学，其重心在心学，徐光启的智识化则旨在发展实学，其重心在实学。而徐光启之后的清代儒学，顾炎武、阎若璩、颜元等人越出了心学的范围，完全转向了实学，甚至以实学批判心学。[①] 这也表明，心学的智识化在明清儒学由心学转向实学的过程中，真正地实现了心学向实学的过渡，起到了承前启后的枢纽作用，从而使明清儒学转向成为循其儒学内在理路的

---

① 有学者指出，晚明的很多思想家离开流行的阳明学，反对形而上学的他们转向了积极、实用的思想视角，在某种程度上这是一种异质性转向，这一转向以徐光启为代表。（Carsun Chang, *The Development of Neo-Confucian Thought* (*Volume Two*), New York: Bookman Associates, 1962, p. 184.）也就是说，徐光启有良好的心学功底，但作为晚明科学的代表人物，他在科学上追求的更多的是一种纯粹科学，这已经脱离了晚明良知学的范围。可见，从思想发展角度看，徐光启这种较为成熟的科学追求很难在晚明心学的大背景下立刻产生，他的出现在很大程度上标志着晚明智识化精神的逐渐成熟，而其师焦竑正是晚明良知学智识化的重要人物。这样，从智识化的角度看，焦竑与徐光启具有深刻的内在关联。

自然转向，而非由明代纯体认的心学直接过渡到纯智识的实学。[1]也就是说，就明清儒学转向而言，焦竑的智识化心学是不可忽视的重要一环。

① 对于焦竑在明清儒学转向中的核心位置，学界也有较为清晰的认识，如余英时认为，“在心性之学方面，弱侯实可说是一结束人物。此与其在博学考订方面之为一开创人物，适成为有趣之对照。但他自己并不觉得其学之分为两橛，有何内在矛盾。此正是象征‘尊德性’之境既穷，不得不转向‘道问学’一途也”（余英时：《论戴震与章学诚：清代中期学术思想史研究》，生活·读书·新知三联书店2000年版，第315页），李焯然也指出“焦竑的思想，代表了学术思想由晚明心性之学向清初考据学的过渡，所以在他的思想中便同时出现了心学和实学的倾向”。（李焯然：《焦竑之三教观》，载《明史散论》，台北：允晨文化事业股份有限公司1991年版，第121—122页）值得注意的是，两位学者虽然察觉到了焦竑在明清儒学转向中的作用，但他们却认为心学与实学在焦竑学术中是两种独立的学问，并非一个整体。这表明，他们没有意识到焦竑已将这种智识化的实学精神引入心学，对心学进行智识化的改造。也就是说，焦竑确实可被视为明清儒学转向的核心人物，但这并非因为焦竑之学兼具心学与实学这两种不同的学问，而是在于焦竑将实学纳入心学，开辟了心学的智识化新向度。

钱穆和中国文学史研究

王志宏

摘　要：当前，钱穆的文学史研究尚未受到学界正视，实际上，钱穆对中国文学史的研究极为深刻。在新文化运动贬低古代文学价值的时代背景下，钱穆提出了较为系统的中国文学史观：（一）新文学之建立无法离开古代文学的根基与滋养，古代文学具有永恒价值；（二）汉字并非具有近代学者视阈中所谓缺点，同时，汉字的特点决定了中国文化、思想与文学的特征；（三）中国文学和中国文化是一体两面，文学是文化的载体，文学应当承担教化功能；（四）理解中国文学史不能简单地依照历史顺序，而应根据文学体裁理解文学题材的德性特征。

关键词：钱穆；中国文学史；中国文化汉字；文学体裁

作者简介：王志宏，云南大学哲学系副教授（云南昆明，650091）。

在钱穆的著述和教学生涯中，有一个非常明显的地方，使他既有别于20世纪中国“史学四大家”的其他三位，也有别于钱穆自己不想被归入其中的“现代新儒家”诸学者，那就是，他不但留下了一本虽谈不上皇皇巨著但也远不只是戋戋小册的《中国文学论丛》，而且曾经在新亚书院数次讲授中国文学史的课程。钱穆在《中国文学演讲集》（《中国文学论丛》的早期版本）自序中略带遗憾地说："我曾在新亚书院讲过两年中国文学史，比较有系统，但我在冗忙之中，并未能把学术课堂笔记随时整理改定。"① 半个世纪之后，当年受业于钱穆的叶龙根据他的听课笔记整理出版了《中国文学史》，在一定程度上弥补了钱穆的遗憾，他关于中国文学史的总体理解和具体见解似乎得到了呈现，但在某种意义上，它也带来了一些误解。例如，该书出版之后，陈平原发表了一篇书评，该文题目指斥钱穆的文学研究为"非专业的文学研究"，文中一段话足以代表他对该书的总体评价：

> 在我看来，这是一位历史学家偶尔客串讲授"中国文学史"课程的记录整理稿，不该以专业水准来衡量，而应主要着眼于课堂呈现、通才理念以及文化自信。这样，才能准确地为此书定位。②

陈平原特别提到，钱穆《中国文学演讲集》收入的一些文章"值得一读"，钱穆《中国学术思想史论丛》中一些讨论中国文学史题目的文章"自有佳处"，它们"也都是（按指钱穆）讲授文学史课程时略有想法，日后扩展成专题演讲或专业论文的。也就是说，从专业角度考量，钱穆谈论'中国文学'的精华，不在这册课堂笔记整理本中"。③ 在该文最后，陈平原进一步综括钱穆的文学史研究的真实意蕴，他说：

> 在新旧文化激烈对抗的二十世纪中国，各家都可能因过分

---

① 钱穆：《中国文学论丛》，生活·读书·新知三联书店 2002 年版，"自序"第 1 页。

② 陈平原：《非专业的文学研究——读钱穆讲授、叶龙整理〈中国文学史〉》，载《东方早报·上海书评》2016 年第 A05 版。

③ 陈平原：《非专业的文学研究——读钱穆讲授、叶龙整理〈中国文学史〉》，载《东方早报·上海书评》2016 年第 A05 版。

> 强化自家立场，而懒得体会他人论述的合理性。因是抗辩之书，立场远大于学问；时时处处与新文化人为敌，难得体会对方的好处与贡献，明显限制了钱穆的学术视野与论述深度。在我看来，这点殊为可惜。可斗转星移，当下中国，社会思潮日趋保守，钱穆的立场越来越受到推崇，我的建议很简单：理解钱穆对抗西学的姿态，同时尊重“五四”新文化人的思考与选择。否则，不断地翻烙饼，各领风骚三五年，不利于学术积累与思想推进。①

陈平原从对钱穆讲授、叶龙整理的《中国文学史》的批评出发进而对钱穆的中国文学史研究做了深入的讨论和严厉的批评。虽然陈平原承认钱穆的某些相关文章多少有些意义，或“值得一读”，或“自有佳处”，但是从专业水准的角度来衡量，这本文学史殊无胜境；更重要的是，陈平原认为钱穆的相关研究“立场远大于学问”，他虽然可以理解钱穆对抗西学的姿态，但是更尊重五四新文化人的思考与选择。

在很大程度上，笔者同意陈平原对于该书的许多具体评论，尤其赞成他说钱穆论述中国文学的精粹不在这册课堂笔记整理本中。但是，笔者不同意陈平原对于钱穆论述中国文学的精华只局限于某些文章提出的观点，更不敢苟同于他以立场来做取舍，认为钱穆的立场“明显限制了钱穆的学术视野与论述深度”。陈平原说：

> 二十年前北京大学出版社推出王瑶主编的《中国文学研究现代化进程》，讨论晚清以降十七位研究中国文学的大家，其中前几位如梁启超、王国维、陈寅恪、胡适、郭沫若等，都是文史哲兼通，开一代风气的大人物。此外，顾颉刚的《孟姜女

① 陈平原：《非专业的文学研究——读钱穆讲授、叶龙整理〈中国文学史〉》，载《东方早报·上海书评》2016 年第 A05 版。

> 故事研究集》、傅斯年的《中国古代文学史讲义》、范文澜的《文心雕龙注》以及邓广铭的《辛稼轩年谱》等，也都是史家谈论中国文学的精湛之作。那么，钱穆（1895—1990 年）讲述、叶龙整理的《中国文学史》，是否可放在此系列中谈论呢？答曰：不行，因其属于通俗读物，不像上述诸君在中国文学研究方面有所突破，值得专家认真对待。①

恰恰相反，笔者认为，钱穆的相关研究完全可以跻身于这些“文史哲兼通，开一代风气的大人物”，“晚清以降研究中国文学的大家”之列而毫不逊色，甚至比他们更胜一筹。但是，钱穆获得这一资格的不是这本文学史，而是《中国文学论丛》和《中国学术思想史论丛》中的相关论文。因为，它们不仅不同于陈平原认为的那样，只表达出钱穆某些论述中国文学的、可圈可点的论点，更重要的是，它们包含了钱穆关于中国古代文学史研究的总体构想。极为遗憾的是，钱穆没有完整地呈现他的总体思路。笔者不揣浅陋，试图拈出钱穆文学史研究的初衷，进而揭示钱穆某些极富启发性的见解，以期从事文学史研究的学者能够正视他的贡献，借之反思流行的文学史研究和相关研究中存在的问题，并将之纳入文学史研究的基本立场之中。

一

在专业主义盛行的时代，钱穆的文学研究很容易被一群傲慢的专业学者认为“非专业的”，这一评价在学院制度健全的时代对于评价对象而言几乎是毁灭性的，就像当年维拉莫维奇对于尼采《悲剧的诞生》的评论使得尼采从此彻底告别古典学研究一样。维拉莫维奇在晚年的回忆录中说，在他发表了他的书评之

① 陈平原：《非专业的文学研究——读钱穆讲授、叶龙整理〈中国文学史〉》，载《东方早报·上海书评》2016 年第 A05 版。

后，“他（按指尼采）按照我要求的那样做了。他放弃了教书与学术，而成了一位先知——一位非宗教性宗教和非哲学性哲学的先知”①。但是，他不得不承认的是，尼采虽然在古典学研究上不够格，套用一句话来说，是“非专业的”，但是，失之东隅，收之桑榆，尼采没有成为一位优秀的古典学家，但成了一位伟大的哲学家。对于钱穆的中国文学史研究亦可作如是观。《中国文学史》课堂记录整理稿的确没有呈现钱穆在许多具体的细节中的新发现，里面的基本论点大多是文学史的常识，但这并不妨碍钱穆本人对于中国文学史的总体理解包含着为现代专业学者完全漠视的洞见。钱穆之所以有这些洞见，当归之于他对于他那个时代的中国古代文学观的反思。

要理解钱穆的文学研究，必须先要理解钱穆对于学术本性的理解，钱穆自己从事学术研究的历史处境，以及他关注文学研究的目的。钱穆思考中国文学史的历史前提是作为新文化运动之核心的新文学运动，而新文学运动包含着一种对于古代文学的否定性评价。这种评价总体上和新文化运动的主将对于传统中国文化的评价别无二致。其次，正如钱穆多次表明自己并非“现代新儒家”那样，关注中国古代文学是钱穆学术研究的必不可少的组成部分，因为钱穆秉持的学术理念并非现代的学科分类系统，而是中国古代的通儒观念。最后，钱穆关注中国古代文学研究的目的不仅仅是“向后看”，希望人们能够公正、正确地理解中国古代文学的意蕴，而且是为了给予新文学创造一个指引，强调新文学并非必然是旧文学的对立者，创造新文学必定以打倒旧文学为前提，而是二者之间应该具有内在的一贯性。

首先，钱穆的古代文学研究是为了反对新文化运动对于中国古代文学的否定。新文化运动是“近三千年来未有之变局”过程中对于中国古代文明的最后一击，也可以说是最猛烈的一击。当然我们在这里既不可能也无必要详述这一运动的过程、主旨及其后效，只

① U. Von. Moellendorff, *Erinnerung* 1848 - 1914, Leipig: Kohler, 1928, S. 124.

能提纲挈领，以最简单的方式提及它的主将胡适、陈独秀关于中国古代文学的基本观点，即使这些观点大家早已耳熟能详。1917 年初，胡适在《新青年》第 2 卷 5 号发表了《文学改良刍议》，郑振铎称其为新文化运动最初“发难的信号”，而陈独秀称其为“今日中国之雷音”。[①] 胡适在该文中开门见山地提出文学改良的必要性以及改良的入手点：

今之谈文学改良者众矣，记者末学不文，何足以言此。然年来颇于此事再四研思，辅以友朋辩论，其结果所得，颇不无讨论之价值。因综括所怀见解，列为八事，分别言之，以与当世之留意文学改良者一研究之。

吾以为今日而言文学改良，须从八事入手。八事者何？一曰，须言之有物。二曰，不模仿古人。三曰，须讲求文法。四曰，不作无病之呻吟。五曰，务去滥调套语。六曰，不用典。七曰，不讲对仗。八曰，不避俗字俗语。[②]

新文学所要改良的东西当然也就是旧文学的陈年痼疾，新文学所要弃绝的东西就是旧文学的本性。胡适所谓“八事”可以概括成三个问题。第一（第一条），是胡适反对传统的“文以载道观”，而代之以他所理解的“情感”和“思想”，因为在胡适看来，中国的传统之道造成了中国文明的积贫积弱和在近代无以应对现代西方文明的现状，文学要成为真正的文学，就必须表达现代个体的真实情感与思考。第二（第二条、第四条和第六条），是胡适接受了文学进化论，认为传统文学即使再高明也是历史的、陈腐的，文学要有生命必须“随时代而变迁”，所以今日之中国，应当创造全新的、活泼的、时代的文学，每个人“以其耳目所亲见亲闻所亲身阅历之事物，一一自己铸词以形容描写之；但求其不失真，但求能达其状物

① 这两则评价转引自汪兆骞《民国清流——那些远去的大师们》，现代出版社 2018 年版，第 10 页。

② 胡适：《文学改良刍议》，《胡适文存》第 1 卷，华文出版社 2013 年版，第 7 页。

写意之目的，即是工夫”[①]。第三，另外几条都直接和语言、文字或者说汉字的特性相关（因为严格地说，所有“八事”都和语言相关），文言的表达法和用典必然导致的结果是，文学会养成人性中滋生的一种暮气，并且无法通过文学作品理解当代事物的本性与真相。

稍后的陈独秀撰写了著名的《文学革命论》以声援胡适，他用更加简单粗暴的语言描述了新文学革命的宗旨，把新文学和旧文学完全置于势不两立的位置上：

> 文学革命之气运，酝酿已非一日，其首举义旗之急先锋，则为吾友胡适。余甘冒全国学究之敌，高张“文化革命”大旗，以为吾友之声援。旗上大书特书吾革命军三大主义：曰，推倒雕琢的阿谀的贵族文学，建设平易的抒情的国民文学；曰，推倒陈腐的铺张的古典文学，建设新鲜的立诚的写实文学；曰，推倒迂晦的艰涩的山林文学，建设明了的通俗的社会文学。[②]

新文学运动的浩大声势或新文化运动对于中国文明的釜底抽薪式的攻击影响巨大而深远。钱穆晚年曾说“东西文化孰得孰失，孰优孰劣，此一问题围困住近一百年来之全中国人，余之一生亦被困在此一问题之内”[③]。这一问题亦曾经从文学的角度给他带来困惑，他说：

> 自念幼嗜文学，得一诗文，往往首钞口诵，往复烂熟不已。然民国初兴，新文学运动骤起，诋毁旧文学，提倡新文学，甚嚣尘上，成为一时之风气。然余所宿嗜，乃为一世鄙斥

① 胡适：《文学改良刍议》，《胡适文存》第 1 卷，第 9 页。

② 胡适：《文学改良刍议》，《胡适文存》第 1 卷，第 15 页。

③ 钱穆：《八十忆双亲 · 师友杂忆》，生活 · 读书 · 新知三联书店 1998 年版，第 15 页。

反抗之对象。余虽酷嗜不衰，然亦仅自怡悦，闭户自珍，未能有所树立，有所表达，以与世相抗衡。①

据此，我们可以说，钱穆《中国文学论丛》和相关论文绝非仅仅一般意义上的研究，乃是在新文学运动“诋毁旧文学，提倡新文学”的刺激下，对于自己深受古代文学滋养的感恩之情以及深入研究后得出的中国古代文学本性的表达，这种表达使得钱穆个人之受益（“仅自怡悦”）与他作为学者对于古代文学的研究“有所树立、有所表达，以与世相抗衡”。由此，也可以说，钱穆教授中国文学史的经历不仅仅是出于课程体系的需要和当时新亚书院人手不够的窘境，暴虎冯河，率尔操觚，而是出于某种责任。

其次，钱穆的中国文学史研究是钱穆学术研究的必然组成部分。近代以来，我们接受了现代西方的大学制度和学术研究体系，传统的以经学为核心的经史子集的分类法被分门别类的现代科学分类法代替。钱穆一生学术成绩的重要原因就是他没有接受现代科学分类体系，使自己苑囿于某一学科或专业的研究。钱穆曾经叙述自己的为学经历：

入中学，遂窥韩文，旁及柳、欧诸家，因是而得见姚惜抱《古文辞类纂》及曾涤生《经史百家杂钞》。民国元年余十八岁，以家贫辍学，亦为乡里小学师，既失师友，孤陋处负，以为天下学术，无逾乎姚、曾二氏也。同校秦君仲立，年近五十，亦嗜姚、曾书，与余为忘年交。一日，忽问余：吾乡浦二田先生，有《古文眉诠》，亦巨著，顾治古文者独称姚、曾不及浦，同时选钞古文，其高下得失何在？余请问，秦君曰：我固不知，故举以问君耳。嗣是遂知留心于文章分类选纂之义法。因念非读诸家全集，终不足以窥姚、曾取舍之标的，遂决意先读唐、宋八家，韩、柳方毕，继及欧、王。读《临川集》

① 钱穆：《中国文学论丛》，“再序”第1页。

> 论议诸卷，大好之，而凡余所喜，姚、曾选录皆弗及。遂悟姚、曾古文义法，并非学术止境。韩文公所谓因文见道者，其道别有在，于是转治晦翁、阳明。因其文渐入其说，遂看《传习录》《近思录》及黄、全两《学案》。又因是上溯，治五经，治先秦诸子，遂又下迨清儒之考订训诂。宋、明之语录，清代之考据，为姚、曾古文者率加鄙薄，余初亦鄙薄之，久乃深好之。所读书益多，遂知治史学。①

从这一段可以看出，钱穆从来不认同从西方学院制度引进的学科分类体系，而坚持传统中国的“通儒”理想。钱穆曾经非常感慨地提道：“中国学术史上，中晚时期，只有朱子一人，综合了经、史、子、集四部之学。……后人尊之以为孔子之后唯一集大成者，朱子诚可当之而无愧。”② 在《朱子学提纲》中，钱穆考察了朱子在文学研究上的成就以及朱子关于经学与文学关系的论述，特别强调朱子不同于其他道学家轻视文学，而认为文道并重，“道德文章之尤不可使出于二”。朱子一生文学方面的著作有三，分别是《诗集传》《韩文考异》《楚辞集注》，这几本著作的研究对象皆身兼文学与思想两种因素。尤其具有象征意义的是，朱子一生最后的绝笔，是在修改《楚辞集注》中的一段。③ 从钱穆的语气上，可以窥觑到他对于朱子学问横跨四部的扩大虽不能至心向往之的欣羡、崇敬之情，以及对于朱子治文学的必要性的极大肯定。正如余英时在谈到钱穆学术的自觉时所言：

> 他一向认为中国学术传统以贯通和整合为其最主要的精神。经、史、子、集虽分为四部，四部之内又各有千门万户，但是所有部门都呈露中国文化的特性，因而也都可以互通。他常说，在中国学术史上，通儒的地位往往在专家之上。“通儒”

① 钱穆：《宋明理学概述》，九州出版社 2012 年版，“自序”第 1 页。

② 钱穆：《中国学术通义》，第 121—122 页。

③ 参见钱穆《朱子学提纲》，生活 · 读书 · 新知三联书店 2005 年版。

> 自然是一种理想的境界，不是人人都能企及的。但每一时代总有少数人被推尊为通儒；凡是足当通儒之称的大概都是较能破除门户之见的学人。钱先生自己便是二十世纪国学界的一位通儒，经、史、子、集无不遍涉而各有深入。①

虽然余英时文章的宗旨在力辩钱穆非新儒家，但是钱穆的学术理想为“贯通和整合”则为有识者的共同看法。今人所说的文学在古代多属集部，今人的文学研究常常把集部看作和另外三部没有关联的独立的研究对象，可是钱穆却认为，经史子集的分类法首先强调的是它们之间的关联而非区别。在这个意义上，集部并非和前三者完全不同的部分，而是和前三者相通的，中国古代的文学作品和经、子、史一样都是中国人的人生理想、中国文化的表现方式，只不过它们各有其特殊性而已。

钱穆在《四部概论》一文中以一种特殊的方式重新理解四部之学，他把它们分作两部分，经、史是中国最早的学问，它们属于“王官之学”的系统，子、集是后起的学问，它们属于“百家之言”的系统。前一个系统为周公所创，后一个系统为孔子所创，但是这并非两个毫不相干的系统，百家之言系统是孔子开办私学、自由传播本来局限于贵族家庭之内、由政府王官执掌的一套学问的结果，所以，他们之间本来并没有明确的界限和内容的区别。正如六经皆史，集部之文在其内容上和子学无异。另外，由于中国人素有“文以载道”“道以文显”的观念，文学作品从来不是词语的放纵或纯粹的修辞，独立的文学观念迟至魏晋时期才发生。在该文中，钱穆详细讨论了作为最早的文学总集《诗经》和作为“五经”之一的《诗经》的关系，以此阐释经部和集部之间的本质关联，更以孔子的“仁”的思想说明中国文学和中国文化一个最重要的特征，“富于道德的情味”：“因此，中国传统思想中，偏重人文精神的儒

① 余英时：《钱穆与新儒家》，《犹记风吹水上鳞——钱穆与现代中国学术》，台湾：台湾三民书局 2015 年版，第 34 页。

家，大体都带有文学性，即都带有诗的情调。其对人群社会，常富有一种深厚的透视与同情。常认社会与他之间，可以相通相合，成为一体。孔子思想中特地提出的‘仁’字，即是那种心情。”① 由此，钱穆为子部和集部的关系做了一个定调，也为他自己研究文学的必要性设立了必要的前提：“换辞言之，子部之学实与集部之学相通。每一理想的文学家，同时即一思想家，特其表达方式不同而已。中国第一流的文学家及其文学作品，乃无一而非于此信仰与智慧中透出，因此，子部与集部亦同样可以代表着中国传统文化主要精神所在之一面。”②

最后，钱穆认为，将来的新文学之创造不能离开通过旧文学而体认到的文学的根本特征，否则，新文学就不是创造，而是另起炉灶，移植西方文学于中华大地上。新文学运动的现实前提是当时的文学现状，而它的根本目标是改造旧文学，建设新文学，但是由于他们把新旧文学完全对立起来，所以认为将来的新文学一定是在精神上和形式上完全不同于旧文学的东西。胡适在《新文学运动之意义》一文中说：“所谓新文学的运动，简单地讲起来，是活的文学之运动，以前的那些旧文学，是死的、笨的、无生气的，至于新文学可以代表活社会、活国家、活团体。”③ 尽管新文学运动承认古代文学有一些有价值的作品，但是那些作品都要用新文学必需的白话文来写作，而将来的一切著作与作品，都应该用白话文去写。总的来说，新文学运动的主旨比较简单、粗暴，把白话和文言完全对立起来，认为文言完全不能表达现代人的思想与情感，同时把古代和现代对立起来，认为古代必定成为过去、成为束缚，所以必须以摧枯拉朽的力量将之彻底扫除，而以西方近代文明作为白话应该承载的精神。

在这一点上，钱穆抓住了新文学运动的真正问题。针对他们所说的“文学必须表现人生”，钱穆认为，旧文学也是表现人生的，针对新文学运动提出的文言与白话不共戴天、有你没我的气势，唯

---

① 钱穆：《中国学术通义》，第 48 页。

② 钱穆：《中国学术通义》，第 60 页。

③ 胡适：《胡适全集》第 12 卷，安徽教育出版社 2006 年版，第 80 页。

有白话文才能表达新的生活，他认为尚未达到定论，相反，他更加看重文言、白话之间的连续性与共同性。具体言之，一方面，钱穆强调文言与白话之间的共同性，在许多表达的具体情境中，文言比白话更简洁有力、韵味悠长。新文化运动的问题在于过于看重语言与文字的一致性，但是在文学作品中，文学技巧的实施常常故意利用它们之间适当分离的态势，以造成真正的文学。另一方面，钱穆质疑中国文学的革新是否必须以追慕西方为鹄的，因为东西方思想之不同恰好与文字之不同有极大的干系，“中西双方文字不同，而双方思想亦随之有不同。故中国人思想不能有如西方之哲学思想，而中国文学亦与西方文学有不同。今吾国人乃欲尽用中国白话来追随西方文学，难免有种种追不上处”①。所以，和新文学运动极力强调新文学与旧文学的断裂与差异不同的是，钱穆极力证明新文学和旧文学存在一致性，中国文学不必非要模仿西方文学来表达自己的情感。钱穆从华侨或者落籍他国的移民的种种表现获得了灵感，他们虽然生活在现代化程度很高的国家，但是仍有一颗活生生地存在着的中国心，新文学的表达也应该像这样，即便中国真正出现了一套全新的人生与文学，也不妨碍它们可以通过从旧文学中汲取资源来表达，也不妨碍新旧文学在表达思想之间有一致性。基于以上理由，钱穆认为：“若仅谓近代中国人已不能读中国古书，故说中国旧文学已死去，则正贵有志创造新文学者，能从中国古书《诗经》《楚辞》《文选》乃及唐宋以下各家诗、文、词、曲、说部中，熟玩深思，取精用宏，独具机杼，使其推陈而出新，乃庶有当于文学复兴或中国新文学之称。否则只是西方文学之侵入与替代，断非中国文学之复兴与创造。”②

二

新文学运动实质上是新文化运动，而新文化运动的实质是对传

① 钱穆：《中国文学论丛》，第204—205页。

② 钱穆，《中国学术通义》，“自序”第3页。

统中国文化、文明的厌弃与否定。最近这些年，钱穆的立场在国内已经广为人知，中国人对于中国历史当抱有温情与敬意几乎成了文化人的口头禅了。由于对中国古代历史和文化持有一种积极的、肯定的看法，所以，在钱穆看来，我们作为中国人无论处在什么样的历史情境中都应该认识中国古代文化及其实质，而作为文化体系之一部分的文学实在是一个极好的手段："欲求了解某一民族之文学特性，必于其文化全体系中求之。换言之，若我们能了解得某一民族之文学特性，亦可对于了解此一民族之文化特性有大启示。"①

在某种意义上，我们可以说钱穆一生都怀有一种中国文化会遭到误解和鄙弃的焦虑感。在尝试探讨我们如何可以比较纯正地理解中国文化的途径之时，他发现了中国古代文学这个有力的"工具"或"载体"，他有时甚至认为，文学比思想或哲学更能让普通人理解中国文化的优胜处与幽妙处。他说："我认为若讲中国文化，讲思想与哲学，有些处不如讲文学更好些。在中国文学中也包括了儒道佛诸派在里边了。某一作家，或崇儒，或尚道，或信佛，他把他的学问和性情，真实融入人生，然后在他作品里，把他全部人生琐细详尽地写出来。"②

钱穆在《中国文化与中国文学》一文中比较系统地阐释了他的上述观点。首先，中国文学的表现工具汉字具有非常特殊的性质，它和语言、声音的适当分离非但不是它的缺点，反而成为它的优点，以至于三四千年的文学作品，今天受过初等教育的人都能读懂并能够欣赏它的文辞、情境和意象等而毫无隔膜之感，这是任何其他文明的语言都无法做到的。钱穆因此而推论出中国文学以及中国文化的两大特点，它的普遍性和传统性，也就是说，中国文学和中国文化不受时空的地域限制，能够经久不息地感化更多地域的人。其次，钱穆区分了两种作品的形式，一是直接的文学，如戏剧这种说、唱、做的文学，它通过面对面的表现而影响人心，另一种是间

① 钱穆：《中国文学论丛》，第29页。

② 钱穆：《中国文学论丛》，第121页。

接的文学，它通过文字的写作、阅读以及阅读后的联想来影响读者。钱穆认为中国文学由于它特殊的起源，主要表现为后一种文学形态，这种文学偏向于内倾型，“因此其文学内容，亦表较多采抽象性，重蕴蓄，富于沉思性与固定性，乃由作者自造一批心象中之读者，可以不顾有否外在之读者而自抒心灵。这种文学，则必待读者方面之深思体会，而始可以了解作者之内心”[①]。再次，钱穆从作家从事文学创作的动机上，揭橥了中国古代文学作品透露出的作家的人格自信，文学家之所以相信曹丕的断言“文章乃经国之大业，不朽之盛事也”（《典论·论文》），是因为中国文学家无一例外地认为自己的创作能够上承无穷、下启无穷，他们的作品一定显示出“性情与道德合一，文学与人格合一”。复次，就文学表达的题材而言，“盖中国文学题材，多抽象，少具体。多注意于共相，少注意于别相”[②]，这尤其体现在中国戏剧之中的脸谱形式。最后，中国文学的理想最高境界，并非对于人生的客观、冷静的描绘，也不是追求脱离人生的幻境，而是作家对于他本人亲身经历的描绘，但是这一经历又时时关联着对于某种崇高理想的向往，这既使得作品亲切有味，又能够凝聚人格的陶冶与修养，使得作品能够通过一个人的生命经历而窥见人生之真理与理想。

值得注意的是，钱穆探讨中国文学和中国文化的关系还有一个非常重要的目的，钱穆从两个相反相成的角度论述了中国文化和古代文学的关系，一方面，古代文学的创作者是在经典的教育、涵育下成长的，他的全部人格凝聚了经典的基本内容和文化理想，他再通过文学创作表现自己的人格；另一方面，文学作品的读者通过文学作品的阅读而接触到文化经典培养而成的人格，并由此接受经典自身的教化：

> 但在中国文化传统理想下，一切学术，都应以人文社会之

① 钱穆：《中国文学论丛》，第 34 页。
② 钱穆：《中国文学论丛》，第 38 页。

> 理想为对象，都应具有政治与教育之两项价值与作用。文学本兼创作欣赏两方面。文学创作，在中国传统理想下，必先能植根于《六经》，必先泛览于诸史百家，必先贯通社会一切人情世故，必先在文化传统中锻炼得自己这一个人成为此文化传统中一合理想之人，然后发而为文，将见无往而不宜。而后代欣赏此等作品者，即可从其作品接触到此等作家伟大的人格，与夫此时代之大背景，人生各方面欢乐愁苦、可歌可泣之种种真情感，乃及传统文化理想主要精神所在。①

于是，我们注意到，中国文学和中国文化之间有了一种往复性的关联，研究中国文学史自身就有了教化的功能。具体地说，一方面，是中国文化的传统理想教化了作家，作家在经典的濡染下培育自己的心灵，并发而为文学作品，所以，要理解这些作品的真正精神，就必须理解经典所承载的文化理想；另一方面，文学作品由于承载了经典的文化理想，任何读者在阅读这些作品时必然能够感受到通过文学作品而透现出来的文化理想，从而通过文学作品自我教化，对自己在道德人格方面有所要求。文学史的教学自身就承担着教化的功能，而非提出某些标新立异、耸人听闻的观点。在这个意义上，陈平原是对的，中国文学史的教学必须体现出“通才理念和文化自信”，但是这并非钱穆个人的愚顽和个体确信，而是中国文学本身具有的本性和力量的结果。

三

新文学运动的纲领《文学改良刍议》，用胡适本人的话来说，主要着力点在两个方面，一是“形式上之革命”，二是“精神上之革命”②，这里所说的形式上的革命，简言之，是以白话文取代文

① 钱穆：《中国学术通义》，第 56 页。
② 胡适：《胡适文存》第 1 卷，第 5 页。

言文。胡适的这一口号带来了许多灾难性的后果：文言退出历史舞台，汉字的注音化、简化，句法的欧化，世界语运动，甚至消灭汉字等口号或实践先后粉墨登场……大有汉语已经病入膏肓，不治将恐深，整个中国文明及其将来都会被扔进历史的垃圾堆之势。殊不知，正如童庆生所指出的，这种看法深受近代以来西方广为流行的汉语观的影响。[①] 在近代印欧语系理论和比较语文学的框架之下，汉字的基本特点是：第一，汉字是一种比较低级的语言，过早地定性了；第二，汉语是一种极不自然的语言，它既和语言脱离，又缺乏语言真正的简洁和美；第三，汉字由单音节构成，句子中字与字之间缺乏必要的联系，因此汉字词汇量巨大，不便于初学者记忆；第四，由于“语言不仅是文化的载体和表达思想的工具，更是构成民族思想、文化和性格的基本要素，语言的发展程度与民族和社会的发展水平一致”，所以，汉字要为近代中国的闭关自守和文化落后负责。[②]

也许钱穆没有勘察过新文学运动中汉字观或汉语观的真实来源，但是他毫无疑问地深刻把握了中国文化与中国文学和中国文字之间的关联。在对于汉字、汉语进行改造甚至将之废弃的声浪一波又一波兴起之时，能够力排众议，深入挖掘汉字之美，特别强调汉字的特殊性，这不仅需要“虽千万人吾往矣”的勇气，更需要真知灼见作为坚实的后盾。钱穆从四个方面证明汉语、汉字的优越性，并由此证明由汉字作为其基本工具的中国文学具有极高的人文价值，通过汉字表达的中国文明是一种不同于西方文明，并与之具有同等价值的文明，废弃汉字或文言会使得现代中国人对于他的价值不再有真切的体会和深刻的认识，就像现在的朝鲜和越南一样，对于自己国家的历史和文化典籍不能识读。

首先，钱穆认为，汉字并非如西方学者首倡而中国学者步其后尘所认为的那样，是一种低级的、落后的文字，相反，是一种非常

---

① 参见童庆生《汉语的意义：语文学、世界文学和西方汉语观》第 5 章，生活·读书·新知三联书店 2019 年版。

② 童庆生：《汉语的意义：语文学、世界文学和西方汉语观》，第 174 页。

高等的文字。在西方近代，从普世主义的政治中衍生了一种通用主义的语言观，这种真正的、普遍的语言其实是以他们发明出来的印欧语系的语言样式作为原型的，而凡是不属于这个语系，在基本特征上与其有巨大差异的语言，都被他们贬为低等的语言。浪漫派哲学家施莱格尔有一段关于汉语（汉字）的经典评述几乎成了后来绝大多数西方学者理解汉语的基础：

> 就中文而言，所言指示时间、人称及其他变化的缀词都是单音节词，是完整自足的，可独立于词根存在。因此，尽管这个民族在其他地方优雅而文明，其语言却处于最低阶段；看起来，中文的缺陷可能是很早发明的高度艺术化的书写系统造成的，其在幼年时期便占据主导地位，并使语言过早地定型了。[①]

西方思想界对于汉语的理解的前提是，印欧语言属于真正的、原始的语言，表音字母文字的优越和象形文字的不足。表音文字所具有的变格变位的语法机制表明它是“有机的”，而汉字由于缺乏这种语法机制和管理能力而被排除在有机语言之外。

钱穆理解汉字的方式有意识地超出西方人的理论圈套，而只从汉字自身的优点出发，来说明汉语并非低级语言。钱穆从三个方面论证了汉字的优点，或者说汉字不能仅仅被认为是一种象形系统，也并非每个字都“完整自足”。首先，汉字是象形文字，但是每个笔画都是通过线条表示的，每个汉字的全部线条所组成的轮廓和态势，传达出一种精神性的意象，不但婀娜生动，而且变化无穷。汉字的象形因素不仅造成了“书画同源”，使得书法成为中国的最高艺术，而又能使文字不再仅仅是对于事物的描摹，而且具有抽象性。其次，虽然说中国文字大部分是形声字，但事实上，汉字的组成部分当中暗含了表音系统，形声、会意错综复杂，而且形声字的

① ［德］施莱格尔：《论印度的语言和哲学》，转引自童庆生《汉语的意义：语文学、世界文学和西方汉语观》，第 182 页。

声旁也是一种意义系统，同一个声音的文字在意义上有一种邻近性。所以，绝不能说中国文字只是一种形符。在这一点上，钱穆和鲁迅的说法有异曲同工之妙，鲁迅在《中国小说史略》中说：

> 意者文字初作，首必象形，触目会心，不待授受，渐而演进，则会意指事之类兴焉。今之文字，形声转多，而察其缔构，什九以形象为本柢，诵习一字，当识形音义三：口诵耳闻其音，目察其形，心通其义，三识并用，一字之功乃全。其在文章，则写山曰崚嶒嵯峨，状水曰汪洋澎湃，蔽芾葱茏，恍逢丰木，鳟鲂鳗鲤，如见多鱼。故其所函，遂具三美：意美以感心，一也；音美以感耳，二也；形美以感目，三也。①

最重要的是，中国文字的使用法中最重要的一点是，通过组词，既可以增加新词语又不必增加新单字，以表达随着历史的发展而不断增加的新事物，以适应社会事物的与日俱增、无限变化，而又明白准确，又可以表明汉字的意义并非完全独立自主、故步自封的。

针对汉字“不自然”的指责，主要聚集在言文分途的问题上。胡适曾有一个说法，新文学应该是国语文学，而国语文学最早必然是方言文学，“就是说国语有两个标准，一是流行最广的方言，一是从方言里产生了文学。全世界任何国家如欧洲的意大利、法国、德国、西班牙、英国的文学革命，开始都是以活的语言而流行最广的国语，这是第一个标准。第二，这个方言最好产生文学，作教学的材料”②。胡适之所以有这样一个设想，是因为他还是把印欧语

---

① 鲁迅：《汉文学史纲要》，人民文学出版社 1972 年版，第 1 页。在这里，我不得不提一个有趣的现象，鲁迅在不同场合对于汉字表现了两种截然对立、无法自洽的态度，他一方面是世界语的极力提倡者，甚至说过类似“汉文终当废去”（《致许寿裳》）的过激之语；另一方面在《汉文学史纲要》中表彰汉字“三美”，并列首章为“自文字至文章”，这和钱穆的《中国文学丛谈》把《中国民族之文字与文学》和《文化中之语言与文字》不谋而合，只是钱穆的做法是一种回应，而鲁迅的做法却完全出自自觉。

② 胡适：《胡适全集》第 12 卷，第 409 页。

系的发展形式当作普遍的规律，而把汉语的发展看作病态的、不足的。汉语的言文分离是一种特殊现象，这种现象与中华文明的发展历程和汉字特有的性质是一致的，或者说是共属的。钱穆认为，中国以有限之汉字统领无限之语音，这非但不是汉语的缺点，反而是它的优点，西方近代史上方言的独立导致国家之间以邻为壑，国家内部荣今蔑古，导致欧洲分裂为许多民族国家，而汉字却能维持中国的政教统一，言文分离到底是利是弊，似乎不能轻易下判断。即使专门从语言学的角度来说，说中国文字与语言相互隔绝也是极为肤浅的，似乎完全不符合实情，中国历代研究方言的著作就是明证，《尔雅》《说文》《方言》之载备矣，只不过很多人不明白中国文字和方言之间关系的特定标准而已。

其次，在汉字与中国文学的关系方面，钱穆特别重视“雅化”。这一点也和上面所说古代中国的方言文学有关。钱穆以《楚辞》为例说明，即使《楚辞》在表达上带有浓厚的地方色彩，但是绝不仅仅停留在地方性上，而且要努力让自己融入传统文学之全体、潮流，以表达中国文化的最高理想。我们也可以以这样的方式看待《诗经·国风》中所有不同国别的诗歌。这样一种雅化，不仅表现为中国文学中地方色彩日渐消失，表达共同理想的倾向日益扩大，而且表现为文学家个体有意识地把自己和家国天下、文化理想联系在一起，使得他的作品具有永久的价值。在谈到作家和作品的关系时，钱穆说：“唯有在文学作品内，含有一项经由作者个人所真实经历过的人生道德与人生艺术，而此项道德与艺术则在人生中具有时间性的永存价值，可以绵延持续，时间变而此项道德与艺术之永久价值则不变，而后此项文学之内涵亦随之具有时间性，具有文学之内在深度与其永久价值。此即中国人理想中‘文学不朽’一项理论的深邃根据。”①中国文学的这种特征和汉字的雅化特征本质是相关的。

最后，钱穆认为，汉字与中国文明、中国历史的本质关联在近代没有得到公正的对待和理性的认识，“民国以来，学者稗贩薄，

① 钱穆：《中国学术通义》，第54页。

妄目中国传统文学为已死之贵族文学，而别求创造所谓民众之新文艺”[1]。如果要创造新文学，不仅要注意新旧文学之间的联系，更要明白，汉字不仅从文字创造的角度来说自成一体，正不必对于西方语言学家亦步亦趋，以西方的拼音文字作为评价它的根本标准，更要理解汉字作为中国文明的承载者，不仅能够成功地表达中华文明孕育的精神与人格，还可以使得中国文学呈现自己独特的面貌，一个最典型的形式就是律诗。不仅如此，汉字和语言的关系在中国古代文学中自始至终地表现出来的雅化，更起到了维护中华政教的功能。雅化在一定程度上承认文化和精神地方性的同时，以融入共性之大流，代表文明和心性的共通性为旨归，使得中国没有出现欧洲一样的小国林立、民族自决的政治格局，而且《无论》在天下分崩离析、道术析裂的状况下总是要求取国家的一统、思想的普遍性。一方面，由于政治一统，能够通过政治把握文字的枢纽，使得“雅文通义”能够流布四方；另一方面，虽然各地方言不同，语音殊异，但是文学作品的创作者总是环绕着“雅文通义”进行创作，以表达最高的人生理想。以文言的方式所表达出来的中国古代文学一直承载着这项特殊的任务。以至于赵汀阳在论述中国形成之时，也特别注意到汉字的“魔力”，它是可以看作钱穆相关思考的注脚：“在早期中国，与四方势力相较，中原在经济实力和军事实力上未必有压倒优势，即使稍强也不足以决定胜负兴衰，但中原建立的汉字精神世界却是当时无可匹敌也无可替代的最优资产，不仅是最优的政治资源，也是最优的生存资源，因此注定成为天下博弈的必争之地（包括经济、地理、交通在内的其他因素也都是助力或者诱因）。”[2]

四

一部文学史佳作不只在于它拥有许多关于文学史的深刻见解，

① 钱穆：《中国文学丛谈》，生活·读书·新知三联书店2004年版，第21页。
② 赵汀阳：《惠此中国》，中信出版社2016年版，第105页。

无数珠玉而没有与之相应的线索把它们串联起来，那只能是作家或者作品研究，而且是首先在于对文学史的总体脉络有一种深刻的理解。这种理解不但帮助我们把握具体作品的气质，而且帮助我们把握产生这些作品的那个文明的总体精神。钱穆讲授、叶龙整理的《中国文学史》讲稿是依照历史的顺序根据作家的作品来讲授的，但是《中国文学论丛》在具体论述中国古代文学史时呈现的却是另外一种逻辑：先从总体上给出一个关于中国文学史的概观（《中国文学史概观》一文），然后根据不同的文学体裁分别研究中国古代文学（主要是四种题材，诗、散文、戏剧和小说）。钱穆在大学里讲授中国文学史的课程实属偶然，但是钱穆研究中国文学史却有其必然性，所以，在一定意义上，我们可以说，后者可以真实地反映出钱穆的相关思考，而前者由于各种外在的原因，钱穆不能在其中完全贯彻自己的思考。

钱穆对于中国古代文学有两种不为现代人所重视的划分，首先从性质上分，“约而言之，当可分为政治性的上层文学与社会性的下层文学两种，而在发展史上则以前者为先，亦以前者占优势”①；其次，从题材上分，和前一种划分有着某种内在关联的是，可以分为两组，一组是诗和散文，另一种是戏剧和小说，从它们所表达的内容来说，诗和散文多属于政治性的上层文学，而戏剧和小说，多属于社会性的下层文学。这一分类既准确地说明了绝大多数作品的基本性质，也在一定意义上回应了胡适《白话文学史》等著述中许多论述的无当和不公。胡适的《国语文学史》居然从汉魏六朝开始讲起，只是因为以前的文学都是死文学，用胡适的话来说，“战国、秦、汉之际，语文死了；那么战国以前，语文果然合一，古文果然是活着的吗？鄙见以为不然。……而秦以前的语文不能合一与竹帛上不能有纯粹的活文学也是无可疑的”②。据此，也可以说，胡适只能欣赏和认同钱穆所说的社会性的下层文学。钱穆的文学观从表

① 钱穆：《中国文学丛谈》，第48页。
② 胡适：《胡适全集》第11卷，第6—8页。

面上看来和通行的做法，亦即文学史的叙述是依照时代发展顺序根据文学体裁分门别类地叙述文学的进展，没有什么不同，但是实质上却有着根本的不同。因为在钱穆看来，不同体裁出现的早晚意味着它们所承担的内容是不一样的，不同的文学体裁之间有德性的差异，有的体裁适合承担关于家国命运的政治性内容，而有的体裁适合承担抒发一己之私情，而它们之间有着质的区别与等级之分。比如，关于词的本性，在章培恒等看来，“但宋代的词却不但继承了唐五代词的传统，并且发展到了新的高度。以北宋的作品来说，对爱情的歌唱，对人生悲哀的倾诉，对美的追求，都能撼动人的心灵。这是一个纯粹以自我为中心的世界，它所展示的是人性的独特的表现形式，因而其感情在与普通人相通”①，而且还以辛弃疾的词来证明自己的观点。钱穆对词的论述虽然只是只言片语，但更能够说明词这种体裁的德性。钱穆说，“因词虽亦以抒写个人情思及日常人生为题材，但词体所抒写的，都偏在细腻幽暗一面，在人生中比较不重要的一角落”②，“苏东坡辛稼轩，刻意欲将诗和散文的豪情壮气嵌入词中，然亦终不能改变了词的格调”③，把钱穆的论述和李清照《论词》中对词的评论合在一起看，则思过半矣。

在钱穆看来，中国最早的文学作品都是政治性的，无论《诗经》还是《楚辞》都是政治性的上层文学，史部的著作带有文学色彩的，都是政治性的上层文学。钱穆的看法和吉川幸次郎不谋而合，他在《中国文学史的一种理解》中说，“作为取得知识人的资格的任务，同时还要求参与政治，参与哲学活动；参与文学创作和这两者相提并论，是三位一体的要求”，“文学必须经常是严肃负责的作品。尤其参与政治和哲学活动（至少是这样的欲望）是作为文学家的条件而被同时提出来的要求，这就要求文学作品经常对人

① 章培恒等:《中国文学史新编》，复旦大学出版社 2012 年版，第 55 页。

② 钱穆:《中国学术通义》，第 50 页。

③ 钱穆:《中国文学丛谈》，第 53 页。

类全体的幸福具有某种价值”。[①] 也就是说，中国古代的文学家的创作大多是从他们完成了的、未完成的或者理想中的政治事业引申出来的，它要表达的是政治人物对于政治的理解和所向往的政治理想。所以，这些作品要么和历史的伟大变局相关，要么和对于政治的根本理解相关，要么带有深沉的忠君爱民之心，要么把个体融入家国的命运或自然的迁化过程之中。唐代文学虽然掺杂了私人的日常生活，但是由于他们并不斤斤计较个体之得失，抒发一己之私情，而是仍旧心存君国，志在尧舜，所以还是应该算作政治性的上层文学。同样，陶渊明虽然被称为“隐逸诗人之宗”，寄意田园，但他无时忘却政治，并把个体的生命安放到大化流行之中，也应该归入政治诗人。

社会性的下层文学起源于汉末，“王纲解纽，士大夫饱尝党锢之祸。借门第为躲藏所，寒士无门第，则心情变，社会私情，胜过政治关切，新文学亦随之而起。五言诗与乐府代兴”[②]。按照钱穆的说法，在很多时候，尤其是在元、明以前，绝大多数社会性的文学的作者本身都是政治人物，但是由于他们在作品里所表达的内容属于个人之私情，所以，它们应该划入下层文学的范围。钱穆所举出的这类文学作品的代表是《文选》，这是文学史上所谓文集兴起的时代，也是所谓纯文学观念出现的时代，用鲁迅的话来说，是中国文学史上首次出现“文学的自觉时代”。在这种作品中，越是能够表达出个人的内心情思和个体的日常生活的作品，越被认为是优秀的作品。唯有从这个角度，我们才能够理解唐宋古文运动的真实意义，韩愈、柳宗元等人的真实意义就在于如何使文学重新回到政治性的上层文学的路子，使文学重新担负起承担政治之道的功能。

但是，这并不意味着政治性的上层文学和社会性的下层文学是两条平行线，永不相交，相反，它们之间有一股趋同的倾向。在唐宋以后，一方面，由于个体的觉醒，另一方面，中国古代作家都是在四书

---

① ［日］吉川幸次郎：《中国诗史》，章培恒等译，复旦大学出版社 2001 年版，第 3、5 页。

② 钱穆：《中国文学丛谈》，第 50 页。

五经的涵育下成长的，中国作家在描写个体的主观自我之时，他们的个体修养和人生理想会不自觉地反映在他们的作品之中。中国作家向来没有客观地描写外在对象或现实人生的传统，从《诗经》的“关关雎鸠，在河之洲”起，外在对象就和人类历史紧密地结合在一起，到了中国个人觉醒的时代以后，作家更是以个体的人格修养为基础，无论这种人格是儒家的家国情怀还是道家的纵身大化，都把它投射到外在事物和个体经历上。这种类型的中国文学作品主要体现的作家个人在人生道德和人生艺术方面的修养，“因此，在中国人的传统观念中，文学家不仅是一个文学奖，不仅在文学技巧上见长。所谓文学作品，只是此作者在其内心所含之永久价值中之一时流露而已。否则其文学成就也绝不会有甚大的价值”①。这种文学的最高代表就是杜甫。钱穆有一段论述杜甫的话，乍读起来是老生常谈、陈词滥调，但是细细品味，就知道钱穆固然延续了传统关于杜甫的评价，但是其中也包含了他自己匠心独运所获得的真知灼见，因为他不仅在解释“诗史”之时，点出了“六经皆史”的蕴涵，而且把它放在整个中国古代文学发展的历程中理解：

> 后人把杜甫诗分年编排，杜甫一生自幼到老的生活经历、家庭、亲族、交游，以至于当时种种政治动态、社会情况，无不跃然如在目前。而杜甫个人之心灵深处，其所受文化传统之陶冶而形成其人格之伟大，及其人生理想之崇高真切处，亦莫不随时随地，触境流露。故在杜甫当时所刻意经营者，虽若仅是一首一首诗篇之写作，而实际完成者，乃杜甫个人一生之自传，及其当代历史之写照，乃及中国文化传统在其内心深处一种活泼鲜明的反射。②

元明以降，中国文学出现了一种新的形态，如果说，在此之

① 钱穆：《中国学术通义》，第54—55页。
② 钱穆：《中国学术通义》，第56页。

前，文学作品中总是有个“我”，先有作家后有作品的话，那么，现在完全颠倒过来了，先有作品而后才有我，也就是说，作家个人的生命经历和作品之间并没有本质的关联。这个时期的文学家和传统的读书人不同，由于现实的压力，不管是异族入侵还是文网繁密，他们总是试图远离政治，在他们的作品中，也很难寻觅到他们个人生命的蛛丝马迹。这种文学的代表是元明清的戏剧和小说，在读这些作品时要注意的是，作者要表达的思想完全在作品之中，作家个人生平、思想、情怀、抱负等可以丝毫不加注意。钱穆说：“社会下层文学之在中国，其短处在只有作品，不见作者。未能十足透露出中国文学之传统精神在。其有最高成就者，则在其作品中仍能不掩有一作者之存在，此惟《水浒传》与《三国演义》两书足以当之。”① 以这样的理解作为指导，钱穆在论述《水浒传》时，不同意流行的意见认为施耐庵在元末追思南宋，而认为处元明鼎革之际，施耐庵实际上身在江湖，心存魏阙，对于梁山泊忠义堂里一群英雄好汉或有不满之心，或存惋惜之意，对他们的首领宋公明也深有微词，而期待英雄不问出身，不管处境，都能够忠君爱民：“今既认为《水浒传》一书之作意，乃为同情社会下层之起而造反，而对于利用此群众急切需要造反之情势，处心积虑，运使权谋，出为领袖之人物，则不予以同情。”② 这和近代以来认为《水浒传》批判官逼民反、歌颂诸位英雄好汉替天行道的通行看法不啻判若云泥。在讨论《三国演义》时，钱穆认为该书中有一点值得重视，虽然小说的内容是政治人物和政治事件，但是人物的精神面貌却是完全属于独创，小说的核心在于一种伦理精神，亦即关羽、孔明和刘备的关系。近几年刘小枫等人发起的重新评价《水浒传》的活动和钱穆的看法多有相通之处。以《中国现代小说史》著称的夏志清的另一部著作《中国古典小说》中关于《三国演义》的论述备受推崇：“中国历史上再也没有一对君臣像他们（刘备和孔明）

---

① 钱穆：《中国文学论丛》，第 58 页。
② 钱穆：《中国文学论丛》，第 155 页。

诀别时那样令人感动。罗贯中恰到好处地把他们的关系写成一种因志同道合而生的永恒友谊，他也并没有忽略这感人一幕的政治含义，所以终能把刘备雕塑成一个有历史真实感的令人难忘的人物。”① 不说钱穆独具慧眼在先，最起码也可以说是钱穆与夏志清君子所见略同。

吊诡的是，由于现代学者未能洞见到这一点，他们皓首穷年，把极大的精力投入对于作者生平的考证上，并且坚信理解作品的前提甚至理解作品本身就在于弄清作者的身世。虽然熟知古代文学但对于古代文学之精义茫然不识的胡适研究章回小说时只知考证而不知其意义，《〈红楼梦〉考证》不仅表明他自己误入歧途，还流毒无穷。直至当代，古代小说研究者很少有人能够区分作者、文本和意义，这在一定程度上也可以显示钱穆区分元明之前和之后的社会性的下层文学的真实意义。

五

钱穆没有留下一本他自己独立撰写的完整文学史，这是一件颇为遗憾的事情，但是生而有涯，知也无涯，我们不能期待一位学者在所有方面都作出重要贡献，要知道，在 20 世纪，像钱穆这样怀着明确的意识打通经、史、子、集四部的学者不说是绝无仅有，也是屈指可数。钱穆的文学史研究没有面面俱到，更没有在每一个方面都有独到的见解，但这并不遗憾，因为在讲究专业的今天，很多人兀兀穷年也只能做到对某一个时代甚至某一个作家进行深入研究，发前人之所未发。可贵的是，钱穆在文学史研究不仅在总体上梳理出一种理解的脉络，而且就几个问题进行了深入的研究，在几个点上为文学史的研究树立了典范或者高标。所以，在这一部分，我们以钱穆的两项研究为例，来说明钱穆的洞见。

① 夏志清：《中国古典小说》，何欣等译，刘绍铭校订，上海人民出版社 2019 年版，第 57 页。

首先是关于周公的文学成就的研究，确切地说，是通过研究周公与《诗经》的关联来说明中国古代文学与中国文化之间的关系。在胡适之前，陈汉章讲授中国哲学史是从伏羲开始讲起的，讲了一年才讲到《尚书》的《洪范》篇，胡适回国任教后，截断众流，认定老子是中国哲学史的开端，以前的一切都当作神话、传说而弃置不顾。这件事情一度被当作笑谈。同样，《中国文学史》的开端问题的严重性并不逊于中国哲学史的开端问题。流行的教科书大多从《诗经》开始，这看起来并没有太大的问题，但是值得反思的是，它们似乎过于注重“国风”而有意无意忽视甚至无视了“雅”“颂”的存在，无视“风”到底是比“雅”“颂”更早还是更晚的问题，以及“风”比“雅”“颂”更重要、更深刻的问题。所以，钱穆一方面坚持“实则《诗经》创自周公，本属古人之定论；历古相传之旧说”①，“其实周公便该算是中国古代第一个杰出的文学家”②；另一方面则要求注意，“班氏《汉书・艺文志》，以五经为古者王官之学，乃古人治天下之具；故向来经学家言《诗》，往往忽略其文学性，而以文学家眼光治《诗》者，又多忽略其政治性”③。所以，我们可以把收在《中国学术思想史论丛》第1卷当中相邻的两篇文章——几乎是从《尚书》出发讨论周公历史贡献的《周公与中国文化》和主要讨论周公和《诗经》关系的《读〈诗经〉》——连在一起考察，以完整地把握周公的文学成就和他的政治功绩，以及它们之间的关联。

周公在中国古代政治和思想上的贡献还没有得到足够的承认，或者说曾经得到过充分的认识，但是宋代心性儒学以来，尤其是近代西学东渐以来，我们对这一点又开始模糊了。王国维的《殷周制度论》在某种意义上可以看作纪念和颂扬周公功绩的丰碑，在那之后，给予周公同样高而更加直接的评价恐怕就是钱穆了吧。钱穆有一段评价周公丰功伟绩的文章实在太精彩，笔者还是做个文抄公，

---

① 钱穆：《中国学术思想史论丛》第1卷，安徽教育出版社2004年版，第97页。

② 钱穆：《中国学术通义》，第46页。

③ 钱穆：《中国学术思想史论丛》第1卷，第96页。

移录如下吧：

> 言周公封建，又必连带及于周公之定宗法。盖周公之封建制度，其主要精神，实寄托于其所定之宗法。此在近人，亦多能言之。然不知周公封建之主要义，实在于创建政治之一统性，而周公定宗法之主要义，则实为社会伦理之确立。而尤要者，在使政治制度，俯就于社会伦理而存在。故政治上之一统，其最后根柢，实在下而不在上，在社会而不在政府，在伦理而不在权力也。而就周公定宗法之再进一层而阐述其意义，则中国社会伦理，乃奠基于家庭。而家庭伦理，则奠基于个人内心自然之孝弟。自有个人之孝弟心而推本之以奠定宗法，又推本之以奠定封建，封建之主要义，在文教之一统。故推极西周封建制度之极致，必当达于天下一家，中国一人。太平大同之理想，皆由此启其端。故论周公制礼作乐之最大最深义，其实即是个人道德之确立，而同时又即是天下观念之确立也。①

周公是中华文明的奠基者同时是中国文学史上的第一位诗人。钱穆考察了周公和《诗经》“四始”的关系就已经足够指出，“四始”非周公莫能作，而周公之功绩与“四始”之含义如形与影，如一体之两面。经过详细的考订，钱穆认为，诗应该起于西周，而风雅颂三者虽然从表面上看毫不相干，但是事实上，它们的意义本可以相通，所指都是同一个东西，那就是讽诵诗。它们的区别在于，它们的用途不同，颂是指诗用之于宗庙，雅则用之于朝廷，而二南则用于乡里，但是诗之大义却和这种不同的使用有关，“风雅颂之分，即分于其诗之用。因诗之所用场合异，其体亦不得不异。言诗者当先求其用，而后《诗三百》之所以为古代王官之学，与其所以为周公治天下之具者，其义始显；此义尤不可不首先郑重指出也”②。

---

① 钱穆：《中国学术思想史论丛》第1卷，第86页。

② 钱穆：《中国学术思想史论丛》第1卷，第100页。

在钱穆看来，《诗经》之“四始”也必定是周公所作，而且如果把“四始”颠倒过来，似乎更容易理解它的真义。周公通过颂之始《清庙》所要传达的意思是，“盖周人以兵革得天下，而周公必归之于天命，又必归之于文德；故必为膺天命者为文王，乃追尊以为周人开国得天下之始。而又揄扬其功烈德泽，制为诗篇，播之弦颂；使四方诸侯来祀文王者，皆有以深感而默喻焉。夫然后可以渐消当时殷周对抗敌立之宿嫌，上尊天、下尊文王，凡皆以为天下之斯民，而后天下运于一心，而周室长治久安之基亦于是焉奠定”①。钱穆不同意现代以来的国风民歌说，认为《关雎》绝不可能是民间自由恋爱之诗，诗中所提到的琴瑟、钟鼓绝非一般人家所有之器物，而同意伊川所说的“《关雎》，后妃之德，非指人言；周公作乐章以风化天下，自天子至庶人，正家之道当然。其或以为文王诗者，言惟文王后妃，足以当此”。所以，周公是想通过《关雎》来为婚姻制作礼乐，因为婚姻是一切人事之中最重要的，不仅仅关乎两个个体之间的情感，而关乎人道之大伦，庶人之德，天子之天下。所以，“四始”就足以赅遍周公作诗之意：“盖《清庙》《文王》所以明天人之际，定君臣之分页。《小雅鹿鸣》，所以通上下之情。而《风》之《关雎》，则所以正闺房之内，立人道之大伦也。周公所以至天下，其道可谓毕具于是矣。”②

其次是钱穆关于韩愈或者唐代古文运动的研究。当代学术史上有两篇关于韩愈的大文章，一是陈寅恪的《论韩愈》，其次就是钱穆的《杂论唐代古文运动》，两篇文章写作年代相距不久，其中的内容也有不少重合之处，二者都对韩愈揄扬有加。陈寅恪的文章侧重从总体上“证明昌黎在唐代文化史上之特殊地位”，而钱穆的文章虽然说入手点更细，着重讨论唐代古文运动的形成、特征及其影响。我们在这里无意于将他们进行比较，一定要排出一个英雄座次，相反，我们一方面更加注意他们关于韩愈的见解相通的地方，

① 钱穆：《中国学术思想史论丛》第1卷，第102—103页。
② 钱穆：《中国学术思想史论丛》第1卷，第105页。

另一方面稍微细致地提出钱穆的独特之处。

陈寅恪在《论韩愈》之中，论述了韩愈在唐代文化史上的六个重要贡献：一曰：建立道统，证明传授之渊源；二曰：直指人伦，扫除章句之烦琐；三曰：排斥佛老，匡救政俗之弊害；四曰：诃诋释迦，申明夷夏之大防；五曰：改进文体，广收宣传之效用；六曰：奖掖后进，期望学说之流传。在这六条中，直接和我们这里的问题相关的，是第一和第五两条，这正好与韩愈提出的“文以载道”相关。第五条直接涉及韩愈首倡的唐代古文运动，在这一条当中，陈寅恪表彰了韩愈在文学史上的两个贡献。一是，“退之之文体乃用先秦、两汉之文体，改作唐代当时民间流行之小说，欲借之一扫腐化僵化不适用于人生之骈体文，作此当尝试而能成功者，故名虽复古，实则通今，在当时为最便宣传，甚合实际之文体也”。二是，“退之虽不译经偈，但独运其天才，以文为诗，若持较华译佛偈，则退之之诗词皆声韵无不谐当，既有诗之优美，复具文之流畅，韵散同体，诗文合一，不仅空前，恐亦绝后，绝非效颦之辈所能企及者矣。后来苏东坡、辛弃疾之词亦是以文为之，此则效法退之而能成功者也”①。

相较而言，钱穆的《杂论唐代古文运动》就更像一篇专业化的文学史研究论文，而又能斜逸旁出、不自苑囿者。这篇文章以韩愈为中心而又附论刘（禹锡）柳（宗元），以文学研究为中心而又旁及思想，纵横古今，思接千里，上可以溯源至孔孟，下可以流被苏辛。和陈寅恪认为唐代古文运动是由于安史之乱和藩镇割据的局面所引起的不同，钱穆主要是从唐代文学总体具有复古倾向的角度来讨论古文运动。唐朝初年陈子昂鄙薄魏晋以下文章，李白的“大雅久不作”和杜甫的“江汉思归客，乾坤一腐儒”已经道夫先路，只是必须要到韩愈才能拈出一个“道”字并以“六经”为旨归，才算是真正穷原竟委，臻至成熟。

① 陈寅恪：《论韩愈》，《金明馆丛稿初编》，生活·读书·新知三联书店2001年版，第329—331页。

钱穆追踪了韩愈思想成熟的过程，但是把问题的核心落在短篇散文在文学史上的地位，以及其中体类分别的演变问题上。韩愈的主要见解是，作文章应该师法古人，但是所谓师法古人，并非师法古人的文辞，而是师法古人的大道，修辞之本。韩愈在《南阳樊绍述墓志铭》中说："多矣哉，古未尝有也！然而必出于己，不袭蹈前人一言一句，又何其难也！必出入仁义，其富若生蓄，玩物必具，海涵地负，放恣横纵，无所统纪，然而不烦于绳削而自合也。"[①] 所以，在道与技，也即今人所说的道德与艺术的问题上，韩愈强调艺术必须表现内心，而内心之所得者乃道德，以技的形式表现出来就是艺术。韩愈重提道统，认为作文的根本就在于传续道统的大道，所谓"行之乎仁义之途，游之乎《诗》《书》之源"是也。韩愈在文学史上最大的贡献在于文，但是却又不局限于此，他不仅以文为诗，而且以散文的气体笔法为辞赋，乃至为一切散文作品，使所有问题都开出一种全新的面貌，"韩柳二公，实乃承于辞赋五七言诗盛兴之后，纯文学之发展，已达灿烂成熟之境，而二公乃站于纯文学之立场，求取融化后起诗赋纯文学之情趣风神以纳入于短篇散文之中，而使短篇散文亦得侵入纯文学之阃域，而确占一席地。故二公之贡献，实可谓在中国文学园地中，增值新苗，其后乃蔚成林薮，此即后来之所谓唐宋古文是也"[②]。唐代古文运动，不仅在文章的角度给宋代打开了一个新境界，而且在义理方面，也为宋儒开了一个新的端绪。虽然韩愈本人的思想难免粗枝大叶、始作也简的批评，但是在"佛教征服中国"几百年、李唐王朝极力推崇老家的情形下，他敢于力排释老，独尊儒家的道统，其功厥伟！

六　结语

我们试图在这篇论文中揭示钱穆中国文学史研究中有价值的东

---

① 屈守元、常思春主编：《韩愈全集校注》，四川大学出版社1996年版，第2640—2641页。

② 钱穆：《中国学术思想史论丛》第4卷，第52页。

西和值得我们思考的东西，这并非意味着我们完全赞同钱穆文学史研究的总体构架和具体观点。毋庸讳言，钱穆的有些观点虽然有价值，但是值得进一步探讨，有些观点在似是而非之间，需要重新做检讨，有的观点实在配得上大谬不然这个评语。有时出于文化本位主义，他对于中国文学多有溢美之词；有时在比较文学的视野下探讨某些作品时，他对他所参照的作品并不熟悉，使得这些比较研究显得外在、简单，而他在评价西方文化和西方文学作品时，常常会以简单粗暴的方式说出没有常识的话。套用陈寅恪的话来说，“先生之著述，或有时而不彰；先生之学说，或有时而可商”[①]，但是钱穆的这些不足并不必然导致他关于中国文学的总体视野和具体观点失效，只是提醒我们在研究他时有所警惕，“尽信书，不如无书”，如是而已。

从根本上说，钱穆关于文学史的论著不是一般的文学著作，它与斤斤于考订某些作品作于何年何月、某文有何阙误、某位作家有何思想倾向或某篇作品当如何鉴赏的文学史研究不可同日而语，亦非坊间为人盛赞的那些文学史可比。比如，备受推崇的章培恒的文学史居然认为，文学史是展现人性的发展史，居然会认为“倘若要了解人性在北宋时期的状态，词实在是最好的读本”，“其后李贽在这种基础之上进而提倡‘童心’，反对儒家思想和各种传统观念对它加以戕害，并肯定‘好货好色’等要求，这实际上是从物质欲望和精神要求两个角度来阐释人性，企图使他从程朱理学束缚下得到解放。这也意味着当时的人性状态较元末明初有了进一步发展”[②]，如果把这里的“人性”改为“兽性”恐怕更为合适。因为钱穆的文学史研究是对中国历史、中国文化、中国思想、中国精神有过一番透彻领悟的博学鸿儒对于中国文学生命血脉的展示。

① 陈寅恪：《清华大学王观堂先生纪念碑铭》，《金明馆丛稿二编》，第246页。

② 章培恒：《中国文学史新编》，复旦大学出版社2012年版，第56页。

《东方哲学与文化》稿约

《东方哲学与文化》是由老子道学文化研究会、南京大学道学与东方文化研究中心共同主办的学术集刊。每年出版两辑，向国内外发行。

本刊旨在繁荣和推进包括中国传统文化在内的东方学研究，构建具有鲜明特色的东方哲学与文化研究的学术平台，开展专题和比较研究，发掘东方文明的精神内涵与时代价值。

本刊常设栏目包括：理论前沿、专题研究（道学研究、佛学研究、儒学研究、印度哲学研究、犹太教研究、日本哲学研究等）、比较研究、书评讯息等。

本刊来稿以 1 万—1.5 万字为宜，要求观点明确、论证严谨、语言流畅。来稿请附中英文题目、中英文摘要（200—300 字）、中英文关键词（3—5 个），作者简介及地址、邮箱、电话等联系方式，国外学者须注明国籍。

本刊来稿请采用夹注和脚注两种注释方式，引文、注释务必校对无误，参考文献请附文末。

1. 夹注，适用于在正文中征引常见古籍，格式如（《庄子·逍遥游》）。

2. 脚注，请使用①、②、③……标示，每页重新编号。

（1）引用古籍示例：（清）姚际恒：《古今伪书考》卷三，光绪三年苏州文学山房活字本，第 9 页 a。

（2）引用专著示例：朱伯昆：《易学哲学史》，北京大学出版

社 1986 年版，第 100 页。（国外作者加国籍，译著在书名后加译者，西文专著书名用斜体）

（3）引用期刊论文示例：汪桂平：《平安清醮与傩仪——谈道教与民俗文化之关系》，《世界宗教研究》2004 年第 3 期。（西文期刊论文加引号，期刊名用斜体）

（4）引用文集中文章示例：杜维明：《从“文化中国”的精神资源看儒学发展的困境》，载《杜维明文集》第 5 卷，武汉出版社 2002 年版，第 469 页。

本刊实行匿名审稿制，审稿期限一般为三个月。三个月后如未接到采用通知，作者可自行处理。因本刊人力所限，恕不办理退稿，请自留底稿。

来稿文责自负，切勿一稿多投，本刊不承担论文侵权等方面的连带责任。对采用的稿件本刊有权删改，不同意删改者请申明。

投稿一经录用即奉稿酬。本刊电子邮箱：orientalstudies@ 126. com。

本刊通信地址：江苏省南京市栖霞区仙林大道 163 号南京大学哲学系 313 室《东方哲学与文化》编辑部，邮编：210023，联系电话：025 –89681610。

《东方哲学与文化》编辑部